“十二五”职业教育国家规划教材
经全国职业教育教材审定委员会审定

# 消费心理学

（第3版）

杜明汉　主编
孙金霞　刘巧兰　郝春霞　副主编

中国财经出版传媒集团
中国财政经济出版社

**图书在版编目（CIP）数据**

消费心理学／杜明汉主编．--3版．--北京：中国财政经济出版社，2021.12

“十二五”职业教育国家规划教材

ISBN 978-7-5223-1033-6

Ⅰ.①消…　Ⅱ.①杜…　Ⅲ.①消费心理学-高等职业教育-教材　Ⅳ.①F713.55

中国版本图书馆CIP数据核字（2021）第258904号

责任编辑：康　苗　　　　责任校对：徐艳丽

封面设计：华乐功　　　　责任印制：史大鹏

中国财政经济出版社 出版

**URL**：http：//www.cfeph.cn

E-mail：cfeph@cfeph.cn



社址：北京市海淀区阜成路甲28号　邮政编码：100142

营销中心电话：010-88191522　编辑部门电话：010-88190639

天猫网店：中国财政经济出版社旗舰店

网址：https：//zgczjjcbs.tmall.com

北京中兴印刷有限公司印刷　　各地新华书店经销

成品尺寸：185mm×260mm　16开　17印张　404 000字

2022年8月第3版　2022年8月北京第1次印刷

定价：42.00元

ISBN 978-7-5223-1033-6

（图书出现印装问题，本社负责调换，电话：010-88190548）

本社质量投诉电话：010-88190744

**打击盗版举报热线：010-88191661　QQ：2242791300**

# 前言

随着我国社会主义市场经济的快速发展，人们的收入水平不断提高，消费者的需求日益复杂多变，争夺消费者将成为企业竞争的焦点。本书以市场营销领域的消费心理活动及其规律为研究对象，以培养学生分析营销活动中的消费者心理、运用消费者心理策略的能力为目标定位，为学好营销系列课程提供心理技能基础。

本书是根据高职高专市场营销专业教学标准的要求，围绕市场营销过程中消费者购买心理和行为，重组教材知识体系，紧紧围绕消费者心理这个主题，分析研究消费者与营销人员互动中的心理与行为，较为系统地提供了市场营销专业学生在开展营销活动中所涉及的各种心理学知识。

本书认真落实立德树人的根本任务，贯彻课程思政要求，使学生在复杂的市场营销环境中能以营销职业道德，符合社会公德和社会主义精神文明的消费理念，引导消费者健康、合理、文明地消费。书中每个任务都设计了“思政互动”“道德研判”的教学活动，引导学生直面营销活动中的消费者心理问题，在思考、分析和解决问题的过程中形成良好的营销职业道德和市场营销活动中的社会责任意识，能基于国家法律和营销职业道德准则作出理性的判断和负责任的行动。

本书形式新颖，借鉴活页式教材的形式，一次课一个任务，每个任务设计了“学习目标”“知识学习”“教学互动”“思政互动”“道德研判”“同步案例”“任务演练”“任务学习自测题”等。每个项目之后有一个综合实训项目。这样设计的目的在于方便教师应用情景教学、案例教学等教学方式和启发式、探究式、讨论式等教学方法开展教学，为理实一体化教学模式推广创造条件，助力教学模式改革，提升课堂教学效果。同时，在“道德研判”“同步案例”“任务演练”等教学活动中设计个人、小组、全班、教师的探究讨论环节，突出沟通、理解、包容、解决问题等训练，强化消费心理知识的理解和应用，促进营销职业能力的培养。

使用本书有以下几点建议：

一是关于课时安排，建议 4 课时 ×18 周 = 72 课时。

| 项目 | 项目名称 | 序号 | 任务名称 | 建议课时 |
|---|---|---|---|---|
| 一 | 认知消费心理 | 1 | 认知消费心理的相关理论 | 2 |
| | | 2 | 认知消费心理的研究方法 | 2 |
| 二 | 消费者心理活动过程 | 3 | 了解消费者的认识过程 | 2 |
| | | 4 | 了解消费者的情感过程 | 2 |
| | | 5 | 了解消费者的意志过程 | 2 |
| 三 | 消费者个性心理 | 6 | 认知消费者个性 | 2 |
| | | 7 | 了解消费者个性心理特征 | 2 |
| 四 | 消费者购买心理 | 8 | 认知消费者需要心理 | 2 |
| | | 9 | 认知消费者购买动机心理 | 2 |
| | | 10 | 认知消费者购买决策和购买行为心理 | 2 |
| 五 | 消费者群体与消费心理 | 11 | 了解消费者群体心理 | 2 |
| | | 12 | 了解家庭与消费心理 | 2 |
| | | 13 | 了解社会阶层与消费心理 | 2 |
| | | 14 | 了解不同年龄、性别消费者群体的消费心理 | 2 |
| 六 | 商品因素与消费心理 | 15 | 认知新产品开发推广的心理策略 | 2 |
| | | 16 | 了解商品名称、商标设计的心理策略 | 2 |
| | | 17 | 了解商品包装的心理策略 | 2 |
| 七 | 商品价格与消费心理 | 18 | 认知消费者的价格心理 | 2 |
| | | 19 | 了解商品定价的心理策略 | 2 |
| | | 20 | 了解商品调价的心理策略 | 2 |
| 八 | 营销信息传播与消费心理 | 21 | 认知广告信息传播与消费心理 | 2 |
| | | 22 | 了解人员推销过程中的心理策略 | 2 |
| 九 | 营销环境与消费心理 | 23 | 了解商店外部环境设计的心理功能 | 2 |
| | | 24 | 了解商店内部环境设计的心理效应 | 2 |
| | | 25 | 了解服务环境与消费心理 | 2 |
| 十 | 网络营销与消费心理 | 26 | 认知网络营销与网络消费者 | 2 |
| | | 27 | 了解网络消费者的需求、动机和购买行为 | 2 |
| | | 28 | 了解网络营销与消费心理 | 2 |
| 综合实训 | | | | 10 |
| 机动 | | | | 6 |
| 合计 | | | | 72 |

二是关于任务演练和综合实训。一般要提前安排给学生，使学生留出调查、整理资料的时间，根据情况可让每个同学参与完成28个任务演练，也可将全班同学分成几个大组，把任务演练分成相应的几个部分，每个大组分为若干个小组参与几个任务演练，全体同学共同完成全部任务演练。10个综合实训项目可以由每个小组做5个，或者根据情况灵活安排，全体同学共同完成全部综合实训。所有任务演练和综合实训，学生应该在课前做适当准备，完成训练资料和调研报告的撰写，课上只做展示和评价，以利于提高学习效率和

教学效果。在保证训练质量的前提下，组织学生尽可能多地完成任务演练和综合实训，培养学生的营销职业素养和职业能力。

三是关于学业考核，注重过程考核与结果考核相结合。学习过程中的每个任务演练和综合实训项目都有考核表，附有具体的考核规范和标准，重点考核相关职业道德和职业素养，也考核消费心理技能和消费心理知识，考核成果展示和训练成果内容。

本书由山西金融职业学院杜明汉担任主编，山西财贸职业技术学院孙金霞、山西金融职业学院刘巧兰和郝春霞担任副主编，并负责编写提纲、统筹和定稿。具体分工如下：郝春霞编写第 1、2、3 章，刘巧兰编写第 8、9 章，孙金霞编写第 4、5、6 章，杜明汉编写第 7、10 章。

本书在编写过程中，参阅了大量中外有关消费心理学方面的教材和文献资料，在此谨向这些教材和文献资料的著者、编者表示衷心的感谢。由于编者水平有限，书中疏漏之处在所难免，恳请同行专家批评指正。

为了方便老师教学，本书配有教学课件（PPT）、教案、“道德研判”和“同步案例”的提示答案以及课后习题自测题。通过手机扫描封底课程码，可以查看书内二维码资源。

编 者

2021 年 11 月

# 目录

项目一 PPT

项目一教案

# 项目一
# 认知消费心理

导入案例

**一次性尿布的故事**

一次性尿布在产品推广的初期，广告诉求的重点放在方便使用上，结果销路不畅。后经调查了解，仔细分析消费者的心理，方知该尿布虽然被母亲们认同，确实使用方便，省去了洗尿布的麻烦，但广告中关于省事省力的宣传使她们产生了心理上的不安：如果仅仅是方便使用而无其他品质，那么，购买、使用这种一次性尿布，只是为了母亲图省事，自己就好像成了一个懒惰、浪费的母亲，婆婆也会因此责备自己。鉴于此，新广告着重突出该尿布比布质更好、更柔软、吸水性更强、更保护皮肤，婴儿用了更卫生、更舒服等特点，把产品利益的重点放在孩子身上，淡化了对于母亲方便省事的描述。于是，一次性尿布就受到了母亲们的普遍欢迎，因为它既满足了她们希望婴儿健康、卫生、舒适的愿望，又可心安理得地避免懒惰与浪费的指责，同时兼顾了两个方面的心理满足。从此，一次性尿布开始流行起来。

（资料来源：http：//www. 17pr. com/html/40/n－112540－2. html。）

一次性尿布的故事告诉我们，对于消费者的购买心理的深层把握是非常重要的。在消费者的心目中，产品的价值有时不表现在其物理特性上，而是体现在商品所表达的行为特点或心理特点方面。而这些行为特点和心理特点又常常是隐含着的，存在于深层心理之中，这就需要我们通过认知消费心理学并运用消费心理学的分析方法将它们挖掘出来。

## 任务1 认知消费心理的相关理论

学习目标

思政目标：通过本任务的知识学习，开展思政互动、同步案例、道德研判和任务演练等教学活动，激发同学们认知消费者的消费心理与消费行为的积极性，并努力引导消费者构建符合社会公德的消费心理和消费行为。

能力目标：通过本任务的同步案例和任务演练等活动，培养同学们学会在日常生活中分析消费者的心理现象及消费者的心理活动的影响因素。

知识目标：通过本任务的知识学习，能够叙述消费与消费者、消费心理与消费行为、消费者的各种心理活动的影响因素等陈述性知识。

## 知识学习

任何一门学科必须要有独立的、不同于其他学科的研究对象，否则就不能成为一门独立的学科。消费心理学的研究对象就是消费者在市场经济活动中，在购买、使用商品时产生的各种心理现象、心理活动及其所特有的规律性。

### 一、消费者心理现象

消费者心理现象是消费者在交易活动中产生的客观的心理活动，是影响消费者购买的基本因素。

#### （一）消费与消费者

消费是指人类消耗物质生活资料和精神产品。消费的主体被称为消费者。

1. 消费

消费是一种行为，是消费主体出于延续和发展自身的目的，有意识地消耗物质资料和非物质资料的能动行为。从广义上讲，人类的消费行为可划分为生产消费和个人消费两大类。

生产消费是指在社会再生产过程中，生产过程要消耗原材料、燃料、工具设备、人力等。

个人消费是指人为了维持生存与发展，需要消耗各种物质资料、劳务和精神产品，这是人类社会最大量、最普遍的经济现象和行为活动，是进行劳动力再生产的必要条件。个人消费是一种最终消费，消费心理学研究的范畴就是消费者的个人消费。

2. 消费者

消费者是指在不同的时空范围内参与消费活动的个人或集体。

从消费过程的角度讲，消费者指各种消费品的需求者、购买者和使用者。

从在同一时空范围内对某一消费品的态度来看，消费者可分为现实消费者、潜在消费者和永不消费者。

从消费单位的角度讲，消费者可划分为个体消费者、家庭消费者和集团消费者。

**【教学互动1-1】**

**互动问题：**

（1）消费者与购买者是一回事吗？

（2）以你最近进行的一次较大的消费购买行为为例，分析在这次购买中，你、你的同学、朋友和家人分别担当了什么角色？你的购买行为受到了哪些因素的影响？

**要求：**

（1）教师不直接提供上述问题的答案，而是引导学生结合本节教学内容就这些问题进行独立思考，自由发表意见，组织课堂讨论。

（2）教师把握好讨论节奏，对学生提出的典型见解进行点评。

**（二）消费心理与消费行为**

任何一种消费活动，都是既包含了消费者的心理活动又包含了消费者的行为活动。准确把握消费者的心理活动，是准确理解消费行为的前提。消费心理是消费行为的内在动力，而消费行为是消费心理的外在表现，消费行为比消费心理更具有现实性。

1. 消费心理

消费心理是指人作为消费者时的所思所想，是消费者在购买、使用和消费商品过程中的一系列心理活动。消费者在消费过程中的偏好和选择，各种不同的行为方式无一不受其心理活动的支配。例如，消费者是否购买某种商品，购买某种品牌、款式，何时何地购买，采用何种购买方式以及怎样使用等都和不同消费者的情感、兴趣、气质、性格、能力、价值观念、思维方式以及相应的心理反应密切相关。

2. 消费行为

从市场流通角度观察，消费行为是指消费者对于商品或服务的消费需要以及使商品或服务从市场上转移到消费者手里的活动，是消费者为满足需要和欲望而寻找、选择、购买、使用、评价及处置消费物品或服务时所采取的各种活动和过程。我们每一个人都是消费者，每时每刻都在消费，消费行为看上去似乎非常简单和平淡，但每一个消费者的心理和行为又相当的复杂和多变。消费行为与产品或服务的交换密切相关。在现代市场经济条件下，企业研究消费行为是着眼于与消费者建立和发展长期的交换关系。为此，不仅需要了解消费者是如何获取产品与服务的，还需要了解消费者是如何消费产品以及产品在用完之后是如何被处置的。

## 二、消费者心理活动

消费者的各种心理活动受市场经济的影响，受现代市场营销活动所制约。市场营销作为整个社会经济活动的一部分，对消费者的消费心理和行为有着重大影响作用。

**（一）消费者个体心理活动**

从个体角度看，消费心理现象是消费者个人行为的心理表现，必然受消费者个性心理特征所左右。消费者在市场活动中所产生的感觉、知觉、记忆、注意、想像、情绪、思维等心理活动过程，表现出人类心理活动的一般规律。而消费者个人稳定的、本质的心理品质，形成消费者消费心理个性。这种个性在市场营销活动中，表现出消费者在气质、性格、能力等方面的差异，并由此构成消费者购买动机和购买行为的基础。

消费者在市场中，产生对商品、购物环境、广告促销的知觉、注意、记忆，并由此产生对商品消费行为等的认识过程、情感过程、意志过程。这些心理活动既有共性，又有其个性，前者展示消费者一般的心理规律，后者由于消费者的能力、气质、性格的不同会产生消费行为的各种差异。

消费者在市场活动中，受诸多心理因素影响而产生消费行为，其中最重要的、最直接的心理因素就是需要和动机。在工作和生活中，人们由于各种物质的、精神的因素刺激，产生了心理需要，为满足这种心理需要而指向某种具体的商品，就产生了购买动机，进一步发展就可能产生购买行为。

消费者在实施购买行为的过程中，受商品、购物环境、广告促销等的影响，会产生品牌偏好心理，也会有逆反、预期等心理倾向。

消费者的购买行为是消费者心理活动的外在表现。通过对消费者购买行为的分析，我们可以发现影响消费者心理的内在因素，进而认识消费者心理活动过程，找出消费者形成购买动机、购买决策的基本模式。

**（二）消费者群体心理活动**

虽然消费者的购买活动是个人行为，但从社会总体去考察，消费者心理和行为又带有群体性的特点。在社会活动中，消费者由于年龄、职业、性别、收入水平、社会地位、民族、宗教信仰相同，在消费行为、消费心理上表现出很大的相似性，由此构成了消费群体。研究这些消费群体的消费心理，可以使我们更好地把握消费心理的共性，认识消费心理的规律性。

消费群体心理有许多共同的表现，由于某一群体共同生活在某一社会阶层，对其进行深入研究，我们可以发现构成消费群体的社会关系、社会环境以及由此形成的共同的消费观念和消费习惯。

**（三）消费心理与社会环境**

在当代社会中，消费者的消费活动都是在一定的社会环境中进行的。一方面，消费者个人或群体的消费心理在很大程度上受社会环境的制约和影响；另一方面，消费者的行为也会在不同程度上影响和作用于环境。因此，研究消费心理需要分析社会环境因素对消费心理的影响。

社会环境因素涵盖面很广，包括社会文化、社会阶层、家庭、相关群体等。

社会阶层是社会中按某种层次排列、同质且具有持久性的群体。同一阶层的人有相似的社会经济地位。同一阶层的人，其经济状况、生活背景、受教育程度相近，因而其生活习惯、消费水准、兴趣爱好相近，对某些商品、品牌、商店、闲暇活动、传播媒体有共同的或接近的心理偏好，在消费活动中受周围人的影响，会产生相同或相似的心理动机。个人的态度、心理偏好和消费行为会受相关群体的直接影响。家庭是最重要的相关群体，在消费心理形成中起着至关重要的影响作用。

**【道德研判1-1】**

**利用“商会”推销白酒**

**背景资料：**

某高档白酒品牌，在进军郑州市场时，没有按常规的市场“打法”铺设渠道，而是采取自上而下的方法，通过召开“××籍在郑商会”的形式推销白酒。活动开展了一段时间后，效果出人意料。由于这些商务人士与朋友聚会、请客、家人小聚时，都从“后备箱”里拿出“家乡酒”，并大力向亲朋好友推荐。随后，很多餐饮酒店经常有询问该款产品的消费者，酒店老板也不得不到处询问，在哪里可以进到这款酒。该白酒厂家见时机到了，快速铺货，很快该款产品就迅速出现在郑州中高端消费场所，并形成了一股消费的热潮，因而产品很快就占领了中高端市场。

（资料来源：荣晓华．消费心理学［M］．6版．大连：东北财经大学出版社，2019.）

**问题：**

本例中该酒厂的这种推销方式关注了成功商务人士的什么消费心理？这符合职业道德与营销伦理要求吗？

**讨论分析：**

个人：每位同学根据道德研判的背景资料和问题，在固定的学习本上记下自己的分析结果。

小组：每小组6位同学，1人为组长，1人记录，小组成员都要陈述自己的观点，讨论后形成小组意见，准备在班级交流。

全班：各组派1位代表陈述本组观点。

教师：记录各组陈述要点，最后做点评。

提示

**（四）消费心理与市场营销**

在市场经济中，企业的市场营销活动同样影响消费者心理与行为。市场营销是商品生产者、经营者围绕市场交换活动而进行的产品设计、开发、命名、定价、包装、分销渠道选择、促销、广告宣传、销售服务、营销场景布置等一系列活动。市场营销的目的是满足消费者需要，激发消费者购买动机，促成购买行为，实现商品的销售。

企业的市场营销活动要围绕消费者进行，要以最大程度地满足消费心理愿望而制定营销策略，要迎合消费者心理，满足消费需求，适应消费习惯，促成购买行为。总之，市场营销的一切活动都是围绕消费者进行的，它对消费心理会产生不同的影响。

由此可见，消费心理与市场营销相互影响、相互作用，两者之间存在着密切联系。市场营销既要迎合消费心理，又要引导消费心理。而研究消费心理，有利于企业搞好市场营销活动，提高营销效果，因而市场营销是研究消费心理的重要内容。

**【思政互动1-1】**

盲盒销售的火热吸引了许多企业加入战局，它们不断在各种产品上尝试盲盒形式、蹭盲盒热度，引起消费者的关注，并借用盲盒的神秘感和上瘾机制，以求获得更大的利润。请你从营销道德和引导消费者合理消费的角度谈谈你的看法。

**【同步案例1-1】**

**淡化危机**

某楼房自出租后，房主不断接到房客的投诉。房客说，电梯上下速度太慢，等待时间太长，要求房主迅速更换电梯，否则他们将搬走。已经装修一新的楼房，如果再更换电梯，成本显然太高；如果不换，万一房子租不出去，更是损失惨重。房主想出了一个好办法。几天后，房主并没有更换电梯，可有关电梯的投诉再也没有接到过，剩下的空房子也很快租出去了。

为什么呢？原来，房主在每一层的电梯间外的墙上都安装了很大的穿衣镜，大家的注意力都集中到自己的仪表上，自然感觉不出电梯的上下速度是快还是慢了。

**问题：**

这个案例对你有什么启示？

**讨论分析：**

个人：每位同学认真研读本案例内容，结合任务1的知识学习内容，在固定的学习本上记下自己的分析结果。

小组：请同学们每4人分为一个小组，1人为组长，1人记录，在小组讨论中每个人陈述个人看法，然后小组成员共同讨论，形成小组意见，并推荐代表准备在班级交流。

全班：各个小组代表在班级陈述本组观点，班级其他同学也可以点评。

提示

教师：教师记录各组陈述观点的要点，最后做点评。

**【任务演练1-1】**

## 认知消费心理

**实训目标：**

（1）思政目标：培养同学们从身边的消费活动中践行符合社会公德的消费心理和消费行为，以养成健康、合理、文明的生活消费。

（2）能力目标：运用所学的认知消费心理学的相关理论知识，分析最近体验或观察到的一次消费活动。

（3）知识目标：培养同学们在小组发言、小组讨论、实训报告撰写中，会运用认知消费心理学的相关理论知识分析讨论问题，阐述自己的观点。

**训练内容：**

回顾自己体验或观察到的一次消费活动，说明消费者的消费行为，分析研判消费者的消费行为受到什么消费心理的影响。

**训练操作：**

（1）将学生分组，每4人一组，并选出1名小组负责人。

（2）小组负责人与其他同学共同制定实施计划，明确分工，落实任务。

（3）每组至少详细记录两个典型的消费活动。

（4）分析当时消费者的消费行为与消费心理。

（5）每组写一份关于消费者心理认知的分析报告。

**成果要求：**

（1）每组撰写的关于认知消费心理的分析报告，包括体验或观察到的消费活动、分析消费者的消费行为、分析消费者的消费心理、消费者消费心理的影响因素等内容。

（2）就各组的分析报告在班级交流，老师要做点评。

（3）学生实训成绩由学生完成任务情况、资料记录情况和报告及交流成绩综合评定。

**实训评价：**

表 1－1　　认知消费心理实训评价表

| 项目 | 评价标准 | 分值 | 小组个人自评（30%） | 小组成员互评（30%） | 教师评价（40%） | 小计 |
|---|---|---|---|---|---|---|
| 思政教育 | 能以实事求是、求真务实的态度参与认知消费心理实训，献计献策，善于合作，纪律性强 | 10 | | | | |
| | 养成细致、严谨的工作作风，小组讨论积极踊跃，能主动提出自己在生活中观察或体验到的消费活动，参与实训分析，提出自己的观点 | 10 | | | | |
| | 能够结合消费活动分析消费行为与消费心理 | 10 | | | | |
| 能力提升 | 能将所学的认知消费心理学的相关理论知识运用到实训任务中，学以致用 | 10 | | | | |
| | 正确分析消费者消费行为与消费心理，整体实训活动安排有序 | 10 | | | | |
| 知识应用 | 在实训报告撰写中正确运用认知消费心理学的相关理论知识分析说明自己观点 | 10 | | | | |
| | 在发言和小组讨论中能准确陈述消费行为与消费心理、消费心理活动的影响因素等与实训任务相关的知识 | 10 | | | | |
| 项目成果展示 | 小组能够独立完成实训任务，完成实训任务及时、主动，并能主动提出问题、解决问题 | 10 | | | | |
| | 认知消费心理训练报告结构完整，报告无错别字，观点正确 | 10 | | | | |
| | 认知消费心理训练报告展示汇报形式新颖，语速恰当，陈述语言规范流畅，有感染力 | 10 | | | | |
| 合计 | — | 100 | | | | |

## 【任务学习自测题】

自测题 1－1

# 任务2 认知消费心理的研究方法

## 学习目标

思政目标：通过本任务的知识学习，开展思政互动、同步案例、道德研判和任务演练等教学活动，激发同学们认知消费心理学的各种研究方法，认同研究消费心理中应该遵守的职业道德和职业规范与标准，并能引导消费者构建符合社会公德的消费心理和消费行为。

能力目标：通过本任务的同步案例和任务演练，会使用消费心理学的定量或定性研究方法对消费行为及消费心理进行分析研究。

知识目标：通过本任务的知识学习，能准确叙述消费心理学的研究方法，即观察法、问卷法、实验法、访谈法、综合调查法、投射测验法等陈述性知识。

## 知识学习

消费心理学的研究方法很多，总体来说可以分为定量研究方法和定性研究方法，定量研究方法是消费心理学研究的趋势。

### 一、定量研究方法

定量研究方法就是实证主义研究方法，是通过一定的方法先搜集数据，再对数据进行统计分析，然后发现消费规律的一种方法。用定量研究方法收集数据主要有三种方法：观察法、问卷法与实验法。

#### （一）观察法

观察法是指调查者在自然条件下有目的、有计划地观察消费者的语言、行为、表情等，分析其内在的原因，进而研究消费者心理活动规律的研究方法。

观察法是研究消费者心理的一种重要方法，因为企业知道深刻认识人和产品的关系的最好方法就是在购买产品和使用产品的过程中仔细地进行观察。在使用行为观察法时，研究者应事先确定明确的观察对象、观察目的、观察时间和地点，制定详细的观察计划，分析观察结果时应区分偶然现象和规律性事实，以便得出科学的结论。观察法包括直接观察、仪器观察、痕迹观察等方法。

直接观察法就是研究人员进入现场对以视和听为主的消费者的行为进行观察，此时消费者并未意识到研究者只是观察基本情况并记录备案，如一段时间的客流量、消费者在柜台前逗留的时间、各组的销售情况、消费者的基本特征、消费某一品牌的消费者特征、售货员的服务态度等。

仪器观察法是用照相机、录音机、摄像机等各种电子仪器设备对消费者的现场行为进行记录，以便随后观察的方法。

痕迹观察法，不是直接观察消费者行为，而是对消费者的消费痕迹进行观察。如有的饮料公司去垃圾回收站进行统计，看哪种空饮料瓶更多，以分析消费者的口味与爱好。

观察法能帮助我们得到第一手资料，一般用在研究广告、商标、包装和柜台设计的效果，产品价格对购买行为的影响及企业的营销状况等方面，观察、记录的详细结果可以拿来进行进一步分析。

观察法的优点是，由于观察是在消费者并不知情的情况下进行的，所以消费者没有心理负担，心理表现比较自然，因而通过观察所获得的资料也比较客观、真实、可靠和直观。它的不足之处是被动、片面。该方法由于没有对消费者心理活动的产生和发展施加任何有意识的影响和控制，不能区分材料是规律性的还是偶然性的，很难全面深入地了解和掌握消费者心理活动过程。所以，观察法要对消费者的购买行为和心理活动进行科学研究，还要注重与其他研究方法的配合使用。

**【同步案例 1－2】**

**观察法实例**

**背景资料：**

美国学者威尔斯和洛斯克鲁脱曾在一家超市的菇类食品、糖果和洗衣粉等商品前进行了 600 个小时的观察研究。这两位学者非常耐心地从消费者进入这些商品柜台的过道开始，到离开过道为止，观察了各种类型的消费者以及与购买行为有关的消费者活动，并做了 1500 条记录。事后，他们通过分析观察记录，研究了光顾这些商品的消费者构成、消费者性别及儿童所占的比例；当几个人同行前往商品架时，谁的言行对同行消费者的购买行为有影响，消费者是否在考虑和比较商品的价格，购买前对商标和包装是否注意等。

**问题：**

在这个观察法实例中，研究人员主要观察了消费者的哪些方面？其作用是什么？

**讨论分析：**

个人：每位同学认真研读本案例内容，结合任务的知识学习内容，在固定的学习本上写出你对本问题的看法。

小组：请同学们每 4 人分为一个小组，1 人为组长，1 人记录，在小组讨论中每个人陈述个人看法，然后小组成员共同讨论，形成小组意见，并推荐代表准备在班级交流。

提示

全班：每个小组代表在班级陈述本组观点，班级其他同学也可以点评。

教师：教师记录各组陈述观点的要点，最后做点评。

**【任务演练 1－2】**

**观察法的认知实训**

**实训目标：**

（1）思政目标：培养同学们深入企业参与实训的积极态度，认同研究消费心理中应该遵守的职业道德和职业规范与标准，依照企业的经营行为进行分析与判断。

（2）能力目标：运用所学的观察法知识分析观察到的消费行为和消费心理，培养学生善于发现问题、善于观察的能力。

（3）知识目标：培养同学们在小组发言、小组讨论、实训报告撰写中会运用观察法等相关知识分析讨论问题，阐述自己的观点。

**训练内容：**

以小组为单位走访卖场、商场，对环境或消费者的消费活动开展观察活动，收集一手资料，在此基础上，对数据进行分析，并得出观察结论。

**训练操作：**

（1）首先让学生复习观察法的三种具体方法，了解它们的操作程序。

（2）将学生每4人分为一组，并选出1名小组负责人。教师说明训练内容及成果要求。

（3）每个小组根据自己的兴趣围绕消费者消费过程中的某个环节设计观察内容。

（4）根据观察内容做出详细的观察计划，要包括观察对象、观察目的、观察时间、观察地点、观察方法，并且提前做好观察准备工作。

（5）小组长带领小组成员完成观察任务。

（6）对同学们在观察活动中产生的效果进行分析、总结，撰写观察法认知实训报告。

**成果要求：**

（1）小组撰写观察法的认知实训报告，要包括调查的商场，观察的内容，观察分析、得出的消费活动中规律性的结论以及小组成员的共同体会等内容。

（2）就各组的分析报告在班级交流，老师要做点评。

（3）学生实训成绩由学生完成调查任务情况、资料记录情况和小组报告交流成绩综合评定。

**实训评价：**

**表1-2　　观察法的认知实训评价表**

| 项目 | 评价标准 | 分值 | 小组个人自评（30%） | 小组成员互评（30%） | 教师评价（40%） | 小计 |
|---|---|---|---|---|---|---|
| 思政教育 | 能以诚实守信、求真务实的态度参与观察法的认知实训，积极融入团队，献计献策，友好沟通 | 10 | | | | |
| | 养成细致、严谨的工作作风，小组讨论积极踊跃，能主动参与实训计划的制定，提出关于实训中应注意的相关问题 | 10 | | | | |
| | 能够结合观察法的实训认识消费心理学的研究方法对市场营销职业的价值 | 10 | | | | |
| 能力提升 | 能将所学的观察法的理论知识运用到认知实训任务中，学以致用 | 10 | | | | |
| | 科学正确地开展观察法的认知实训活动内容，实训活动安排有序 | 10 | | | | |

续表

| 项目 | 评价标准 | 分值 | 小组个人自评（30%） | 小组成员互评（30%） | 教师评价（40%） | 小计 |
| --- | --- | --- | --- | --- | --- | --- |
| 知识应用 | 实训报告撰写中能正确运用观察法的相关知识进行分析，得出结论正确 | 10 | | | | |
| | 在个人发言和小组讨论中能准确陈述观察法的相关知识 | 10 | | | | |
| 项目成果展示 | 能够独立完成实训任务，完成实训任务及时、主动，并能主动提出问题、解决问题 | 10 | | | | |
| | 观察法的认知实训报告结构完整，报告无错别字，观点正确 | 10 | | | | |
| | 观察法的认知实训报告展示汇报形式新颖，陈述语言规范流畅，语速恰当，有感染力 | 10 | | | | |
| 合计 | — | 100 | | | | |

**（二）问卷法**

问卷法又叫测量法，这是消费心理学常用的方法。它是通过事先设计的调查问卷，向研究对象提出问题，让其回答，从中了解研究对象心理的方法。这种方法适用于了解消费者购买行为的购买动机、购买态度和消费者性格、价值观等。

问卷法的优点是可以同时在短时间内得到范围广泛的材料，简便易行，但不足之处是主要以文字为媒介，研究者与研究对象无法直接沟通；不容易对这些材料进行重复验证；有些研究对象不配合。

问卷法有邮件调查、电话调查、个人调查和在线调查等方式。

邮件调查可以不受地理限制，回答问题比较真实可信，研究对象一般不会产生防御心理，但速度慢，回收率不高，有的可能答题不完整。为了提高回收率，可在信中随附邮票或随附礼物。

电话调查是由研究人员通过电话，依据调查提纲或问卷，向调查对象询问以获得信息的调查方法。电话调查速度快，节省调查时间和经费，覆盖面广，但是无法针对调查对象的性格特点控制其情绪。电话调查适应于对热点问题、突发性问题的快速调查；关于某特定问题的消费者调查；已经拥有了相当的信息，只需进一步验证情况时采用。

个人调查可以分为入户调查与拦截调查。入户调查就是研究者挨家挨户进行调查。拦截调查就是在适当地点，如商场出口、入口等地方，拦截调查对象进行问卷调查。

在线调查，就是要求网络用户在网络上填写调查问卷，互联网的匿名性可以鼓励调查对象比其他调查方法更真实地表达自己的想法。但这种方法由于样本的局限性，其结果只可作参考。

在使用问卷法进行科学研究时，要注意问题的编制符合调查的目的，问题要简明扼要；采取不记名方式，以便解除研究对象的顾虑，争取研究对象的合作；故意安排一些相互矛盾的问题，如果研究对象对这些问题的回答是相同的，说明其回答中有不真实的成分，当不真实的成分超过一定限度时，就应将这些答卷加以排除，以免对结果产生不良的影响。

**【思政互动1－2】**

一个在市场上取得巨大成功的产品，只有少数消费者受企业直接营销行为的影响，大多数消费者是受市场整体氛围的影响。请你从营销道德和引导消费者合理消费的角度谈谈你的看法。

**【道德研判1－2】**

**以调查为名，套取个人信息**

**背景资料：**

某日下午，正在上班的小楠手机响了，一看号码挺奇怪的：4009905555。电话接通后，一个女子自称其正在开展道路交通情况调查，问小楠是否可以抽出时间回答一些问题。

“这是好事，了解市民的出行情况，就能有针对性地治理道路拥堵。”这样一想，小楠表示乐意配合调查。

“你对目前交通情况满意吗?”对方问。“不太满意。”小楠答。对方话题一转问她住在哪个区？对方可能是想借此了解自己的出行路线。这样一想，小楠又爽快地回答了问题。

“我叫温某婷，怎么称呼你呢?”听到这里，小楠无法理解了：“你要调查道路情况，我的姓名跟这个有关吗?”对方说是要做好登记，以免重复调查。小楠把自己的真实姓名告诉了对方。接着，对方先是说了自己几岁，然后问小楠的年龄。

“越问越不靠谱。你不说出年龄、职业等个人信息，对方就一直追问，完全不问我们出行的情况。”怀疑对方另有所图的小楠直接挂了电话。

**问题：**

本例中的这种做法符合营销职业道德与营销伦理要求吗?

**讨论分析：**

个人：每位同学根据道德研判的背景资料和问题，在固定的学习本上记下自己的分析结果。

小组：每小组6位同学，1人为组长，1人记录，小组成员都要陈述自己的观点，讨论后形成小组意见，准备在班级交流。

全班：各组派1位代表陈述本组观点。

教师：记录各组陈述要点，最后做点评。

提示

**（三）实验法**

实验法是一种在严格控制的条件下有目的地对研究对象给予一定的刺激，从而引发其某种反应，进而加以研究，找出有关消费心理活动规律的研究方法。实验法是一种有控制的观察，弥补了观察法的被动性。在研究过程中，两种方法往往配合使用，起到取长补短的作用。实验法包括实验室实验法和自然实验法两种类型。

1. 实验室实验法

实验室实验法是指在特设的实验室中借助于各种仪器设备来研究消费心理现象的一种方法。如用眼动仪测量研究对象对广告的精确眼动过程，从而制定广告策略；再如请研究对象到实验室看电视上的广告节目，然后测量他能记住多少，或者研究能被他记住的广告有什么特征。实验室实验控制严密，结果一般比较准确。但由于实验室实验大都在人为的特殊条件下进行，实验结果常常受到人为条件的影响，与实际生活中的消费心理活动规律不完全相同，因而对实践活动的指导作用存在局限性，只适宜研究较简单的心理现象。

2. 自然实验法

自然实验法是指在企业日常的营销环境中，有目的地创造或变更某些条件，给予消费者一定的刺激或诱导，从而观察消费者心理活动的表现的方法。自然实验法适用于企业改变商品的价格、广告、促销、包装设计等变量，通过测量对消费者的吸引力，探讨消费者的消费心理。例如，IBM 公司想比较黑色笔记本电脑与白色笔记本电脑的销售效果，就选择了两个计算机商店。这两个商店在空间大小、周围环境、外观等方面都差不多，在一个商店摆放白色的计算机，另一个商店摆放黑色的计算机，机子型号、硬件都一样，只有颜色不同。如果在一段时间内两种颜色的计算机的销售数量有差异，就说明销售量的多少仅仅是因为计算机的特定颜色，因为其他因素都保持不变。

## 二、定性研究方法

### （一）访谈法

访谈法也称面谈调查，是研究者与研究对象直接交谈，以口头信息沟通的方式来了解消费者的动机、态度、个性和价值观念等内容的一种研究方法。包括结构式访谈与非结构式访谈。

结构式访谈是指研究人员先确定研究预定目标，事先写好访谈提纲，访谈时依次向研究对象提出问题，让其逐一回答的访谈。这种访谈组织比较严密，条理清晰。如电话访谈就是一种结构式访谈。

非结构式访谈虽然有一定目标，但访谈没有固定程序，结构比较松散，可以让研究对象随心所欲地谈论。如深度访谈就是一种非结构式访谈。

### （二）综合调查法

综合调查法是指在市场营销活动中采取多种手段取得有关材料，从而间接地了解消费者的心理状态、活动特点和一般规律的调查方法。根据不同的目标和条件可以采用邀请消费者座谈、举办新产品展销会、设计征集产品商标广告、设置咨询意见箱、销售时附带消费者信息征询卡、特邀消费者对产品进行点评、优秀营业员总结经验等手段和方法。

### （三）投射测验法

投射测验法是从临床心理学引来的一种心理研究法，主要是透过研究对象表面的防御，探寻其真实心理的方法。这种方法一般具有转移被测试者注意力和解除其心理防卫的优点，在消费心理学的研究中常被用作探寻消费者深层动机的有效手段。

【教学互动1－2】

**互动问题：**

假设某手机企业要开发校园市场，需要了解学生的手机消费心理，你认为可以选择哪些研究方法？

**要求：**同教学互动1－1。

【任务学习自测题】

自测题1－2

## 本项目知识脉络

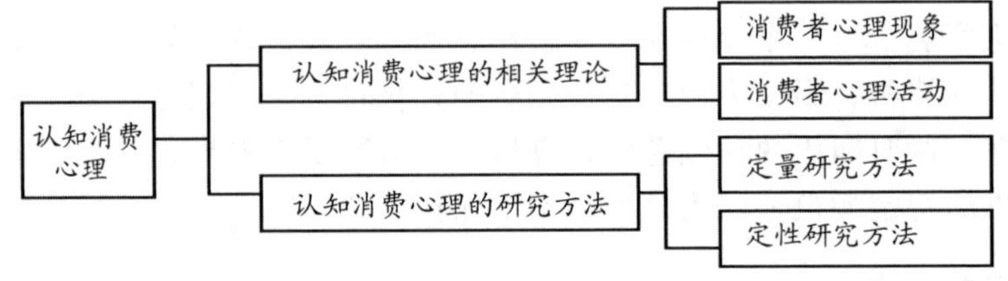


## 本项目综合实训

### 大学生香烟消费情况调查

**背景与情境：**

当你学习了认知消费心理的内容以后，已经知道了消费者的心理现象、心理活动有哪些内容，知道了研究消费者心理的方法有哪些，那么，当我们遇到实际课题——“大学生香烟消费情况调查”时，该采用哪些合适的研究方法，进而得出结论？

**实训目标：**

(1) 思政目标：会运用各种消费心理学的研究方法对具体课题进行调查研究，用合适的沟通技巧与消费者及企业营销人员进行沟通，并能友好地与企业相关人员处理调研中的相关问题，顺利完成调研任务。具有践行营销伦理和道德的意识，保守商业秘密的安全意识。

(2) 能力目标：结合具体课题，会运用正确的消费心理学的研究方法进行调研的能力。

(3) 知识目标：通过选用合适的消费心理学的研究方法对实际课题进行调研，深入理解消费心理、消费心理学的研究方法等陈述性知识。

**实训步骤：**

(1) 每组4人，其中1人为组长，由组长组织讨论小组成员的分工，明确调研思路，按分工各负其责，相互沟通，积极配合，共同完成本实训任务。

（2）每组选择一个大学进行大学生的香烟消费情况调查。小组根据分工做出详细的调查方案，要包括前言、调查目的、意义、调查内容和具体项目、研究对象、调查方法、调查工作的时间进度安排、经费预算、调查结果的表达形式等。

（3）小组长带领小组成员根据调查方案、调查内容编写调查问卷。

（4）小组长组织小组成员开展调查工作。

（5）小组长组织小组成员对调查问卷进行整理、分析，得出合理的调查结论。

（6）对同学们在调查过程中产生的数据进行分析、总结。

**实训成果及要求：**

（1）每组撰写大学生香烟消费情况调查报告，包括调查方法、调查数据、调查分析报告，得出合理性的调查结论及小组成员的调查体会。

（2）报告呈现形式各组自定，报告不少于3000字。

**实训时间：**

调查和报告撰写利用课余时间，班级展示2课时。

**实训评价：**

**表1-3　大学生香烟消费情况调查实训评价表**

| 项目 | 评价标准 | 分值 | 小组个人自评（30%） | 小组成员互评（30%） | 教师评价（40%） | 小计 |
|---|---|---|---|---|---|---|
| 思政教育 | 能以求真务实、依法依规的态度参与大学生香烟消费情况调查实训，在调查中客观真实地收集、整理数据，积极参与，善于合作，友好沟通，纪律性强 | 10 | | | | |
| | 实训过程中表现出细致、严谨的工作作风，能主动提出关于大学生香烟消费情况调查实训的相关问题 | 10 | | | | |
| | 能够结合实训认定消费心理学的研究方法在企业了解消费心理的重要性，商业秘密保密意识强 | 10 | | | | |
| 能力提升 | 能将所学的消费心理学的研究方法运用到实训任务中，学以致用 | 10 | | | | |
| | 结合课题的实际，运用消费心理学的研究方法等相关知识对具体课题进行分析的能力 | 10 | | | | |
| 知识应用 | 在小组讨论中能准确陈述各种消费心理学的研究方法等相关知识 | 10 | | | | |
| | 在班级陈述中能正确运用消费心理理论知识陈述本组观点 | 10 | | | | |

续表

| 项目 | 评价标准 | 分值 | 小组个人自评（30%） | 小组成员互评（30%） | 教师评价（40%） | 小计 |
| --- | --- | --- | --- | --- | --- | --- |
| 项目成果展示 | 能够独立完成调研任务，在调研中能主动提出问题、解决问题 | 10 | | | | |
| | 大学生香烟消费情况调查报告结构新颖，撰写规范，观点正确，无错别字 | 10 | | | | |
| | 大学生香烟消费情况调查报告汇报形式新颖，语言流畅，语速恰当，有感染力 | 10 | | | | |
| 合计 | — | 100 | | | | |

项目二 PPT

项目二教案

# 项目二
# 消费者心理活动过程

导入案例

**奶球糖的销售奇迹**

克拉克公司的奶球糖有着“青少年电影糖果”的盛名。调查表明，奶球糖最佳的潜在消费者是略为懂事的儿童，他们的年龄在10岁以下，至少进出糖果店已有数百次，在糖果购买方面显得机灵、谨慎、多疑。“遇到买糖棒，我的零用钱用不了太久。”“不是我吃得越来越快，而是糖棒变得越来越小。”因此，耐吃正是小孩购买糖果品牌的重要选择点。这一研究结果构成了克拉克公司品牌重新定位的基石：他们的新糖果是装在盒子中而不是在包装纸中，每盒有15颗，小孩可以将它们分开，慢慢地一个个吃。显然，与其他品牌相比，一盒奶球糖会吃得久一点，如果你想将一整盒同时塞入口中，连嘴巴都合不上。新产品上市之后，奶球糖的销售记录迅速回升，在接下来的几个月中，克拉克公司的销售额超过了有史以来销售记录的总和。针对过去糖棒不耐吃的特点，克拉克公司延长了消费过程的时间知觉，并成功地实现了品牌重新定位。

消费者的心理活动过程是支配其购买行为的心理活动的发生和发展的全过程，是消费者不同的心理现象对客观现实的动态反映。消费心理研究指出，在购买活动中，不同消费者的不同心理现象，无论是简单的还是复杂的，都需要消费者对商品的认识过程、情感过程和意志过程这三种既相互区别又相互联系、相互促进的心理活动过程。研究消费者在购买行为中发生的心理活动过程，对企业经营者了解消费者心理变化，进而采取相应的心理策略有很大帮助。

## 任务1　了解消费者的认识过程

学习目标

思政目标：通过本任务的知识学习，开展思政互动、同步案例、道德研判和任务演练等教学活动，激发同学们认知消费者的认知过程，喜欢研讨消费者的认知过程，并能以正确的消费理念引导消费者适度消费。

能力目标：通过本任务的同步案例和任务演练等活动，培养同学们学会在日常生活中分析消费者的认知过程。

知识目标：通过本任务的知识学习能够叙述感觉与感觉的特征、知觉与知觉的特征、记忆和思维、想象和注意等陈述性知识。

## 知识学习

消费者的认识过程是消费者通过感觉、知觉、记忆、思维、想象、注意等活动对商品的品质属性加以接收、整理、加工、存储，从而形成的综合反映过程。消费者的认识过程直接影响着消费者对消费需求的认识以及消费者潜在需求是否能向现实需求进行转化。

### 一、感觉和知觉

#### （一）感觉

1. 感觉的含义

消费者的感觉主要是消费者在购买商品和使用商品的过程中对于商品个别属性的反映。人对客观世界的认识过程，是从感觉开始的。同样，消费者对商品世界的认识过程，也是从感觉开始的。

感觉包括视觉、听觉、嗅觉、味觉、触觉。比如，西红柿有鲜红的颜色、清新的香气、酸甜的滋味、光滑的表皮等。它的这些客观属性作用于我们的眼、鼻、舌、皮肤等感觉器官，通过传入神经到达大脑皮层的神经中枢，使我们形成对该西红柿的主观印象。

2. 感觉的特征

感觉具有感受性、舒适性、敏感性、适应性、联觉性等特征。

（1）感受性。感受性即感觉的能力。不同的人对同等强度刺激物的感觉能力是不一样的，感受性高的人能感觉到的刺激，不一定能被感受性低的人感觉到。如有经验的染色工人能辨别出几十种不同的黑色，而一般人则很难分辨。

（2）舒适性。消费者的感觉都要求消费过程具有舒适性，可以说追求消费商品过程中的舒适是消费者的一个原则。在购物过程中，面对赏心悦目的购物环境和热情细致的服务，消费者便会产生一种舒适感，而这种舒适感会对购物产生积极的作用。

（3）敏感性。感觉的敏感性是指对商品某一种属性进行辨别的能力。例如，喜欢绘画的消费者对商品的色彩就很敏感，而厨师则对食物的气味比较在行。

（4）适应性。感觉的适应性是指人们的感觉随着时间的延长，敏感性逐渐下降的现象。例如，刚进浴池感到水热，泡一段时间后就不再感觉那样热了；刚入暗室，什么也看不见，等一会就看清了；自暗室突然走出来，光亮刺眼，什么也看不见，等一会又看清了；“入芝兰之室，久而不闻其香，入鲍鱼之肆，久而不闻其臭”，都是由于感觉具有适应性。对各类商品消费适应中的“喜新厌旧”现象正是推动消费者进行下一次消费行为的动力之一，更是商品市场不断发展的动力。

（5）联觉性。感觉的联觉性是指人体的各种感觉器官不是彼此隔绝的，而是相互影响、相互作用的。即一种感觉器官接受刺激产生感觉后，还会对其他感觉器官产生影响。

消费者在同时接受多种消费刺激时，经常会出现由感觉间相互作用而引起联觉现象。例如，在进餐时赏心悦目的各色菜肴会使人的味觉感受增强；冬天穿红色衣服使人感到温暖，夏天穿白色衣服则使人产生凉爽的感觉。

3. 感觉在营销中的作用

感觉是一切复杂心理活动的基础。消费者通过感觉获得对商品的第一印象，在消费者购物活动中有着很重要的先导作用。第一印象的好坏，直接影响着消费者购买的态度和行为。对于商品的生产商和销售商而言，任何营销手段，只有更好地诉诸消费者的感觉才有可能达到预期目的。要有“先入为主”的意识和行为，对商品的色彩、大小、形状、质地、价格等方面精心策划，使其能牢牢抓住消费者的感觉。例如，给消费者创造优雅的购物环境，用令人舒适的灯光、音响、色彩、气味来刺激消费者，从而达到招徕顾客和促销的目的。

**（二）知觉**

1. 知觉的含义

知觉是人的大脑对直接作用于感觉器官的客观事物的整体反映，是消费者在感觉的基础上对商品总体特性的反映。感觉是知觉的前提，没有感觉就没有知觉，但知觉并不是感觉的简单相加。感觉到的个别属性越丰富，对事物的知觉就越全面。例如，当消费者对某件衣服的色彩、大小、手感等个别属性有所反应时，可以说对这件衣服有了感觉。当他对这件衣服形成比较完整的印象时，衣服的色彩、大小、手感等属性在头脑中已经有了综合的反映，这一过程的心理活动就是消费者知觉过程。

2. 知觉的特征

知觉具有整体性、选择性、理解性和恒常性等特征。

（1）整体性。尽管知觉对象由许多个别属性组成，但人们并不会把对象感知为若干个相互独立的部分，而是趋向于把它感知为一个统一的整体。知觉的整体性反映在消费者的购买行为上，就是消费者总是把商品的质量、价格、款式、商标、包装等综合在一起，形成对商品的整体印象。例如，消费者对衣服的款式、色彩十分中意，但价格昂贵，那么消费者对这件衣服的整体评价就不会太高。消费者平时购物追求物美价廉就是知觉整体性的表现。目前许多零售店家都开辟了专门的高档区域，利用的就是顾客知觉的整体性。因为顾客在高档区域消费，会因高档区域的整体性而抬高自己的消费预期值，从而可以提升单价。

（2）选择性。知觉的选择性是指消费者在知觉商品时，不是能够知觉到商品的全部属性，而是仅仅能够知觉到商品的一部分属性。这种选择性不仅与人的注意力的有限性、刺激物的特性有关，而且与消费者的兴趣、需要、消费习惯和消费动机等有关。比如，在茫茫人海中面对匆匆而过的人群，我们能一眼就认出自己所熟识的人，就源于知觉的选择性。企业在为商品设计时，为了突出商品的高贵，为其加以特殊包装，用其他商品加以衬托，以此来吸引消费者的注意。知觉的选择性还表现在消费者能在众多的商品中把自己所需要的商品区分出来，或者在同一种商品的众多特性中，优先注意到某种特性。如一个想购买小轿车的消费者，一定会有意地关注各种有关车的广告信息。知觉的选择性使消费者在知觉商品中发挥“过滤”作用，使消费者的注意力集中指向感兴趣的或需要的商品及其某些特性。

（3）理解性。知觉的理解性是指消费者根据已有的知识和经验对知觉对象进行解释的过程。人们在感知一个对象或现象时，不仅直接反映它的整体形象，还会根据自己以前获得的知识和实践经验来解释和判断这一对象或现象。有丰富购买经验的消费者在挑选商品的时候，要比一般消费者知觉得更快、更细致、更全面。

（4）恒常性。知觉的恒常性是指当知觉的条件在一定范围内改变时，知觉的映象仍保持相对不变。在七彩灯光线下，红苹果仍被我们知觉为原来的红色；春天的夜晚在田野散步，尽管看不清麦苗的颜色，但我们还是知道它是绿色的，不因为夜晚就会改变原有的知觉。在商品经营活动中，要特别注意培养消费者对商品和企业的良好知觉，这种良好的知觉一旦形成，即使商品出现偶然的失误，消费者也会给予谅解，否则，一旦形成消极的知觉便很难改变。

**【教学互动2－1】**

**互动问题：**

（1）请解释在公众场合，为什么服装设计师会注意人们的服装，发型师会注意人们的发型，箱包设计师会注意人们的箱包。

（2）你在公众场合会注意人们的哪些方面？为什么？

**要求：** 同教学互动1－1。

3. 知觉在营销中的作用

知觉在市场营销中对消费者行为的影响主要有以下几点：

（1）知觉的选择性有助于消费者确定购买目标。它可使顾客在众多的信息和商品中快速找到符合自己既定购买目标的信息和商品，同时排除那些与既定购买目标不相符合的信息和商品。这就要求销售人员能够迅速地探索出顾客的兴趣点和利益点，将有效的信息传递给顾客，从而利用顾客知觉的选择性达成交易。

（2）利用知觉的理解性与整体性提高广告宣传效果。根据知觉的理解性这一特点，企业在广告中要针对购买对象的特性，在向顾客提供信息时，其方式、方法、内容、数量必须与信息接受人的文化水准和理解能力相吻合，保证信息被迅速、准确地理解。根据知觉整体性这一特点，在广告设计中，把着眼点放在与商品有关的整体上，使顾客获得充足的信息，形成一个整体的、协调的商品形象。

（3）利用知觉的恒常性促进商品销售。由于人们不愿放弃自己使用习惯的商品，所以知觉的恒常性可以成为消费者连续购买某种商品的一个重要因素。企业可以通过名牌商品带动其他商品的销售，或通过畅销的老商品带动新商品的销售。例如，购买某种品牌的隐形眼镜，可以赠送该品牌的护理液；或者如果该公司研发出一种新的护理液，往往会在销售中进行本公司护理液的捆绑促销。

**【思政互动2－1】**

某商场明示买一送一，从而吸引了大量顾客。某顾客买了一台电视机，要求再免费送一台，商场当然不同意，顾客力争："不是买一送一吗？"商场回应："买一送一，没错，我商场送的是一袋食用盐。"顾客无奈并无语。这种做法符合营销道德吗？企业应该怎样引导消费者合理消费？谈谈你的看法。

4. 错觉

（1）错觉的含义。错觉是知觉的一种特殊形式，它是人在特定的条件下对客观事物的扭曲的知觉，也就是把实际存在的事物被扭曲地感知为与实际事物完全不相符的事物。

错觉包括几何图形错觉、时间错觉、运动错觉、空间错觉以及光渗错觉、整体影响部分的错觉、声音方位错觉、形重错觉、触觉错觉等。

（2）错觉在营销中的作用。利用空间错觉，丰富商品陈列，降低经营成本。一位行人路过一家房顶悬挂各种灯具的商店，各式各样的灯具连成一片，璀璨夺目，吸引他不由自主地信步走了进去，看着看着才发现这个商店并不大，只是由于周围全镶上了镜子，从房顶延伸下来，使整个店堂好像增加了一倍的面积。由于镜面的折射和增加景深的作用，屋顶上悬挂的灯具好像增加了一半，显得丰盛繁多，给人以目不暇接之感。这就是空间错觉在商业中的妙用。在寸土寸金的商场中，如何陈列商品，直接关系到商品的销售效果。如果借鉴以上做法，在商品的陈列中充分利用镜子、灯光之类的手段，不仅能使商品显得丰富多彩，而且能减少陈列商品的数量，降低商品损耗和经营成本。在一些空间较小的区域，利用镜子、灯光等手段使空间显大，不仅能调节消费者的心情，还能使销售人员以好的心情为消费者服务，避免由于心情不好而造成主顾间的矛盾冲突。

利用时间错觉，调整心态，提高经营绩效。也许你有过“等人”的经历，时间的难熬令人头痛不已，心情也出奇的糟糕。如果你一边等人，一边看书或听音乐等，你就会发现时间过得也挺快的。这是由于你在看书或听音乐时，分散了对时间的注意，实现了对时间由有意注意到无意注意的转移，从而造成了“时间快”的时间错觉。在很多商场里我们都能听到音乐声，但大多数商场不知道音乐到底该怎样播放才好。音乐对人的情绪的影响是很大的，乐曲的节奏、音量的大小，都会影响到顾客和营业员的心情。心情好，主顾之间就会避免很多不必要的矛盾和冲突，会出现很多商机，就会取得更好的社会效益和经济效益。如果在顾客数量较少时播放一些音量适中、节奏较舒缓的音乐，不仅能使主顾心情更加舒畅，还能放慢顾客行动的节奏，延长在商场的停留时间，增加较多的随机购买几率，也会使销售人员的服务更加到位。如果在顾客人数较多时播放一些音量较大、节奏较快的音乐，就会使主顾的行动节奏随着音乐的节奏而加快，提高购买和服务的效率，避免由于人多效率低而引起的心情不好、矛盾冲突增多的情况的出现。

利用颜色对比错觉，提高经济效益。日本三叶咖啡店老板发现不同颜色会使人产生不同的感觉，但选用什么颜色的咖啡杯最好呢？于是他做了一个有趣的实验，邀请了 30 多人，每人各喝 4 杯浓度相同的咖啡，但 4 个咖啡杯分别是红色、咖啡色、黄色和青色。最后得出结论：几乎所有人认为使用红色杯子的咖啡调得太浓了；使用咖啡色杯子的认为太浓的人数约有三分之二；使用黄色杯子的感觉是浓度正好；而使用青色杯子的都觉得太淡了。从此之后，三叶咖啡店一律改用红色杯子盛咖啡，既节约了成本，又使顾客对咖啡的质量和品位感到满意。

## 二、记忆和思维

### （一）记忆

1. 记忆的含义

记忆是指人们对过去感知过的事物、思考过的问题、体验过的情感，都能以经验的形式在头脑中保存，并在一定条件下能够重新反映和显示的心理活动过程。例如，消费者买了某种品牌的服装，使用后这种品牌的服装会给他留下一个整体的印象，一旦再购买这类商品，过去的印象便会重现出来，这种重现出来的记忆可以指导人们重新购买，成为选择商品与品牌的依据。

2. 记忆在营销中的作用

记忆对消费者的认识发展具有十分重要的作用。当消费者初步感知商品后，往往运用记忆把过去曾使用过的商品，体验过的情感、动作回想起来，进一步加深对商品的认识。因此，商品的命名、商标、包装、广告都是企业要注意加深消费者记忆的主要方面。特别是商品的商标，是消费者识别、购买商品的最主要标志。

**【自我心理测试】**

**测试你的短时记忆力**

下面列出3组数字，每组12个。这是对你的记忆的测试，你可任选一组数字，在1分钟内读完（平均每5秒钟读一个数），然后把记住的数字写出来（可以颠倒位置）。记录你正确记住的数字的个数。根据记住的多少，可以评定你的短时记忆力。

73、49、64、83、41、27、62、29、38、93、74、97

57、29、32、47、94、86、14、67、75、28、79、24

36、45、73、29、87、28、43、62、75、59、93、67

短时记忆测试评分：正确地记下一行中12个数字，记忆力超优；记住8～9个数字，优等；记住4～7个数字，一般；记住少于4个数字，说明记忆力较差，需要好好锻炼。

（资料来源：http：//xsc. dgut. edu. cn/xlzc/webs/_html/A01990000000498. shtml。）

**（二）思维**

1. 思维的含义

思维是人脑对客观事物一般属性和事物内在联系概括的、间接的反映过程，是人的认识活动的最高阶段。也就是说，人们对客观事物的认识不会停留在感知和记忆的水平上，而总是利用已经感知和记忆的材料，进行分析、综合、比较、抽象、概括等一系列活动，把感性认识升华到理性认识阶段，把握事物的特征和规律。

2. 思维在营销中的作用

消费者在选购商品时，常常借助有关商品信息，对商品进行分析、比较、判断等思维过程来决定是否购买。例如，消费者对大屏幕彩电的内在质量往往不是太专业，不甚了解，但可以对大屏幕彩电感知表象：图像是否清晰，色彩是否保真，音响是否优美，信号是否灵敏等，再借助已有的知识经验，间接地认识它的内在质量性能。消费者在购买过程中多次感知价格与质量的联系，从而得出“便宜无好货”的概括性结论。在消费行为过程中，消费者也往往会得出“大商场的东西要比街头拐角处购得的东西质量可靠”的结论。因此，消费者要善于思考和总结，通过现象看本质，从而获得对商品内在性质的深刻认识。销售人员在销售商品时，尤其是大件贵重物品，必须要让消费者对商品有充分的了解，使消费者在充分了解以后，经过认真的思考，以便确定购买哪种商品。

## 三、想象和注意

### （一）想象

1. 想象的含义

想象是人脑在原有感知的基础上创造出新形象的心理过程，是思维的创造性发展，使思维变得更高级、更复杂，没有想象就没有创造。

2. 想象在营销中的作用

消费者在形成购买意识、选择商品、评价商品过程中都有想像力参加。例如，消费者看到一件款式新颖的衣服，会想象到穿在自己身上如何高雅时髦；买一台空调，消费者会想象拥有它能给家庭带来四季如春的感受。通过想象，消费者就能深入认识商品的实用价值、欣赏价值和社会价值，其结果是能增强商品对消费者的诱惑，激发其购买欲望。在某些情况下，想象会导致消费者进行冲动性购买。商场利用石膏模特展示时装，在销售现场模拟实用场景等，都是在诱发想象，促进销售。

优秀的营销人员能够利用想象帮助消费者寻找最合适的商品，同时又利用自己的创造性想象设计出满足消费者心理要求的商品广告、商品包装以及商品陈列，扩大消费者的想象空间。

想象能提高消费者购买活动的自觉性和目的性，对引起情绪过程、完成意志过程起着重要的推动作用。

**【任务演练 2－1】**

**提高想象力的训练**

**实训目标：**

（1）思政目标：培养同学们从身边的词语、故事出发，展开丰富的想象力，以培养同学们养成勤于观察、善于想象、大胆创新的品质。

（2）能力目标：通过认识到想象在营销中的重要作用，参与实训，展开想象，训练并提高自身的想象力。

（3）知识目标：培养同学们在小组发言、小组讨论中，充分认识到想象的重要性，分组讨论编故事，并续讲故事，想象丰富，故事引人入胜。

**训练内容：**

以小组为单位把一组词语编成故事、讲故事，并续讲故事。

**训练操作：**

（1）将学生分组每 4 人一组，并选出 1 名小组负责人。

（2）每个小组围绕消费者消费过程中的某个环节设计出 4 个词语，小组依次展示，编故事，讲故事。再出 4 个词语，续讲故事。让同学们参与，以培养他们的想象能力。想象力最丰富的小组将得到此次活动的最高分，最差的小组成员要受到惩罚，比如表演节目等。

（3）对同学们在活动中产生的效果进行分析、总结。

**成果要求：**

（1）每个小组提交故事及续集，其中必须包括所给出的词语。

（2）各组将所编的故事及续集在班级讲故事，老师要做点评。

**实训评价：**

**表2－1　　　　提高想象力实训评价表**

| 项目 | 评价标准 | 分值 | 小组个人自评（30%） | 小组成员互评（30%） | 教师评价（40%） | 小计 |
|---|---|---|---|---|---|---|
| 思政教育 | 能以立足现实、大胆创新的态度参与提高想象力实训，献计献策，善于合作，纪律性强 | 10 | | | | |
| | 养成细致、严谨的工作作风，小组讨论积极踊跃，能主动为编故事出点子，参与实训，提出自己的观点 | 10 | | | | |
| | 养成良好的语言组织能力，良好的成员间沟通、合作能力 | 10 | | | | |
| 能力提升 | 能将所学的想象知识运用到实训任务中，学以致用 | 10 | | | | |
| | 正确理解实训要求，整体实训活动安排有序 | 10 | | | | |
| 知识应用 | 在故事的编撰中正确合理地运用想象，想象丰富、合理 | 10 | | | | |
| | 在发言和小组讨论中能准确陈述自己的想法，在实训中提高自己的想象力 | 10 | | | | |
| 项目成果展示 | 小组能够独立完成实训任务，完成实训任务及时、主动 | 10 | | | | |
| | 所编撰故事结构完整，无错别字，情节引人入胜 | 10 | | | | |
| | 故事讲得绘声绘色，精彩生动，语速恰当，有感染力 | 10 | | | | |
| 合计 | — | 100 | | | | |

### （二）注意

1. 注意的含义

注意本身不是一种独立的心理活动，而是伴随着感觉、知觉、记忆、思维、想像同时产生的一种心理机能，是心理活动对客观事物的指向和集中。指向和集中是注意的基本特征。指向，是指消费者心理活动有选择地反映特定事物，而离开其余事物。集中，是指消费者心理活动反映事物达到一定的清晰和完善的程度。例如，消费者在选购商品时，其心理活动会指向某一商品并全神贯注于这一商品，同时又离开其他商品。这就是对这种商品发生了注意，从而对该商品获得清晰、准确的反映，并据此作出自己的购买决策。可见，注意是消费行为过程中必不可少的心理活动。没有注意，消费者对商品的认识活动就无法进行，更谈不上引起购买行为。

2. 注意的分类

根据产生和保持有无目的和意志努力程度，注意可分为无意注意、有意注意和有意后注意。

（1）无意注意。无意注意是指消费者没有明确的目的和目标，不需要做意志努力的注意。例如，与背景反差强烈的商品陈列、造型奇特的新产品、闪烁变换的霓虹灯等都会引起消费者不由自主地看上一眼，这就是无意注意。

（2）有意注意。有意注意又称故意注意，是指人们有预定目的，需要消费者经过意志努力而产生的注意。它受到人的意识的自觉调节与支配，可持续较长时间。例如，急需购买某品牌商品的消费者，会刻意寻找、搜集有关信息，并在众多同类商品中，把注意力直接集中于所期望的品牌上，就属于有意注意。

（3）有意后注意。有意后注意又称随意后注意，是指有预定目的，但不经意志努力就能维持的注意。消费者对消费对象有意注意一段时间后，逐渐对该对象产生兴趣，即使不进行意志努力仍能保持注意，此时便进入了有意后注意状态。这种注意形式可以使消费者不致因为过分疲劳而发生注意力转移，并使注意保持相对稳定和持久。

一般消费者在购买商品房时，对期房、分期付款、按揭、使用面积等术语不熟悉，觉得单调、枯燥，但认识到掌握这些知识的重要意义和作用时，就会克服困难，尽最大努力掌握这些知识。当以后再接触到这些术语时，就会出现有意后注意。

3. 注意在营销中的作用

发挥注意的心理功能，引发消费需求。正确地运用和发挥注意心理功能，可以使消费者由无意注意转换到有意注意，有意注意进一步发展便转化为有意后注意，从而引发消费需求。我国贵州茅台酒在1915年巴拿马万国博览会上获金奖，注意在这里立了头功。博览会开始阶段，各国评酒专家对其貌不扬、包装简陋的茅台酒不屑一顾。博览会临近尾声的一天，中国酒商急中生智，故意将一瓶茅台酒摔碎在展厅地上，顿时酒香四溢，举座皆惊。从此，茅台酒名声大振，走向了世界。中国参展酒商的行为，符合了消费者需要强烈、新奇、鲜明的活动刺激，引起人们无意注意，在提高商品知名度、引发消费需求上取得了成功。

实践证明，在广告设计制作中巧妙地利用刺激物的大小、强度、色彩、位置和间隔等的对比及变化都可以增强消费者的注意力，收到事半功倍的效果。

**【道德研判2－1】**

**假扮日军的闹剧**

**背景资料：**

某化妆品公司为了推销自己的产品，让推销员假扮成日本军人以讨现场顾客欢心。推销员身穿日本军装，说着日语，向场外顾客免费扔洗发水之类的物品。当问到为什么要推销员穿日本军装时，公司促销主管称是要体现新意，以吸引顾客的注意，扩大企业和产品的影响力。

**问题：**

该化妆品公司为了展现新意而让推销员假扮成日本军人以讨现场顾客欢心，吸引消费者注意的行为符合营销道德吗？

**讨论分析：**

个人：每位同学根据道德研判的背景资料和问题，在固定的学习本上记下自己的分析结果。

小组：每小组6位同学，1人为组长，1人记录，小组成员都要陈述自己的观点，讨论后形成小组意见，准备在班级交流。

提示

全班：各组派1位代表陈述本组观点。

教师：记录各组陈述要点，最后做点评。

【自我心理测试】

### 你善于集中注意力吗?

下面任意排列1～25的共25个数字。要求被测者用手指按1～25的顺序依次指出其位置，同时朗读出声，施测者一旁记录所用时间。数完25个数字所用时间越短，注意力水平越高。8秒内完成的为注意力最好，8～25秒为中等水平。

| | | | | |
|---|---|---|---|---|
| 11 | 18 | 24 | 12 | 5 |
| 23 | 4 | 8 | 22 | 16 |
| 17 | 6 | 13 | 3 | 9 |
| 10 | 15 | 25 | 7 | 1 |
| 21 | 2 | 19 | 14 | 20 |

（资料来源：http：//ww123. net/thread－4752698－1－1. html。）

【同步案例2－1】

### 客前美食表演

**背景资料：**

在一次宴会中，现场进行片皮操作的锦江烤鸭受到了相当高的赞赏。经过魔术师设计动作并培训的厨师，进入宴会厅时，面向客人微笑、行礼，以优美的姿势戴上手套，再行礼，然后开始片鸭。薄饼不仅用蒸笼保温，就连盘子也预先加了温。或许是众人吃得津津有味的神情太吸引人，或许是厨师的现场表演太打动人，宴会中的客人又要求加一道锦江烤鸭。厨师精湛的表演技艺不仅增加了饮食的情趣性和观赏性，还为餐厅增加了销量。

**问题：**

请结合消费者的认识过程分析客前美食表演的成功之处。

**讨论分析：**

个人：每位同学认真研读本案例内容，结合任务1的知识学习内容，在固定的学习本上记下自己的分析结果。

小组：请同学们每4人分为一个小组，1人为组长，1人记录，在小组讨论中每个人陈述个人看法，然后小组成员共同讨论，形成小组意见，并推荐代表准备在班级交流。

提示

全班：各个小组代表在班级陈述本组观点，班级其他同学也可以点评。

教师：教师记录各组陈述观点的要点，最后做点评。

【任务学习自测题】

自测题 2－1

## 任务 2　了解消费者的情感过程

### 学习目标

思政目标：通过本任务的知识学习，开展思政互动、同步案例、道德研判和任务演练等教学活动，激发同学们认知消费者情感过程，喜欢探讨消费者的情绪、情感，并能以积极的、阳光的情绪、情感引导消费者产生积极的、正面的情绪、情感。

能力目标：通过本任务的同步案例和任务演练，能分析情感在消费者购物中的作用，弄清情感对消费者购买行为的影响。

知识目标：通过本任务的知识学习，能准确叙述消费者情感过程、影响消费者情感变化的因素等陈述性知识。

### 知识学习

消费者的消费活动过程，实际上是充满情感体验的活动过程。情感过程是消费者在购买活动中对商品或服务是否符合个人需要而形成的态度体验，对购买行为的实现有重要影响。

#### 一、消费者情感过程的含义

消费者的情感过程是指消费者对于客观事物是否符合自己的需要而产生的一种主观体验。消费者的情感过程包括情绪和情感两个方面。

情绪是指短时间内的与生理需要和较低级的心理过程（感觉、知觉）相联系的内心体验，一般带有情景性、不稳定性和冲动性。例如，消费者在选购某品牌香水时，会对它的颜色、香型、造型等可以感知的外部特征产生积极的情绪体验。

情感是长时间内的与人的社会性需要（社交的需要、精神文化生活的需要等）和意识联系的心理体验，具有较强的深刻性、长期性和稳定性。情感是在情绪的基础上产生的更高级的心理体验。例如，道德感、荣誉感、集体感、理智感、美感等。对美感的评价标准和追求，会驱使消费者重复选择和购买符合其审美观的某一类商品而排斥其他商品。

情绪与情感是两个既有区别又有联系的概念，难以截然分开。一方面，消费者的情绪的各种变化一般都受已形成的情感所制约；另一方面，个人的情感又总是体现在他的情绪之中。在日常生活中，人们对情绪和情感并不做严格区分。情绪一般有较明显的外部表现，时间短，情感的外在表现很不明显，持续的时间相对较长。

【自我心理测试】

## 了解你的情绪类型

**指导语：**

我们日常生活中的活动，在多大程度上受理智的控制，又在多大程度上受情绪的支配？我们只有认清自己情绪的力量，发挥理性的控制，才能实现情绪反应与表现的均衡适度，确保情绪与环境相适应。本测试将帮助你在这方面确定自己的位置。

下面有30道情绪自测题，每题有A、B、C三个选项，请你仔细阅读，理解每一道题的意思，然后以最快的速度诚实作答，每题只选一项。

1. 你在看电影时会哭或觉得想要哭吗？（　　）

A. 经常　　B. 有时　　C. 从不

2. 你在咖啡店里要了一杯咖啡，这时发现邻座有一位姑娘在哭泣，你会怎样？（　　）

A. 问她是否需要帮助　　B. 想说些安慰的话，但羞于开口

C. 换个座位远离她

3. 一个刚相识的人对你说了一些恭维话，你的反应如何？（　　）

A. 非常喜欢听，并开始喜欢对方

B. 感到窘迫

C. 谨慎地观察对方

4. 遇到朋友时，你经常怎样做？（　　）

A. 拥抱他们　　B. 微笑、握手和问候　　C. 点头问好

5. 对于信件或纪念品，你会如何处理？（　　）

A. 保存多年　　B. 两年清理一次　　C. 刚刚收到就无情地扔掉

6. 在朋友家聚餐之后，朋友和其爱人激烈地吵了起来，你会怎样做？（　　）

A. 尽力劝和　　B. 觉得不快，但无能为力

C. 立即离开

7. 如果让你选择，你更愿意（　　）。

A. 同许多人一起工作并亲密接触

B. 和少许人一起工作

C. 独自工作

8. 同一个很羞怯或紧张的人说话时，你会（　　）。

A. 觉得逗他说话很有趣　　B. 因此感到不安　　C. 有点生气

9. 在一场特别好的演出结束后，你会（　　）。

A. 用力鼓掌　　B. 加入鼓掌，但觉得很不自然

C. 勉强地鼓掌

10. 一位朋友误解了你的行为，并且正在生你的气，你会怎样？（　　）

A. 尽快联系，做出解释　　B. 等待一个好机会再联系，但对误解的事不做解释

C. 等朋友自己反省

11. 你曾毫无理由地感到害怕吗？（　　）

A. 经常　　B. 偶尔　　C. 从不

12. 你喜欢的孩子是下列哪一种？（　　）

A. 很小而且有些可怜巴巴的

B. 能同你谈话，并且形成了自己个性的

C. 长大了些的

13. 当你为解闷而读书时，你喜欢（　　）。

A. 读幻想小说、荒诞小说

B. 读历史小说、社会问题小说

C. 读史书、秘闻、传记类

14. 去外地时，你会（　　）。

A. 陶醉于自然风光

B. 希望去更多的地方

C. 为亲戚们的平安感到高兴

15. 如果在车上有陌生人要你听他讲自己的经历，你会怎样？（　　）

A. 真的很感兴趣　　B. 显示你颇有兴趣　　C. 打断他，做自己的事

16. 你是否因内疚或痛苦而后悔？（　　）

A. 是的，一直很久　　B. 偶尔后悔　　C. 从不后悔

17. 你是否想过给报纸的问题专栏写稿？（　　）

A. 想过　　B. 或许想过　　C. 绝对没想过

18. 当被问及私人问题时，你会怎样？（　　）

A. 感到不快和气愤，拒绝回答

B. 虽然不快，但还是回答了

C. 平静地说你不愿意回答

19. 你怎样处置不喜欢的礼物？（　　）

A. 热情地保存起来

B. 藏起来，仅在赠者来访时才摆出来

C. 立即扔掉

20. 你对示威游行、宗教仪式的态度如何？（　　）

A. 感动得流泪　　B. 感到窘迫　　C. 冷淡

21. 一只迷路的小猫闯进你家，你会怎么办？（　　）

A. 收养并照顾它　　B. 想给它找个主人，找不到就让它安乐死

C. 扔出去

22. 你在怎样的情况下会送礼物给朋友？（　　）

A. 全凭兴趣

B. 你觉得有愧或有求于他们时

C. 仅仅在新年和过生日时

23. 如果你因家事不快，上班时你会（　　）。

A. 继续不快，并显露出来

B. 尽量理智，但仍因压不住怒火而乱发脾气

C. 工作起来就把烦恼丢在一边

24. 你对恐怖影片态度如何？（　　）

A. 害怕　　　　B. 很喜欢　　　　C. 不能忍受

25. 爱人抱怨你花在工作上的时间太长了，你会怎么办？（　　）

A. 试图把时间更多地花在家庭上

B. 对两方面的要求感到矛盾，并试图使两方面都满意

C. 解释说这是为了你们两人的共同利益，然后仍像以前那样去做

26. 生活中的一个重要关系破裂了，你会（　　）。

A. 至少在短时间内感到心痛　　B. 感到伤心，但尽可能正常生活

C. 无法摆脱忧伤的心情

27. 以下哪种情况与你相符？（　　）

A. 爱听新闻，关心别人的生活细节

B. 关心熟人的生活

C. 很少关心他人的事

28. 下面哪种情况与你最相符？（　　）

A. 总是凭感情办事　　　　B. 十分留心自己的感情

C. 感情没什么要紧，结局才最重要

29. 看到路对面有一个熟人时，你会（　　）。

A. 走过去问好　　　　B. 招手，如对方没有反应就走开

C. 走开

30. 当拿到母校的一份刊物时，你会（　　）。

A. 仔细阅读，并保存起来　　B. 通读一遍后扔掉　　C. 不看就扔进垃圾桶

说明：1~30题选A得3分，选B得2分，选C得1分。

**测试结果：**

30~50分：理智型。很少因什么事而激动，表现出很强的克制力甚至冷漠；对他人的情绪缺乏反应，感情生活平淡而拘谨，因此常会听到别人在背后说你是“冷血动物”。你需要放松自己。

51~69分：平衡型。情绪基本保持在有感情但不感情用事、克制但不过于冷漠的状态；即使在很恶劣的情绪下握起拳头，也仍能从冲动情绪中摆脱出来，因此，很少与人争吵；感情生活十分愉快、轻松。

70~90分：冲动型。非常情绪化，易激动，反应强烈；往往十分随和、热情，或者感情脆弱、多愁善感；可能常会陷入那种短暂的风暴似的感情纠纷中，因此麻烦百出；别人若想劝你冷静，是一件很难的事。这里有必要提醒你，一定要克制自己。

**心理评析：**

情绪是人与生俱来的一种心理反应，如喜、怒、哀、乐，易随情境变化。人在日常生活中免不了会出现好情绪和坏情绪，如果不能很好地调节并保持情绪平稳，你势必会陷入一种痛苦的泥潭之中。如何主宰自己的情绪，以下是专家提的几点建议：

1. 尊重规律。我们的情绪与身体内在的“生活节奏”有关。吃的食物、健康水平及

精力状况，甚至一天中的不同时段都会影响我们的情绪。因此不同的时段要做不同的事情，比如早晨精力旺盛，可做相对烦琐的工作，而下午不宜处理杂事。

2. 保证睡眠。每天睡眠时间最好保持在8小时左右。

3. 亲近自然。

4. 经常运动。

5. 合理饮食。

6. 积极乐观。

（资料来源：http：//health. hsw. cn/system/2007/10/18/005622563. shtml。）

**【思政互动2-2】**

身为一名营销人员，绝对不能够忽视，情感是形成消费者态度和购物意愿的重要维度。请你从营销道德和引导消费者合理消费的角度谈谈你的看法。

## 二、影响消费者情感变化的因素

在社会实践活动中，人的情感是极其复杂的，但它最终的基本内心体验表现为积极性情感和消极性情感。企业营销应根据消费者情感变化的影响因素采取有效的方法激发消费者的积极情感，转化消极情感，促进营销活动的顺利实现。

### （一）商品

消费者的各种需求大多是借助商品而满足的，商品的使用价值、外观和附加利益往往会使消费者的情感处于积极、消极或矛盾的状态中，商品的内在质量更是影响消费者情感的直接因素，但有的商品质量虽好，若是样式陈旧也不会受到欢迎。企业在营销活动中，不仅应注意商品的质量要符合消费者的时代要求，而且要加强商品包装的改进工作，尽量为消费者提供能充分满足其需要的整体产品，以唤起消费者积极的情感。

### （二）服务

消费者不仅要通过购买来满足自己的物质需求和精神需求，而且要通过购买活动满足自己的心理需求。因此，除了商品因素外，影响消费者情感变化的因素还有服务。服务的影响主要包括两个方面：一方面是企业的服务质量；另一方面是销售人员的服务质量。一般来说，热情、细致、周到的服务可以使消费者感到受尊重，产生安全感、信任感，使消费者高兴而来、满意而去，高质量的服务能够提高企业和品牌的知名度和信誉度，产生比广告宣传更好的效果。这就要求企业树立“一切以消费者为中心”的现代营销观念，做好售前、售中、售后等各项服务工作。要求销售人员微笑服务、礼貌待客，善于揣摩消费者心理，在消费者不熟悉商品时能站在消费者的立场上当好参谋，为他们解决购买过程的困难，以博得消费者的好感，让他们购买到满意的商品。

**【道德研判2-2】**

**贴心的服务**

**背景资料：**

一天，李大爷来到一家中药店取代煎的中药。该店营业员小张热情地接过李大爷的取药条，为其核实姓名、方子、付数，煎好后双手递给李大爷，并详细告知服药时间和注意事项。李大爷这时想趁热服用一袋煎好的中药，小张主动走出柜台，取出一次性纸杯，请李大爷坐下，并给他倒上药。李大爷服完药后，小张又倒了一杯热水，叮嘱其休息一会儿再走。

**问题：**

小张的工作作风符合职业道德与营销伦理要求吗？

提示

**讨论分析：**

个人：每位同学根据道德研判的背景资料和问题，在固定的学习本上记下自己的分析结果。

小组：每小组6位同学，1人为组长，1人记录，小组成员都要陈述自己的观点，讨论后形成小组意见，准备在班级交流。

全班：各组派1位代表陈述本组观点。

教师：记录各组陈述要点，最后做点评。

### （三）环境

心理学研究表明，情感不是自发产生的，而是由环境中的多种刺激因素引发的。宽敞的店堂、充足的商品、清新的空气、明快的色彩、宜人的温度、轻松的音乐、完美的服务、有序的管理等，都会使消费者处于舒畅、愉悦的情感状态中，增加购物享受的心理效应，容易激发其购物的欲望。所以，通过营造良好的购物环境，培养消费者的积极情感已成为企业竞争中的重要手段之一。

一个消费者到某家商店购买糕点，看见食品柜中苍蝇飞舞，营业员用手既拿糕点又收钱，不由得内心作呕，立即打消了购买念头，甚至发誓永远不买这家商店的糕点。

**【教学互动2-2】**

**互动问题：**

（1）你在最近的购物中，是否发生过不愉快的经历？请分析发生不愉快的原因是什么，这种经历对你今后的购物会有什么影响？

（2）在班中挑选2~3名同学讲述购物情景。

**要求：**

（1）请两位同学对刚才同学们的讲述内容进行分析、评论。

（2）教师对学生的回答和其他同学的评论做最后点评。

**【同步案例2-2】**

**一位年轻母亲的情感变化**

**背景资料：**

有一位母亲在报纸上看到“初生婴儿不宜喂食蜂蜜”的报道，联想起她天天给宝宝吃的某品牌的米粉，恰好是含有蜂蜜的，于是她非常担心地打电话到该公司询问。接电话的人一副“你真没知识，怕什么”的态度，似乎认为她所问的问题非常愚蠢。对方不但指责某报纸胡说，最后还用相当自满的口气说：“我们的东西一定没有问题。”这位年轻母亲不但大失所望，还受了一肚子气。因此，使她对该品牌信心大失，不但立即转换品牌，还逢人就数落该品牌的不好。

**问题：**

（1）该年轻母亲情感变化的直接原因是什么？给企业造成的损失是什么？

（2）如何才能做好这位消费者消极情感的转化工作？

**讨论分析：**

提示

个人：每位同学认真研读本案例内容，结合任务2的知识学习内容，在固定的学习本上写出你对本问题的看法。

小组：请同学们每4人分为一个小组，1人为组长，1人记录，在小组讨论中每个人陈述个人看法，然后小组成员共同讨论，形成小组意见，并推荐代表准备在班级交流。

全班：每个小组代表在班级陈述本组观点，班级其他同学也可以点评。

教师：教师记录各组陈述观点的要点，最后做点评。

**【任务演练2-2】**

### 消费者情感过程认知实训

**实训目标：**

（1）思政目标：培养同学们参与实训的积极态度，养成在日常消费过程中勤于观察、善于思考、深入实际体验、认知自我的情感的品质，能正确地开展情绪调适，培养积极乐观的情绪。

（2）能力目标：培养学生分析消费者购买过程中心理活动过程的能力，运用培养消费者积极情感的因素开展营销的能力。

（3）知识目标：培养同学们在自己的日常消费及生活中会运用消费者的情感过程等相关知识分析讨论问题，阐述自己的观点。

**训练内容：**

（1）以你最近一次比较大的消费活动为例，分析购买商品的心理活动过程。

（2）分析研究这种心理活动过程对市场营销人员的启示。

（3）思考在这次购买中营销人员是否利用了某种因素以培养消费者的积极情感。

**训练操作：**

（1）教师说明训练内容及成果要求。

（2）每人回顾自己的一次消费体验并撰写消费者情感过程认知报告。

（3）就各自的消费者情感过程认知报告在班里进行交流。

**成果要求：**

（1）每人写出消费体验与分析报告。

（2）在全班组织交流座谈会，就每人的分析报告在班级交流，老师做点评。

**实训评价：**

表2－2　消费者的情感过程认知实训评价表

| 项目 | 评价标准 | 分值 | 小组个人自评（30%） | 小组成员互评（30%） | 教师评价（40%） | 小计 |
|---|---|---|---|---|---|---|
| 思政教育 | 能以诚实守信、公道办事的态度参与消费者的情感过程认知实训，积极融入团队，献计献策，友好沟通 | 10 | | | | |
| | 养成细致、严谨的工作作风，能主动参与实训计划的制定，提出关于实训中应注意的相关问题 | 10 | | | | |
| | 能够结合此次实训认识到消费者的情感过程对市场营销职业的价值 | 10 | | | | |
| 能力提升 | 能将所学的消费者情感过程的理论知识运用到认知实训任务中，学以致用 | 10 | | | | |
| | 科学正确地开展消费者情感过程认知实训活动内容，实训活动安排有序 | 10 | | | | |
| 知识应用 | 实训报告撰写中能正确运用消费者情感过程的相关知识进行分析，得出结论正确 | 10 | | | | |
| | 在个人发言中能准确陈述消费者情感过程的相关知识 | 10 | | | | |
| 项目成果展示 | 能够独立完成实训任务，完成实训任务及时、主动，并能主动提出问题、解决问题 | 10 | | | | |
| | 消费者情感过程认知报告结构完整，报告无错别字，观点正确 | 10 | | | | |
| | 消费者情感过程认知报告交流汇报形式新颖，陈述语言规范流畅，语速恰当，有感染力 | 10 | | | | |
| 合计 | — | 100 | | | | |

【任务学习自测题】

自测题2－2

# 任务3 了解消费者的意志过程

## 学习目标

思政目标：通过本任务的知识学习，开展思政互动、同步案例、道德研判和任务演练等教学活动，激发同学们认知消费者的意志过程，并能正确引导消费者进行合理消费、适度消费。

能力目标：通过本任务的同步案例和任务演练，会根据消费者的意志过程对消费者的消费行为及消费心理进行分析研究。

知识目标：通过本任务的知识学习，能准确叙述消费者的意志过程及其阶段等陈述性知识。

## 知识学习

消费者经历了认识过程和情感过程之后，最终是否采取购买行动，还有赖于消费者的意志过程。

### 一、消费者意志过程的含义

消费者不仅要通过感知、记忆及思维等活动来认识商品，并伴随对商品的认识产生一定的情感和态度，而且有赖于意志过程来确定购买目的，并排除各种主客观因素的影响，实现购买的目的。

意志是指人们为了实现一定的目的和行为所做出的自觉的坚持不懈的努力。在营销活动中，消费者意志过程就是消费者在购买活动中有目的地、自觉地支配和调节自己的行动，克服各种困难，实现既定的购买目标的心理过程。

### 二、消费者意志过程的基本特征

在消费者意志过程中包含以下三个基本特征。

#### （一）购买目的明确

消费者的意志行为与其目的性紧密联系。通常为了满足自己的需要，消费者总是经过思考后预先提出购买目标，然后自觉地、有意识地、有计划地按照此购买目标去支配和调节自己的购买行动。例如，近些年来我国各大城市的楼市价格居高不下，许多购房者为了购买自己中意的新房而数十年如一日地艰辛劳作、节衣缩食，把所有的积蓄拿出购房。

#### （二）主动克服困难

在消费者购买目的的实现过程中，通常会遇到各种各样的困难，这些困难既有与消费者思想方面的矛盾、冲突，也有外部的障碍和阻挠。消费者排除干扰、克服困难的过程就是意志行为过程。消费者在挑选商品时，面对几种自己都喜爱的商品，或遇到较高档的商品，但经济条件又不允许，就会考虑选择或重新物色购买目标，或者克服经济上的困难，去实现自己的购买目的。

### （三）调节购买行为

消费者的意志对行为的调节，包括发动和制止两个方面。发动表现为激发起消费者积极的情绪，推动消费者为达到既定目的而采取一系列的行为；制止则是指抑制消极的情绪，制止并达到既定目的的行为。两个方面共同作用，使消费者得以控制购买行为的全过程。

## 三、消费者意志过程的阶段

消费者的意志过程是一个极其复杂的过程，当消费者购买商品时，其意志过程包括以下三个阶段。

### （一）做出决策阶段

做出决策阶段是意志过程的开始阶段，决定着意志行为的方向和行动计划。它包括购买目标的确定、购买动机的形成、购买方式的选择和购买计划的制定等一系列购前准备工作。消费者的购买动机是由对商品的需要激发的，其购买行为具有明确的目的性和有用性。在商品琳琅满目、品种多样、价格各异的情况下，消费者从自身需求考虑，根据自己的支付能力，广泛收集商品信息、比较权衡、排除干扰，要以意志的努力和理智的思维分清需要的主次、轻重、缓急，做出最符合自己目的和意愿的购买决定，即是否购买以及购买的顺序。

### （二）执行决策阶段

执行决策阶段是消费者意志过程的高峰阶段，是将购买决策转化为实际的购买行动的过程。在执行过程中，不会是很顺利的，仍然会遇到种种困难和障碍。首先，商品质量、价格、式样等因素需要消费者进行比较和权衡，在对商品反复认识中重新修正原来的购买决策，不断优化购买决策后才执行购买。其次，在购买时还会出现各种障碍，如有时无货，或者有货，但消费者要货比三家，而交通、通信工具的不方便，造成劳累、烦琐、费时等。可见，执行决策阶段是真正表现意志的中心环节，它不仅要求消费者克服自身的困难，还要排除外部的障碍，为实现购买目的付出一定的意志努力。

### （三）购后评价阶段

购后评价阶段是消费者意志过程的最后阶段，是指消费者购买商品后，在消费过程中的自我感觉和相关群体评价的过程。意志的这种购后评价是通过思维进行的，消费者通过对商品的使用及相关群体的评价，对商品的性能、质量、价格、外观等有了更为实际的认识，并以此检验、评判自己的购物行为是否明智，所购商品是否理想。这种对购买决策的检验和评判，直接影响到消费者今后的购买行为，或者是重复购买，或者是回避对该商品的购买，或者是鼓动别人购买，或者是劝阻别人购买。因此，在销售活动中，要重视消费者的购后评价，随时调整自己的销售策略，做好售后服务工作，使消费者产生满意感。

**【思政互动 2-3】**

有人认为："意志每个人都有，有人坚强，有人薄弱；意志薄弱的人，经过锻炼也可以变得坚强；在竞争激烈的市场上，从事市场营销活动没有良好的意志品质是难以成功的。”你同意这样的看法吗？请你从健全人格、锤炼意志、增强调控心理、自主自助、应对挫折的角度谈谈你的看法。

**【道德研判2－3】**

### 中奖遭拒兑

**背景资料：**

2020年11月2日，音频分享平台喜马拉雅官方微博发布“抽送华为P40 Pro”等活动，邀请网友参加。但据媒体报道，河南消费者郭先生看到这条抽奖信息后随即进行了转发。11月9日，郭先生收到了中奖信息，便在微博私信喜马拉雅“什么时候能发货”，却被告知“由于抽奖设置失误，实际的手机数量为1台，我们多抽了18部。我们会以第一位抽中的粉丝为准，为了表示歉意，我们补寄一个其他的奖品给您”。

**问题：**

本例中喜马拉雅的这种做法符合职业道德与营销伦理要求吗？

**讨论分析：**

个人：每位同学根据道德研判的背景资料和问题，在固定的学习本上记下自己的分析结果。

小组：每小组6位同学，1人为组长，1人记录，小组成员都要陈述自己的观点，讨论后形成小组意见，准备在班级交流。

全班：各组派1位代表陈述本组观点。

教师：记录各组陈述要点，最后做点评。

提示

**【同步案例2－3】**

### 小王购买电脑的意志品质

**背景资料：**

小王是在校大学生，因为学习需要，想买一台电脑。由于他对电脑不是很了解，于是先翻阅了相关的电脑书籍，上网查询了选购电脑的经验，并向同学、朋友征询了意见，结合自己的经济状况和学习需要，初步确定购买意向。在商场，营业员极力向他推荐一款正在促销的电脑，配置较高，性能较好，而且还有赠品，但是价格昂贵。

小王经过对比，认为自己购买电脑的主要目的是学习，虽然偶尔玩电脑游戏，但都比较简单，对电脑配置要求不高，另外，电脑的升级淘汰很快，毕业后肯定还要更换。于是，小王最终选择了一款配置简单、价格较低、有品牌信誉的电脑。这样，既满足了自己的需求，又不会对生活产生大的影响。

**问题：**

小王在购买电脑的过程中反映了消费者哪些意志品质？

**讨论分析：**

个人：每位同学认真研读本案例内容，结合任务3的知识学习内容，在固定的学习本上写出你对本问题的看法。

小组：请同学们每4人分为一个小组，1人为组长，1人记录，在小组讨论中每个人陈述个人看法，然后小组成员共同讨论，形成小组意见，并推荐代表准备在班级交流。

全班：每个小组代表在班级陈述本组观点，班级其他同学也可以点评。

教师：教师记录各组陈述观点的要点，最后做点评。

提示

【任务演练2-3】

**消费者的意志过程认知实训**

**实训目标：**

（1）思政目标：培养同学们参与实训的积极态度，养成在日常消费过程中勤于观察，善于思考，深入实际体验，认知自我的意志过程，能准确地发现问题，解决实际问题。

（2）能力目标：培养学生分析消费者意志品质对消费者购买行为影响的能力。

（3）知识目标：培养同学们在自己的日常消费及生活中会运用消费者的意志过程等相关知识分析讨论问题，阐述自己的观点。

**训练内容：**

（1）以你最近一次比较大的消费活动为例，分析消费者购买商品的意志过程。

（2）分析研究消费者的意志过程对市场营销人员的启示。

**训练操作：**

（1）教师说明训练内容及成果要求。

（2）每人回顾自己的一次消费体验并撰写消费者意志过程认知报告。

（3）就各自的消费者意志过程认知报告在班里进行交流。

**成果要求：**

（1）每人写出消费体验与分析报告。

（2）在全班组织交流座谈会，就每人的分析报告在班级交流，老师要做点评。

**实训评价：**

表2-3　消费者的意志过程认知实训评价表

| 项目 | 评价标准 | 分值 | 小组个人自评（30%） | 小组成员互评（30%） | 教师评价（40%） | 小计 |
|---|---|---|---|---|---|---|
| 思政教育 | 能以诚实守信、公道办事的态度参与消费者的意志过程认知实训，积极融入团队，献计献策，友好沟通 | 10 | | | | |
| | 养成细致、严谨的工作作风，能主动参与实训计划的制定，提出关于实训中应注意的相关问题 | 10 | | | | |
| | 能够结合此次实训认识到消费者的意志过程对市场营销职业的价值 | 10 | | | | |

续表

| 项目 | 评价标准 | 分值 | 小组个人自评（30%） | 小组成员互评（30%） | 教师评价（40%） | 小计 |
| --- | --- | --- | --- | --- | --- | --- |
| 能力提升 | 能将所学的消费者的意志过程的理论知识运用到认知实训任务中，学以致用 | 10 | | | | |
| | 科学正确地开展消费者意志过程认知实训活动内容，实训活动安排有序 | 10 | | | | |
| 知识应用 | 实训报告撰写中能正确运用消费者意志过程的相关知识进行分析，得出结论正确 | 10 | | | | |
| | 在个人发言中能准确陈述消费者意志过程的相关知识 | 10 | | | | |
| 项目成果展示 | 能够独立完成实训任务，完成实训任务及时、主动，并能主动提出问题、解决问题 | 10 | | | | |
| | 消费者的意志过程认知报告结构完整，报告无错别字，观点正确 | 10 | | | | |
| | 消费者的意志过程认知报告交流汇报形式新颖，陈述语言规范流畅，语速恰当，有感染力 | 10 | | | | |
| 合计 | — | 100 | | | | |

## 四、消费者心理活动过程的统一性

消费者心理活动在购买商品时所发生的认识过程、情感过程和意志过程，是消费者购买心理过程的统一的、密切联系的三个方面，在消费者购买心理活动中，认识、情感、意志这三个过程彼此渗透、互为作用、不可分割。情感依靠感知、记忆、联想、思维等活动，同时情感又左右着认识活动。积极的情感可以促进消费者认识的发展，消极的情感可以抑制认识活动。认识活动是意志的基础，认识活动又离不开意志的努力，对待商品的情感可以左右意志，可以推动或者阻碍购买的意志和行为。意志又能够控制情绪，进行客观冷静的分析。认识过程、情感过程、意志过程三者之间互相影响、互相作用。当消费者对某一商品的购买完成之后，又将根据新的需要，进入新的认识过程、情感过程、意志过程，如此循环，以至无穷。

认识过程、情感过程、意志过程三者之间的关系如图 2－1 所示。

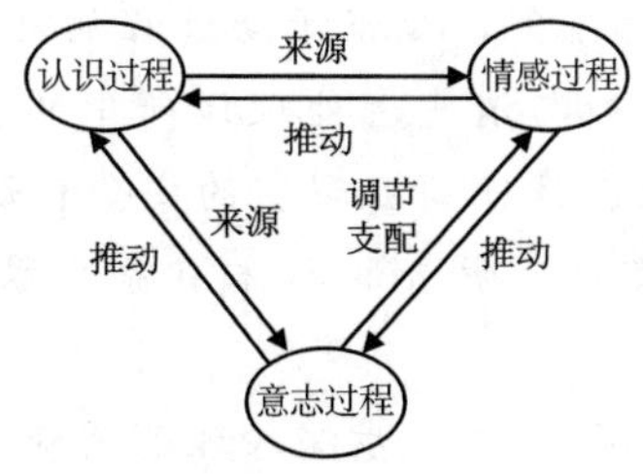


**图 2－1　认识过程、情感过程、意志过程三者之间的关系**

【任务学习自测题】

自测题2-3

## 本项目知识脉络

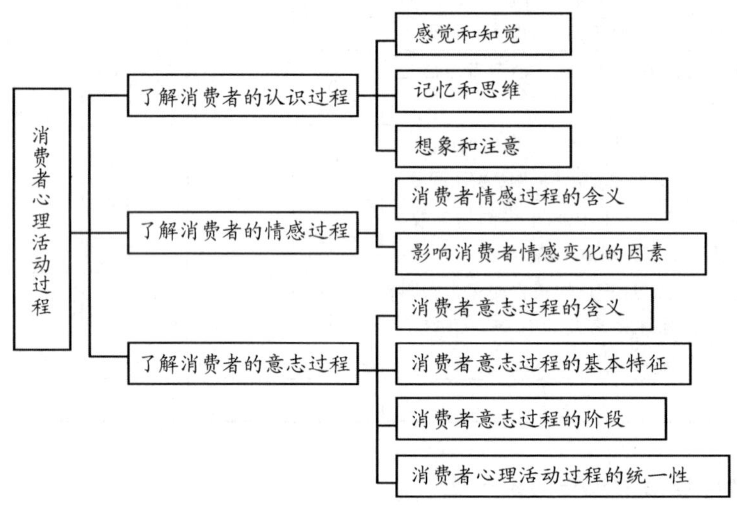


## 本项目综合实训

### 消费者心理活动过程认知训练

**背景与情境：**

当你学习了消费心理活动过程的内容以后，已经知道消费者的心理活动过程有认识过程、情感过程和意志过程，知道这三种过程既相互区别又相互联系、相互促进。那么，你还想了解一下，在消费者的购买过程中，不同消费者的心理活动过程是怎样的，认识过程是如何起作用的，情感过程又是起的哪些作用，意志过程是怎么发生的。

**实训目标：**

（1）思政目标：会运用各种消费者心理活动过程的相关知识及消费心理学的研究方法与消费者进行沟通，并能友好地与消费者处理调研中的相关问题，顺利完成调研任务。具有践行营销伦理和道德的意识，保守商业秘密的安全意识。

（2）能力目标：结合所访谈的消费者的具体消费过程，会运用正确的消费者心理活动过程进行分析的能力。

（3）知识目标：运用实际调研，进一步深入理解消费者心理活动过程等陈述性知识。

**实训步骤：**

（1）每组4人，其中1人为组长，由组长组织讨论小组成员的分工，明确调研思路，按分工各负其责，相互沟通，积极配合，共同完成本实训任务。

（2）每组选择5名消费者进行访谈，了解其在购买时的详细心理活动过程，访问引起其关注的要素、影响其选购的因素等。

（3）实际访谈前要从网上、图书馆搜集消费者心理活动过程的相关资料。

**实训成果及要求：**

（1）每组撰写一份消费者心理活动过程认知访谈报告，报告要详细说明所访谈的消费者在购买什么产品时的什么情境；受什么因素影响产生的关注及注意；受什么因素影响产生的哪些情感；在购买过程中有什么困难；他是如何克服的或是如何调节的。

（2）报告呈现形式各组自定，报告不少于1500字。

**实训时间：**

调查和报告撰写利用课余时间，班级展示2课时。

**实训评价：**

**表2－4　消费者心理活动过程访谈实训评价表**

| 项目 | 评价标准 | 分值 | 小组个人自评（30%） | 小组成员互评（30%） | 教师评价（40%） | 小计 |
|---|---|---|---|---|---|---|
| 思政教育 | 能以求真务实、依法依规的态度参与消费者心理活动过程访谈实训，在访谈中客观真实地收集数据，积极参与，善于合作，友好沟通，纪律性强 | 10 | | | | |
| | 实训过程中表现出细致、严谨的工作作风，能主动提出关于消费者心理活动过程访谈实训的相关问题 | 10 | | | | |
| | 能够结合实训认定企业了解消费者心理活动过程的重要性，商业秘密保密意识强 | 10 | | | | |
| 能力提升 | 能将所学的消费者心理活动过程运用到实训任务中，学以致用 | 10 | | | | |
| | 结合调研的实际，提升运用消费者心理活动过程的相关知识对具体的访谈内容进行分析的能力 | 10 | | | | |
| 知识应用 | 在小组讨论中能准确陈述各种消费者心理活动过程等相关知识 | 10 | | | | |
| | 在班级陈述中能正确运用消费者心理活动过程的知识陈述本组观点 | 10 | | | | |

续表

| 项目 | 评价标准 | 分值 | 小组个人自评（30%） | 小组成员互评（30%） | 教师评价（40%） | 小计 |
|---|---|---|---|---|---|---|
| 项目成果展示 | 能够独立完成访谈任务，在访谈中能主动提出问题、解决问题 | 10 | | | | |
| | 消费者心理活动过程认知访谈报告结构新颖，撰写规范，观点正确，无错别字 | 10 | | | | |
| | 消费者心理活动过程认知访谈报告汇报形式新颖，语言流畅，语速恰当，有感染力 | 10 | | | | |
| 合计 | — | 100 | | | | |

项目三 PPT

项目三教案

# 项目三
# 消费者个性心理

导入案例

**挑花眼的顾客**

顾客招呼导购道："麻烦把那件风衣给我试一下。"刚说完，她突然眼睛一亮，"那件也不错，拿一件我的号"，没多久，一转头，"啊，这个似乎也不错!"顾客一连试了几件，东摸摸，西挑挑，哪件都满意，又觉得哪件都有不足。"到底哪件好呢?"导购的态度很热情，服务也很好，给顾客提出了相应的建议，但他讲完后，顾客并没接受，而是礼貌性地拒绝，然后走了。

在购买活动中我们经常会发现有的消费者缺乏主见，不是征求营销人员的意见就是咨询其他顾客，而有的消费者不考虑别人的评价，营销人员的推荐在他们身上也很难发挥作用，自己想买什么就买什么。这些种种现象，都是人的个性在发挥作用。

## 任务 1　认知消费者个性

学习目标

思政目标：通过本任务的知识学习，开展思政互动、同步案例、道德研判和任务演练等教学活动，激发同学们了解消费者的个性心理，主动探索不同消费者的个性，引导学生增强调控心理、自主自助、应对挫折、适应环境的能力，并能引导消费者培养健全的人格、良好的个性心理品质。

能力目标：通过本任务的同步案例和任务演练等活动，培养同学们学会在日常生活中通过人们的行为表现分析不同人的个性。

知识目标：通过本任务的知识学习，能够叙述个性的含义及其形成因素、个性的构成及个性的基本特征等陈述性知识。

知识学习

消费者的个性心理特征反映着人的个性倾向，研究消费者个性心理的形成和发展，有助于揭示构成不同消费行为的内部原因，预见和引导消费者的购买行为。

## 一、个性的含义及其形成因素

个性是指在先天素质的基础上，在社会条件的影响下，通过个人的活动而形成稳定的心理特征的总和。它反映出人的心理活动的经常而稳定的本质特点。

从生理学的角度看，人的个性是在生理素质的基础上，并在一定社会条件下，通过参与社会实践活动逐步形成和发展起来的。因此，个性是先天因素与后天因素共同作用的结果，两者相互联系和统一。生理素质具有人的感觉器官、运动器官、神经系统等生物属性，是一切心理活动产生的物质基础，是形成个性差异的重要原因之一。而后天因素具有包括人所处的社会环境、生活经历、社会影响等方面的社会属性。它对人的个性心理特性的形成、发展和转变具有决定的意义。

从消费者行为的角度看，个性可理解为消费者适应其生活环境的独特行为方式。消费者面对客观事物除了反映出他们的需要、动机和心理过程的一般共性之外，还会产生各种心理现象。在日常生活中，每一个消费者都同其他的消费者有着差别。这种差别不仅是生理上的差别，而且体现为行为的差别。不同的消费者具有自身的特点，这是消费者个性心理特征作用的结果。

消费者个性心理特征，就是消费者在各自的实践活动中所经常表现出来的比较稳定的个性心理特征和特殊性。消费者个性心理特征的差异性，是通过不同的购买行为表现出来的。

## 二、个性的构成

个性包括个性心理倾向和个性心理特征两个方面。这两个方面错综复杂地交织为一体，构成了人们各不相同的个性。每个人通过各种社会活动在体验中逐步形成相对稳定的心理趋势，使个体心理活动带有经常的、稳定的性质。但每个人又有着不同的生活环境和社会经历，从而形成不同的性格、气质和能力特点。这两个方面特点的结合形成个性心理特征的特殊性。

### （一）个性心理倾向

个性心理倾向主要指个人的需要、动机、兴趣、理想等，它反映的是人对社会环境的态度和行为的积极特征，是个性发展的潜在动力。

人的心理是脑的机能，是物质发展到一定的高级阶段所发生的属性。心理是客观现实能动的反映。人是在生活实践中积极能动地反映客观世界。通过实践活动，人才能由对事物的表面的认识发展到对事物本质的认识，从而发生兴趣，对客观事物表现出一定的态度与意志行为，产生一定的能力。由于实践的多样性，使人们形成不同的个性特征，即使对同一事物的相同评价，也会以不同的方式表现出来。

### （二）个性心理特征

个性心理特征包括气质、性格、能力等方面，是多种心理特点的一种独特的结合，它集中地反映了人的心理的独特性和个别性。气质反映着人的心理活动在强度、速度、稳定性、灵活性等动态性质方面独特的个体差异性。不同气质类型的消费者会有不同的行为特点。性格则鲜明地显示出人对现实的态度及其习惯化了的行为方式。消费者的性格千差万别，这反映出在消费过程中各种不同的购买态度和购买行为。能力标志着人完成某种活动的一般能力和特殊能力，如注意力、记忆力、分析能力、决策能力等。这些能力不仅影响消费行为，也决定了消费行为的方式。气质、性格和能力三个方面的个性心理特征在一个人身上的结合方式是因人而异的，这就形成了千差万别的个性。

【思政互动 3-1】

小王是一名今年毕业的学生，在一家知名的购物中心工作，她经常看到一些年轻人工资不太高（月薪3000元左右），但他们经常出入购物中心购买名牌服装、使用高档化妆品。面对这样的年轻人，你作为一名营销人员从营销道德和引导消费者合理消费的角度最想对他们说什么？

### 三、消费者个性的基本特征

个性心理特征是人们通过各自社会活动得到不同的体验而逐渐形成的相对稳定的心理趋势，是一个人具有一定倾向性的心理特征的总和。每个个体都有区别于他人的特点。消费者的个性具有以下几个显著的特征。

#### （一）个性的稳定性

个性的稳定性是指消费者经常表现出来的某种心理倾向和心理特征具有稳定不变的倾向。偶尔一时表现出来的心理特点不能算是个性的特征。消费者个性的稳定性表现在消费者的购买风格的一致性和稳定性。在实际情况下，消费者个性会随着现实的多样性和多变性发生或大或小的变化，也就是说个性的稳定性是相对的。

#### （二）个性的整体性

个性的整体性是指消费者的各种心理倾向、心理特征以及心理过程错综复杂地相互制约、相互协调地联系在一起。个性的各个侧面只有同个性的整体性联系起来，才能具有其确定的意义。

#### （三）个性的独特性

个性的独特性是指消费者所体现出来的个性心理特征都具有独特的个性倾向，“人心之不同，各如其面”正是个性独特性的写照。独特性是个性最突出的特征之一，它与自身的生理活动、神经系统特点的影响有关系，同时也与消费者个体所接受的外界刺激的个别性有关。不同的社会生活经历与实践活动，就会形成不同的个性。它表现在消费者的购买行为上，就是消费者不同的购买兴趣、购买能力等。在营销人员的销售活动中，要求营销人员因人而异，采取不同的方法，恰到好处地接待消费者。

#### （四）个性的倾向性

个性的倾向性是指消费者在实践的活动中，对于客观事物所持有的一定的看法、态度和感情倾向。它可以体现出个体的需要、动机、兴趣、理想、价值观念等，而且又能体现出个体对特定事物的特定选择以及特定的行为方式。个性的倾向性对于一个人个性的完善与改变具有重要的影响。

#### （五）个性的可塑性

个性的可塑性是指个体随着生活经历的变化而发生不同程度的变化，从而在不同的年龄阶段呈现出不同的个性特征。稳定性和可塑性是对立的统一。年龄的增长或者客观环境的变化都会不同程度地影响或改变个性。

【道德研判3-1】

**销售要不要太热情**

**背景资料：**

在北京某品牌服装店，一位姓方的女子告诉记者，她很不喜欢导购的虚假热情，尤其讨厌寸步不离喋喋不休的导购人员。每次逛服装店，总有一个服装导购员跟着她，说是帮她挑合适的服装。每当她拿起一件衣服时，导购员就立即告诉她，这件衣服很适合她的身材，穿在她身上一定特别好看，但方女士心里明白导购员分明就是在睁眼说瞎话。更令方女士不悦的是这个执着的导购，从方女士踏入服装店那一刻起就一直不离左右，并且喋喋不休，本有大好心情的她仿佛招惹了黏人的鼻涕虫，草草看过两件衣服，即步出了服装店的大门。

**问题：**

你有没有这种与本例类似的经历？请从职业道德与营销伦理的角度评价这种热情的服务。

**讨论分析：**

个人：每位同学根据道德研判的背景资料和问题，在固定的学习本上记下自己的分析结果。

小组：每小组6位同学，1人为组长，1人记录，小组成员都要陈述自己的观点，讨论后形成小组意见，准备在班级交流。

全班：各组派1位代表陈述本组观点。

教师：记录各组陈述要点，最后做点评。

提示

【同步案例3-1】

**好友个性的差异**

**背景资料：**

小青是小丹的大学同学也是她的同寝室好友。得知小青来上海出差，小丹真是喜出望外。毕业之后，她们有好几年没有见面了。在约定的地点碰面后，小青提议去酒吧。于是她们来到附近的一家小酒吧。因为是白天，酒吧里人不多，很安静。当服务员问她们要什么饮料时，小青和往常一样要了一罐嘉士伯啤酒。她性格外向活泼，朋友很多，平时常和朋友一起去酒吧或打网球。小丹要了一杯果汁，她很少喝酒，也很少来这样的地方。她一向很文静，生活圈子很小，最喜欢看书、看电影和听音乐。有空的时候，她会待在家里边看书边听音乐，或追剧看电影，她觉得这样的生活简单而快乐。

**问题：**

请分析两位女士的消费差异及个性特点。

**讨论分析：**

个人：每位同学认真研读本案例内容，结合任务1的知识学习内容，在固定的学习本上记下自己的分析结果。

小组：请同学们每4人分为一个小组，1人为组长，1人记录，在小组讨论中每个人陈述个人看法，然后小组成员共同讨论，形成小组意见，并推荐代表准备在班级交流。

全班：各个小组代表在班级陈述本组观点，班级其他同学也可以点评。

教师：教师记录各组陈述观点的要点，最后做点评。

提示

【任务演练3－1】

### 消费者个性认知的训练

**实训目标：**

（1）思政目标：培养同学们应用适合的信息渠道收集相关信息，培养学生健全人格、锤炼意志，增强调控心理、自主自助、应对挫折、适应环境的能力。

（2）能力目标：培养学生对信息的收集能力、处理能力。在认知个性的基础上有所思考，提高文字撰写及语言表达能力。

（3）知识目标：培养同学们在自己的生活中会运用消费者的个性认知等相关知识分析讨论问题，能阐述自己的观点。

**训练内容：**

以小组为单位从网络、书籍等资料中查询关于个性的名人名言，并写出体会。

**训练操作：**

（1）将学生分组每4人一组，并选出一名小组负责人。

（2）每个小组利用各种资源，围绕个性查找相关名人名言。

（3）每位成员对所查询的关于个性的名人名言撰写个人心得体会。

（4）汇总小组的名人名言及体会并撰写关于个性的名人名言及体会。

**成果要求：**

（1）每小组提交关于个性的名人名言及体会。

（2）在全班组织交流座谈会，就每组的关于个性的名人名言及体会在班级交流，老师要做点评。

**实训评价：**

表3－1　消费者个性认知实训评价表

| 项目 | 评价标准 | 分值 | 小组个人自评（30%） | 小组成员互评（30%） | 教师评价（40%） | 小计 |
|---|---|---|---|---|---|---|
| 思政教育 | 能以实事求是、求真务实的态度参与消费者个性认知实训，群策群力，善于合作，纪律性强 | 10 | | | | |
| | 养成细致、严谨的工作作风，小组讨论积极踊跃，能主动收集信息，参与实训，并提出自己的心得体会 | 10 | | | | |
| | 养成良好的语言组织能力，良好的成员间沟通、合作能力 | 10 | | | | |

续表

| 项目 | 评价标准 | 分值 | 小组个人自评（30%） | 小组成员互评（30%） | 教师评价（40%） | 小计 |
|---|---|---|---|---|---|---|
| 能力提升 | 能将所学的消费者个性知识运用到实训任务中，学以致用 | 10 | | | | |
| | 正确理解实训要求，整体实训活动安排有序 | 10 | | | | |
| 知识应用 | 在实训中正确合理地运用收集信息的技巧 | 10 | | | | |
| | 在发言和小组讨论中能准确陈述自己的想法，在实训中提高自己对个性的认知能力 | 10 | | | | |
| 项目成果展示 | 小组能够独立完成实训任务，完成实训任务及时、主动 | 10 | | | | |
| | 关于个性的名人名言及体会结构完整，无错别字，观点正确 | 10 | | | | |
| | 关于个性的名人名言及体会交流汇报形式新颖，陈述语言规范流畅，语速恰当，有感染力 | 10 | | | | |
| 合计 | — | 100 | | | | |

【任务学习自测题】

自测题 3－1

## 任务2　了解消费者个性心理特征

### 学习目标

思政目标：通过本任务的知识学习，开展思政互动、同步案例、道德研判和任务演练等教学活动，激发同学们认知消费者个性心理特征，认同个性差异，引导学生增强调控心理、自主自助、应对挫折、适应环境的能力，并能引导消费者培养健全的人格、良好的个性心理品质。

能力目标：通过本任务的同步案例和任务演练，学会分析消费者的个性心理特征，并知道在营销过程中接待不同个性心理特征的消费者的营销策略。

知识目标：通过本任务的知识学习，能准确叙述消费者的气质类型及其特征、性格及性格类型、消费者的能力及购买类型等陈述性知识。

## 知识学习

### 一、消费者的气质

#### （一）气质的含义

气质从本质上讲，是人的心理特性之一，是个人心理活动的稳定的动力特征。它所表现的是人的心理活动的强度、速度、稳定性、灵活性和指向性等方面的差异。比如，一个人反应速度的快慢、情绪的强弱、注意集中时间的长短和转移的难易以及心理活动倾向于外部世界还是内部世界等，虽然和外界环境有一定的联系，但是在很大程度上则与人的气质密切相关。气质相同的人，往往会在不同内容的活动中，表现出性质相同的动力特征来。

#### （二）气质的特征

1. 先天性

气质是由生理机制决定的，每个人从呱呱坠地开始，就具有了与众不同的气质特点。在日常生活中可以发现，有的婴儿爱哭、爱闹、爱动，有的婴儿安静、怯生，这说明先天的生理机制构成了个体气质的基础。

2. 稳定性和可塑性

气质一经形成，受先天遗传因素的影响会有一定的稳定性。当然，气质的这种稳定性是相对的，气质也具有一定的可塑性，在环境和教育的影响下，人的气质在一定程度上是可以改变的。

气质受先天因素的影响，各种气质类型并没有好坏之分，不能从社会道德意义上去评价。在影响气质变化的诸多因素中，人的主观世界对气质的自然表露有重要影响。不管一个人的气质类型如何，当他以积极的态度从事工作和生活时，都会表现出饱满的热情、充足的干劲，反之则意志消沉、情绪低落。

#### （三）消费者气质类型与基本特征

每个人都有自己独特的气质，也具有与其他人相同或相似的气质。国外心理学家通过长期观察与研究，把人的气质特征划分为四种类型。

1. 胆汁质

这种气质类型的人，行为表现直率热情、精力旺盛、敏捷果断、反应迅速强烈，但性急暴躁、任性、容易冲动。例如，《水浒传》中的李逵是典型的胆汁质。

在正确教育下，他们可能具备坚强的毅力，主动而热情，有独创精神；在不良环境影响下，他们可能出现缺乏自制、粗暴、爱生气、易冲动等不良品质。其显著特点是兴奋性强、外倾。

这类消费者表情外露，心急口快，选购商品时言谈举止显得匆忙，一般对所接触到的第一件合意的商品就想买下，不愿意反复选择比较，因此往往是快速地，甚至是草率地做出购买决定。他们急于完成购买任务，如果等候时间稍长或营业员的工作速度慢、效率低，都会激起其烦躁情绪。他们在与营业员的接触中，其言行主要受感情支配，态度可能在短时间内发生剧烈变化，挑选商品时以直观感觉为主，不加以慎重考虑。

接待这类消费者要求营销服务人员动作要快捷、态度要热情耐心，应答要及时，可适当向他们介绍商品的有关性能，以引起他们的注意和兴趣。另外，还要注意语言友好，不要刺激对方。

2. 多血质

这种气质类型的人，行为表现活泼好动、反应迅速、思维敏锐、善于交际、适应性强、性格开朗、动作灵活；但往往粗心大意、情绪多变、兴趣易转移、轻率散漫。其显著特点是灵活性强、外倾明显。例如，《红楼梦》中的王熙凤是典型的多血质。

在正确的教育下，他们对学习、劳动、社会生活会持积极主动的态度；在不良教育下，他们会表现轻率、疏忽大意、散漫、自我评价过高等不良行为和态度。

这类消费者在购买过程中，容易受商品的外表、造型、颜色、命名的影响，注意力容易转移，兴趣忽高忽低，行为易受感情的影响。他们比较热情、开朗，在购买过程中，愿意与营业员交换意见或者与其他消费者攀谈；有的会主动告诉别人自己购买某种商品的原因和用途；喜欢向别人讲述自己的使用感受和经验；自己不知道，也希望从别人那里了解到。另外，选购过程中，易受周围环境的感染、购买现场刺激的影响。

接待这类消费者，一是营销服务人员应主动介绍、与之交谈，注意与他们联络感情，以促使其购买；二是与他们的“聊天”，应给予指点，使他们专注于商品，缩短购买过程。

3. 黏液质

这种气质类型的人，行为表现安静稳重、耐心谨慎、自信心强、善于克制、沉默寡言、反应缓慢、情绪隐蔽；但往往固执、保守、精神怠惰、缺乏生气、动作迟缓。其显著特点是安静、内倾。例如，《水浒传》中的林冲属典型的黏液质。

在正确的教育下，他们容易形成勤勉、实事求是、坚毅等品质；在不良的影响下，可能发展为萎靡、迟钝、消极、怠惰以及对人对事漠不关心、冷淡顽固等不良品质。

这类消费者挑选商品比较认真、冷静、慎重，信任文静、稳重的营业员。他们善于控制自己的感情，不容易受广告、商标、包装的干扰和影响。他们对各类商品，喜欢自己加以细心的比较、选择后才决定购买，给人慢悠悠的感觉，有时会引起服务人员和别的顾客的不满情绪。

接待这类消费者要避免过多的提示和热情，否则容易引起他们的反感；要允许他们有认真思考和挑选商品的时间，接待时更要有耐心。

4. 抑郁质

这种气质类型的人行为表现孤僻、自卑、羞怯、动作迟缓、反应缓慢、敏感多疑、情绪隐蔽而体验深刻；但感受性高，善于观察到别人不易察觉的细节，富于同情心。其显著特点是敏感、孤僻、缺乏自信心、内倾。例如，《红楼梦》中的林黛玉是典型的抑郁质。

在顺利的环境中，在友爱的集体里，他们可以表现出温顺、委婉、细致、敏感、坚定，能克服困难，富有同情心等优良品质；在不利条件下，会表现出伤感、沮丧、忧郁、神经过敏、深沉悲观、怯懦、孤僻、优柔寡断等不良品质。他们常常会病态地体验到各种委屈情绪。

这类消费者选购商品时，表现得优柔寡断，显得千思万虑，从不仓促地作出决定；对营业员或其他人的介绍将信将疑、态度敏感，挑选商品小心谨慎、过于一丝不苟；还经常因犹豫不决而放弃购买。

接待这类消费者要注意态度和蔼、耐心；对他们可做些有关商品的介绍，以消除其疑虑，促成买卖；对他们的反复，应予以理解。

**（四）气质理论在营销活动的作用**

在营销活动中，消费者的气质特点，是不可能一进商店就鲜明地反映出来，但在消费者一系列的购买行为中会逐步显露出来。在营销活动中，尽管也偶尔碰到四种气质类型的典型代表，但纯属某种气质类型的人不多，更多的人则是以某种气质为主，兼有其他气质的混合气质类型。在现实的购买活动中，我们并非一定要把消费者划归为某种类型，而主要是观察与测定构成他们的气质类型的各种心理特征以及构成气质生理基础的高级神经活动的基本特征。消费者的言谈举止、反应速度和精神状态等一系列外在的表现，都会不同程度地将其气质反映出来。消费心理学研究消费者气质类型及其特征，其目的就是为了提供一种理论指导，帮助营销服务人员学会根据消费者在购买过程中的行为表现，去发现和识别其气质方面的特点，进而引导和利用其积极方面，控制其消极方面，使工作更有预见性、针对性、有效性。营销服务人员学习了解人的气质类型及其行为特征，也有助于提高自身的心理素质，即可以有意识地对自己的气质加以调节和控制，从而完善自己的气质，有利于形成良好的个性，做自己气质的主人，以此来提高服务质量和营销效果。

**【教学互动 3-1】**

**互动问题：**

（1）假设你是某商场的销售员，现在有四种气质类型（胆汁质、多血质、黏液质、抑郁质）的消费者要买同一种商品（商品自选），你将怎样接待他们？

（2）在班中挑选 2~3 对同学展示模拟情景。

**要求：**

（1）请两位同学对刚才同学们的销售模拟内容和肢体语言及表情分别进行评论。

（2）教师对学生的回答和其他同学的评论做最后点评。

**【自我心理测试】**

**气质类型测试题**

指导语：下列共有 60 个题目，请你根据自己的情况如实回答。每题共有 5 个档次分数，你认为符合自己情况的，请在□内记下数值 2；较符合的记 1；介于符合与不符合之间的记 0；较不符合的记 -1；完全不符合的记 -2。

气质类型测试题（每题都要回答）：

（1）做事力求稳妥，一般不做无把握的事。□

（2）遇到可气的事就怒不可遏，想把心里话全说出来才痛快。□

（3）宁可一个人干事，不愿很多人在一起。□

（4）到一个新环境很快就能适应。□

（5）厌恶那些强烈的刺激，如尖叫、噪音、危险镜头等。□

（6）和人争吵时，总是先发制人，喜欢挑衅。□

(7) 喜欢安静的环境。□
(8) 善于和人交往。□
(9) 羡慕那种善于克制自己感情的人。□
(10) 生活有规律，很少违背作息制度。□
(11) 在多数情况下情绪是乐观的。□
(12) 碰到陌生人觉得很拘束。□
(13) 遇到令人气愤的事，能很好地自我克制。□
(14) 做事总是有旺盛的精力。□
(15) 遇到问题常常举棋不定，优柔寡断。□
(16) 在人群中从不觉得过分拘束。□
(17) 情绪高昂时，觉得干什么都有趣；情绪低落时，又觉得干什么都没有意思。□
(18) 当注意力集中于一事物时，别的事很难使我分心。□
(19) 理解问题总比别人快。□
(20) 碰到危险情景时，常有一种极度的恐怖感。□
(21) 对学习、工作、事业怀有很高的热情。□
(22) 能够长时间做枯燥、单调的工作。□
(23) 符合兴趣的事情，干起来劲头十足，否则就不想干。□
(24) 一点小事就能引起情绪波动。□
(25) 讨厌那种需要耐心、细致的工作。□
(26) 与人交往不卑不亢。□
(27) 喜欢参加热烈的活动。□
(28) 爱看感情细腻、描写人物内心活动的文学作品。□
(29) 工作学习时间长了，常感到厌倦。□
(30) 不喜欢长时间谈论一个问题，愿意实际动手干。□
(31) 宁愿侃侃而谈，不愿窃窃私语。□
(32) 别人说我总是闷闷不乐。□
(33) 理解问题常比别人慢一些。□
(34) 疲倦时只要短暂的休息就能精神抖擞，重新投入工作。□
(35) 心里有事宁愿自己想，不愿说出来。□
(36) 认准一个目标就希望尽快实现，不达目的誓不罢休。□
(37) 学习、工作同样一段时间后，常比别人更疲倦。□
(38) 做事有些莽撞，常常不考虑后果。□
(39) 老师或他人讲授新知识、新技术时，总希望他讲得慢一些，多重复几遍。□
(40) 能够很快忘记那些不愉快的事情。□
(41) 做作业或完成一件工作总比别人花的时间多。□
(42) 喜欢运动量大的剧烈体育运动，或参加各种文艺活动。□
(43) 不能很快地将注意力从一件事情转移到另一件事情上去。□
(44) 接受一个任务后，就希望把它迅速解决。□
(45) 认为墨守成规比冒风险强一些。□

（46）能够同时注意几件事。□

（47）当我闷闷不乐时，别人很难使我高兴起来。□

（48）爱看情节跌宕起伏的激动人心的小说。□

（49）对工作抱认真严谨、始终如一的态度。□

（50）和周围人们的关系总是相处不好。□

（51）喜欢复习学过的知识，重复已掌握的工作。□

（52）希望做变化大、花样多的工作。□

（53）小时候会背的诗歌，我似乎比别人记得清楚。□

（54）别人说我“出语伤人”，可我不觉得这样。□

（55）在体育活动中，常因反应慢而落后。□

（56）反应敏捷，头脑机智。□

（57）喜欢有条理而不甚麻烦的工作。□

（58）兴奋的事常使我失眠。□

（59）老师讲新概念，常常听不懂，但弄懂以后很难忘记。□

（60）假如工作枯燥无味，马上就会情绪低落。□

确定你属于哪种气质的办法如下：

1. 把每题得分按表3-2题号相加，并算出各栏的总分。

2. 如果多血质一栏得分超过20，其他三栏得分较低，则为典型多血质；如这一栏在20以下、10以上，其他三栏得分较低，则为一般多血质；如果有两栏的得分显著超过另两栏得分，而且分数比较接近，则为混合型气质，如胆汁—多血质混合型、多血—黏液质混合型、黏液—抑郁质混合型等；如果一栏的得分很低，其他三栏都不高，但很接近，则为三种气质的混合型，如多血—胆汁—黏液质混合型或黏液—多血—抑郁混合型。

多数人的气质是一般型气质或两种气质的混合型，典型气质和三种气质混合型的人较少。

**表3-2　　气质类型得分表**

| 胆汁质 | | 多血质 | | 黏液质 | | 抑郁质 | |
|---|---|---|---|---|---|---|---|
| 题号 | 得分 | 题号 | 得分 | 题号 | 得分 | 题号 | 得分 |
| 2 | | 4 | | 1 | | 3 | |
| 6 | | 8 | | 7 | | 5 | |
| 9 | | 11 | | 10 | | 12 | |
| 14 | | 16 | | 13 | | 15 | |
| 17 | | 19 | | 18 | | 20 | |
| 21 | | 23 | | 22 | | 24 | |
| 27 | | 25 | | 26 | | 28 | |
| 31 | | 29 | | 30 | | 32 | |
| 36 | | 34 | | 33 | | 35 | |
| 38 | | 40 | | 39 | | 37 | |
| 42 | | 44 | | 43 | | 41 | |
| 48 | | 46 | | 45 | | 47 | |
| 50 | | 52 | | 49 | | 51 | |
| 54 | | 56 | | 55 | | 53 | |
| 58 | | 60 | | 57 | | 59 | |
| 总分 | | 总分 | | 总分 | | 总分 | |

【同步案例3－2】

## 全聚德的服务策略

**背景资料：**

全聚德的服务人员善于揣摩顾客的消费心理，根据不同的顾客类型采取不同的服务对策。

1. 多血质—活泼型：这一类顾客一般表现为活泼好动，善于交际，具有外倾性。对于这一类顾客，服务员应主动与之交谈，要多向他们提供新菜信息，但要让他们进行自主选择，遇到他们要求退菜的情况，也尽量满足他们的要求。

2. 黏液质—安静型：这一类型的顾客一般表现为安静、稳定、克制力强、很少发脾气、沉默寡言；他们不够灵活，不善于转移注意力，喜欢清静、熟悉的就餐环境，不易受服务员现场促销的影响，对各类菜肴喜欢细心比较，缓慢决定。服务对策：领位服务时，应尽量安排他们坐在较为僻静的地方，点菜服务时，尽量向他们提供一些熟悉的菜肴，还要顺其心愿，不要过早表述服务员自己的建议，给他们足够的时间进行选择，不要过多催促，不要同他们进行太多交谈或表现出过多的热情，要把握好服务的“度”。

3. 胆汁质—兴奋型：这一类型的顾客一般表现为热情、开朗、直率、精力旺盛、容易冲动、性情急躁，具有很强的外倾性；他们点菜迅速，很少过多考虑，容易接受服务员的意见，喜欢品尝新菜；但比较粗心，容易遗失所带物品。相应的服务对策：点菜服务时，尽量推荐新菜，要主动进行现场促销，但不要与他们争执，万一出现矛盾应避其锋芒；在上菜、结账时尽量迅速，就餐后提醒他们不要遗忘所带物品。

4. 抑郁质—敏感型：这一类型的顾客一般沉默寡言，不善交际，对新环境、新事物难以适应；缺乏活力，情绪不够稳定；遇事敏感多疑，言行谨小慎微，内心复杂，较少外露。相应的服务对策：领位时尽量安排僻静处，如果临时需要调整座位，一定要讲清原因，以免引起他们的猜测和不满。服务时应注意尊重他们，服务语言要清楚明了，与他们谈话要恰到好处。在他们需要服务时，要热情相待。

**问题：**

请分析全聚德这一服务策略的作用。

**讨论分析：**

个人：每位同学认真研读本案例内容，结合任务2的知识学习内容，在固定的学习本上写出你对本问题的看法。

小组：请同学们每4人分为一个小组，1人为组长，1人记录，在小组讨论中每个人陈述个人看法，然后小组成员共同讨论，形成小组意见，并推荐代表准备在班级交流。

提示

全班：每个小组代表在班级陈述本组观点，班级其他同学也可以点评。

教师：教师记录各组陈述观点的要点，最后做点评。

### 二、消费者的性格

在销售活动中，消费者个体性格的差异是形成各种独特的购买行为的另一重要的原因。消费者千差万别的性格特点，不仅表现在现实生活中，也往往表现在他们对商品购买活动中各种事物的态度和习惯化的购买方式上。营销人员应根据消费者的不同性格特点，开展不同的营销策略。

**（一）性格的含义及其形成因素**

性格是个性的重要方面。它是指一个人在个体生活中形成的，对现实的稳定态度和习惯化了的行为方式。它主要表现在人对现实的态度、语言和行为方式中。例如，在待人处事中有的人表现出豪爽果断、有原则性、肯帮助人；有的人则懒惰，自私自利；有的人学习、工作拖延马虎、不负责任；有的人谦虚谨慎，有的人狂妄自大等，所有这些特征都是人的性格差异的表现。由此可见，性格就是由各种特征所组成的有机统一体。每一个人对现实的稳固态度有着特定的体系，其行为的表现方式也有着特有的样式。由于一个人在对待事物的态度和行为方式中总是表现出某种稳定倾向，因此性格标志着某个人的行为和其行为的结果，它可能有益于社会，也可能有害于社会，有着道德评价的意义。

人的性格不是天生的，人的实践和人的内部世界在每时每刻都制约着性格的发展，它的形成过程是主体与客体相互作用的过程。任何性格特征也不是一朝一夕形成的，它是从儿童时期开始就不断受到社会环境的影响、教育的熏陶和自身的实践，经过长期塑造而形成的。一个人的性格是较稳定的，同时又是可塑的。在新的生活环境和教育影响下，在社会新的要求影响下，通过实践活动，一个人的性格可以逐渐改变。

**（二）性格与气质的关系**

在现实生活中，人们常常混淆气质与性格这两种个性心理。其实它们是相互制约、相互作用，既有联系，又有区别的。

性格和气质相互渗透、彼此制约。主要表现为：①气质能影响性格的形成和表现方式，使性格带有明显的个性特征；不同气质类型的人都可以培养积极的性格特征。②性格对气质有深刻的影响，它在一定程度上能掩盖和改造气质，使气质的消极因素得到抑制，积极因素得到发挥。

性格和气质之间又有明显的区别：①气质是先天因素形成的，主要受高级神经系统的影响，表现为人的情绪或活动的动力特征，具有牢固性和稳定性，变化较缓慢，没有好坏之分；②性格主要是后天养成的，更多地受社会生活和实践的影响，是个性心理特征的核心，具有相对稳定性和较强的可塑性，能够改造，有明显的好坏之分。

**（三）消费者的性格类型**

消费者千差万别的性格特点，往往表现在他们对消费活动的态度和习惯化的购买行为方式以及个体活动的独立性程度上，从而构成千姿百态的消费性格。

1. 按消费态度分类

（1）节俭型。这类消费者勤俭节约、朴实无华、生活方式简单，认识事物、考虑问题比较现实。他们选购商品的标准是实用，不追求外观，不图名声。对于商品信息，容易接受说明商品内在质量的内容，购买中不喜欢营销人员人为地赋予商品过多的象征意义。

我国人民视俭朴为美德，尽管现在生活富裕多了，但购买消费品大多精打细算，讲究实用性。这种消费态度强烈地、明显地体现在消费行为上，并成为其他各种具体消费行为的主导。此类消费者在我国为数众多，尤其在中年消费者中更是多见。

（2）自由型。这类消费者态度浪漫，生活方式比较随便，选择商品标准多样，既考虑质量，也讲求外观，但相比之下，质量不是最主要的。他们不拘泥于一定的市场信息，有时也受销售宣传的诱导，联想丰富，不能完全自觉地、有意识地控制自己的情绪。

（3）保守型。这类消费者态度严谨、固执，生活方式刻板，喜欢遵循传统消费习惯，对有关新产品的市场信息抱怀疑态度，有意无意地进行抵制，信奉传统商品，经常怀恋往昔。

（4）怪僻型。这类消费者态度傲慢，往往具有某种特殊的生活方式或思维方式。选购商品时往往不能接受别人的意见、建议；有时会向营销人员提出一些令人不解的问题和难以满足的要求，自尊心强而过于敏感，消费情绪不稳定。

（5）顺应型。这类消费者态度随和、生活方式大众化。他们一般不购买标新立异的商品，但也不固守传统。其行为受相关群体影响较大，和与自己相仿的消费者群体保持比较一致的消费水平，对社会时髦不积极也不反对，能够随着社会发展、时代变迁，不断调节、改变自己的消费方式和习惯。

2. 按心理活动的倾向分类

（1）外向型。外向型性格的消费者对外部事物比较关心，感情外露，活泼开朗，自由奔放，当机立断，独立性强，待人接物随和，不拘小节，善于交际，勇于进取，容易适应环境的变化，但有轻率的一面。在购买过程中，热情活泼，喜欢与营销人员交换意见，主动询问有关商品的质量、品种、使用方法等方面的问题，易受商品广告的感染，言语、动作、表情外露，这类消费者的购买决定比较果断，买与不买比较爽快。

（2）内向型。内向型性格的消费者一般表现为对外界事物反应较缓慢，感情深沉，处事谨慎，深思熟虑，沉静孤僻，缺乏决断能力，但一旦下定决心办某件事总能锲而不舍，交际面窄，适应环境不够灵活。在购买活动中沉默寡言，动作反应缓慢，不明显，面部表情变化不大，内心活动丰富而不露声色，不善于与营销人员交谈，挑选商品时不希望他人帮助，对商品广告冷淡，常凭自己的经验购买。

**【自我心理测试】**

## 内外向性格类型测定

**指导语：**

表3-3共50道测试题，每题做是、否或不定的回答。根据回答结果，求出外向性指数（V. Q），其公式为：V. Q =（外向性反应总数 +1/2 回答不定的总数）/25 ×100。

公式中外向性反应总数是指所有做外向反应的题数。该表外向性题的编号是：2、4、5、8、10、11、12、18、20、21、24、25、26、28、29、34、36、37、38、40、41、46、48、49、50，其余25道题属于内向性题。外向性指数大于115，则性格类型属于外向型；外向性指数小于95，则性格类型属于内向型；外向性指数在95～115之间，则属于中间型。

说明：请回答下列问题。如果问题内容适合于您的情况，就选“是”；如果不适合，就选“否”；介于适合和不适合之间，就选“不定”。回答时不要考虑应该怎样，而只回答你平时是怎样的。每个答案无所谓正确与错误，因而没有对你不利的题目。请尽快回答，不要在每道题上太多思索。

表 3－3　　内外向性格类型测试题表

| 问　　题 | 选　　项 |
| --- | --- |
| 1. 对细小的事情也忧虑不已吗? | 是○　否○　不定○ |
| 2. 能当机立断吗? | 是○　否○　不定○ |
| 3. 处理重大的事情时费时吗? | 是○　否○　不定○ |
| 4. 能中途改变决心吗? | 是○　否○　不定○ |
| 5. 比起想，更喜欢做吗? | 是○　否○　不定○ |
| 6. 忧郁吗? | 是○　否○　不定○ |
| 7. 对失败耿耿于怀吗? | 是○　否○　不定○ |
| 8. 从容不迫吗? | 是○　否○　不定○ |
| 9. 不爱说话吗? | 是○　否○　不定○ |
| 10. 好动感情吗? | 是○　否○　不定○ |
| 11. 喜欢热闹吗? | 是○　否○　不定○ |
| 12. 情绪容易变化吗? | 是○　否○　不定○ |
| 13. 热衷于事情吗? | 是○　否○　不定○ |
| 14. 忍耐力强吗? | 是○　否○　不定○ |
| 15. 爱讲小道理吗? | 是○　否○　不定○ |
| 16. 议论问题容易过激吗? | 是○　否○　不定○ |
| 17. 小心谨慎吗? | 是○　否○　不定○ |
| 18. 动作敏捷吗? | 是○　否○　不定○ |
| 19. 工作细致吗? | 是○　否○　不定○ |
| 20. 喜欢干引人注目的事吗? | 是○　否○　不定○ |
| 21. 不顾一切地工作吗? | 是○　否○　不定○ |
| 22. 是空想家吗? | 是○　否○　不定○ |
| 23. 过于洁癖吗? | 是○　否○　不定○ |
| 24. 乱扔物品吗? | 是○　否○　不定○ |
| 25. 浪费多吗? | 是○　否○　不定○ |
| 26. 说话过多吗? | 是○　否○　不定○ |
| 27. 性情不随和吗? | 是○　否○　不定○ |
| 28. 喜欢开玩笑吗? | 是○　否○　不定○ |
| 29. 容易受怂恿吗? | 是○　否○　不定○ |
| 30. 固执吗? | 是○　否○　不定○ |
| 31. 经常感到不满吗? | 是○　否○　不定○ |
| 32. 担心对自己的评论吗? | 是○　否○　不定○ |
| 33. 敢于批评别人吗? | 是○　否○　不定○ |
| 34. 自己的事情能放心托别人办吗? | 是○　否○　不定○ |
| 35. 不愿接受别人指导吗? | 是○　否○　不定○ |
| 36. 居于人上能很好管理吗? | 是○　否○　不定○ |

续表

| 问　题 | 选　项 |
|---|---|
| 37. 老老实实地听取别人的意见吗？ | 是○　否○　不定○ |
| 38. 机灵吗？ | 是○　否○　不定○ |
| 39. 好隐瞒吗？ | 是○　否○　不定○ |
| 40. 同情别人吗？ | 是○　否○　不定○ |
| 41. 过于信任别人吗？ | 是○　否○　不定○ |
| 42. 不忘记怨恨吗？ | 是○　否○　不定○ |
| 43. 腼腆羞怯吗？ | 是○　否○　不定○ |
| 44. 喜欢孤独吗？ | 是○　否○　不定○ |
| 45. 交朋友尽心尽力吗？ | 是○　否○　不定○ |
| 46. 在别人面前能随便地说话吗？ | 是○　否○　不定○ |
| 47. 在惹人注目的地方退缩不前吗？ | 是○　否○　不定○ |
| 48. 和意见不同的人也能随便地交往吗？ | 是○　否○　不定○ |
| 49. 好管闲事吗？ | 是○　否○　不定○ |
| 50. 慷慨地给别人东西吗？ | 是○　否○　不定○ |

（资料来源：http：//xlzx. suda. edu. cn/News/200642413382. html。）

3. 按消费者购买方式分类

（1）习惯型。这类消费者，当他们对某一厂牌、商标的商品有深刻体验后，便保持稳定的注意力，逐步形成习惯性的购买和消费，不轻易改变自己的信念，不受时尚和社会潮流的影响，购买中遵循惯例，长久不变。

（2）慎重型。这类消费者，在采取购买行为之前，要做周密考虑，广泛收集有关信息；在选购时，尽可能认真、详细地对商品进行比较，衡量各种利弊之后才做出购买决定。

（3）挑剔型。这类消费者，一般都具有一定的购买经验和商品知识。挑选商品主观性强，善于观察别人不易观察到的细微之处，检查商品极为小心仔细，有时甚至达到苛刻的程度。

（4）被动型。这类消费者，往往是奉命购买或代人购买，没有购买经验，在选购商品时大多没有主见，表现出不知所措的言行，渴望得到营销人员的帮助。

4. 按消费者活动的独立程度分类

（1）独立型。这类消费者有主见，能独立自主地做判断和选择，不易受外界因素影响，他们是家庭购买决策的关键人物。

（2）顺从型。这类消费者易受暗示，购买时会犹豫不决。

另外，有的学者从社会文化生活方式出发，把消费者划分为：理论型、经济型、审美型、社会型、权力型和宗教型的消费者。

**（四）性格理论在营销活动的作用**

研究消费者的性格，有利于更好地做好销售和服务工作，因此有着重要的实践意义。

1. 从市场营销的角度看

营销人员必须根据消费者的不同性格表现，采取合适的、行之有效的销售策略。

（1）对待选购商品速度快和慢的消费者的策略。消费者的性格不同，选购商品的速度也有所不同。一般地说，对慢性子的消费者，营销人员要有充分耐心，不可因为消费者选购商品的时间长而急躁，甚至显出不耐烦的表情；对急性子的消费者，营销人员对他们没有经过充分思考匆忙做出的购买决定应谨慎稳重，及时提醒他们仔细挑选商品，防止他们后悔退货。

（2）对待言谈多和寡的消费者的策略。不同性格的消费者在购买活动中，有的爱说话，有的则沉默寡言。对爱说话的消费者，营销人员的接待要稳重，掌握分寸，多用纯业务性的语言，态度要热情。对少言的消费者，营销人员应根据他们的面部表情和目光注视方向等表现，及时摸清他们的购买意图，用客观的语言来介绍商品，并尽快找出共同语言，促使消费者的购买行为尽快实现。

（3）对待随意和疑虑的消费者的策略。随意型消费者对商品的性能和特点往往不太了解和熟悉，在选购商品时常表现出拿不定主意。营销人员应主动帮助他们出主意，检查商品的质量，挑选合适的商品，不可弄虚作假，要诚信为本。对疑虑型消费者，营销人员的最好办法是尽量让他们自己去观察和选定商品，如果消费者有疑问，应用真诚和客观的语言给以解释或介绍，尽可能帮助他们打消对商品的疑虑。

（4）对待购买行为积极和消极的消费者的策略。购买行为积极的消费者，购买目标明确，购买计划清晰，购买过程中的举止和语言表达较流畅。营销人员在了解他们的意图后，应主动配合，使他们的购买行为迅速实现。购买行为消极的消费者，常常无明确的购买目标和意图，进店后能否产生购买行为，在很大程度上取决于营销人员能否积极、热情、主动地接待他们，并激发他们的购买热情，引发他们的购买行为。

（5）对待不同情绪的消费者的策略。性格不同的消费者，在购买过程中，由于各种因素的影响，会有各种不同的情绪表现。对待情绪容易激动的消费者，营销人员应认真注重他们使用的语言，要冷静、耐心地接待，不能随便开玩笑，否则会激起消费者情绪的兴奋而难以抑制。对待情绪温和的消费者，营销人员应主动、热情地向他们介绍商品，帮助他们选择适合、需要的商品。

2. 从对营销人员的选择和培养的角度看

性格理论在营销活动的作用，还表现在对营销服务人员的选择和个人良好性格类型的培养上。

营销服务人员承担着把产品从生产领域转移到流通领域，最终到达消费领域的任务。营销服务人员需要与各种各样的消费者打交道，与社会各界联络沟通，参加各种营销活动（即社交活动）。因此，营销服务人员应选择和培养自己具有有助于人与人之间接触、沟通的外向型性格类型。因为外向型性格的人，心理活动倾向于外部，经常对外部事物表示关心和兴趣，开朗、活泼，特别善于社交。在性格的培养过程中，特别重要的是要学会对自己的性格进行自我调节和自我教育。一切外因只有通过内因才能起作用。只有当营销服务人员意识到自己的性格必须符合自己所从事的工作时，他才能产生积极的动机，自觉地调节自己的行为方式，重视在工作实践中培养自己良好的性格特征。在社会实践中，人们适应并改变着环境，同时也改变着自己的性格。因此，营销工作实践是培养营销人员良好性格特征和使它变为习惯化的行为方式的有效途径。

**【教学互动3-2】**

**互动问题：**

（1）有人说："营销人员良好的性格能弥补某些能力上的缺陷。"你赞成吗？如何理解，请举实例说明。

（2）在班中挑选2~3名同学讲述实例。

**要求：**

（1）请两位同学对刚才同学们的讲述内容进行分析、评论。

（2）教师对学生的回答和其他同学的评论做最后点评。

**【道德研判3-2】**

**"强行推销"等于赶走顾客**

**背景资料：**

一天，王女士去某商场，一个小伙子过来说："我们店在做十周年店庆，今天的理发都是免费的。美女，进去看看最新款的发型吧！走吧，进去看看。"一边说，一边把王女士拽了进去，进去之后就把她按在理发椅上。这时，围过来两三个男的，不停地用手在王女士头发上挑来弄去，并说她的脸型适合某种发型，可以这样或那样地烫一下。王女士说不用了，自己的头发本来就较少，要是再烫的话怕药水伤头发。这些理发师随即又说那就剪个好看点的发型吧。由于他们人多势众，王女士心想已经进来了，这样出去对人家也不礼貌，反正他们说是免费理发，那就简单修剪一下走人。其中一个理发师说："要洗吗？"王女士点点头。洗完后，理发师给王女士剪了足足一个小时，剪完了还问要不要再洗一遍，王女士同意了。洗了后又问要不要吹干，王女士示意要。终于享受完他们的店庆活动了，王女士心想这下可以赶快离开了。就当她拿包走人时，一个女服务员过来说："您好，您这次消费共50元。"王女士觉得很没道理，明明说理发是免费的，于是就告诉女服务员，自己只是理发，没有做其他护理。这时女服务员说："是啊，我们并没有收取您的理发费，今天我们店庆，所以只收取两次洗头和一次吹发的费用。"无奈，王女士不好意思和他们争辩，只好付了50元。

之后，每次只要王女士路过这家店都要加快脚步，怕被拉进去"消费"一番。

（资料来源：http://www.zgnt.net/content/2012-03/27/content_2026038.htm。）

**问题：**

请评价该理发店店员的工作作风是否符合职业道德与营销伦理要求。

**讨论分析：**

个人：每位同学根据道德研判的背景资料和问题，在固定的学习本上记下自己的分析结果。

小组：每小组6位同学，1人为组长，1人记录，小组成员都要陈述自己的观点，讨论后形成小组意见，准备在班级交流。

全班：各组派1位代表陈述本组观点。

教师：记录各组陈述要点，最后做点评。

提示

【任务演练3－2】

## 自我气质及内外向性格类型测定实训

**实训目标：**

(1) 思政目标：培养同学们参与实训的积极态度，在日常生活中勤于观察、善于思考，了解自我，认识自我，增强调控心理、自主自助、应对挫折，培养健全的人格、良好的个性心理特征。

(2) 能力目标：培养学生分析自己的气质及性格类型，能根据自己的气质及性格类型合理地开展有针对性的职业生涯规划。

(3) 知识目标：培养同学们在自己的日常生活中会运用消费者的气质及性格类型的相关知识分析讨论问题，阐述自己的观点。

**训练内容：**

分别利用气质类型测试题和内外向性格类型测定表自我测试气质类型和内外向性格类型，参考同学或朋友对你的气质类型及性格类型的评价得出自己的气质类型及性格类型，并分析你的气质及性格在职业生涯中有哪些优劣势。

**训练操作：**

(1) 教师说明训练内容及成果要求。

(2) 运用气质类型测试题自我测试气质类型。

(3) 运用内外向性格类型测试题自我测试内外向性格类型。

(4) 邀请一位最了解你的同学或朋友对你的气质类型及性格类型进行评价。

(5) 综合评价得出自己的气质类型及性格类型。

(6) 分析你的气质类型及性格类型对你的职业生涯规划中的优劣势，今后应该从哪些方面入手扬长避短。

**成果要求：**

(1) 每人写出自己的气质及性格类型测定分析报告。分析报告应包括测定的结果，同学或朋友对你的性格类型评价是什么，与你测定的结果比较是否有差距。如果有差距，你认为差距的原因是什么。你综合评价最终得出自己的性格类型应该是什么。分析你的内外向性格类型在你的职业生涯规划中有哪些优势与劣势，今后应该从哪些方面入手扬长避短。

(2) 在全班组织交流座谈会，就每个人的气质及性格类型测定分析报告在班级交流，老师要做点评。

**实训评价：**

表3－4　　自我气质及内外向性格类型测定实训评价表

| 项目 | 评价标准 | 分值 | 小组个人自评（30%） | 小组成员互评（30%） | 教师评价（40%） | 小计 |
|---|---|---|---|---|---|---|
| 思政教育 | 能以自我管理、求真务实的态度参与自我气质及内外向性格类型测定的实训，学会认识自我，与他人合作，处理好个人与社会的关系 | 10 | | | | |

续表

| 项目 | 评价标准 | 分值 | 小组个人自评（30%） | 小组成员互评（30%） | 教师评价（40%） | 小计 |
|---|---|---|---|---|---|---|
| 思政教育 | 养成细致、严谨的工作作风，能主动参与实训计划的制订，提出关于实训中应注意的相关问题 | 10 | | | | |
| | 能够结合此次实训认识到了解自己的气质及性格类型对职业生涯的意义 | 10 | | | | |
| 能力提升 | 能将所学的消费者个性心理特征的理论知识运用到认知实训任务中，学以致用 | 10 | | | | |
| | 科学正确地开展自我气质及内外向性格类型测定实训活动内容，实训活动安排有序 | 10 | | | | |
| 知识应用 | 测定分析报告撰写中能正确运用消费者个性心理特征的相关知识进行分析，得出结论正确 | 10 | | | | |
| | 在个人发言中能准确陈述消费者个性心理特征的相关知识 | 10 | | | | |
| 项目成果展示 | 能够独立完成实训任务，完成实训任务及时、主动，并能主动提出问题、解决问题 | 10 | | | | |
| | 自我气质及内外向性格类型测定分析报告结构完整，报告无错别字，观点正确 | 10 | | | | |
| | 自我气质及内外向性格类型测定分析报告交流汇报形式新颖，陈述语言规范流畅，语速恰当，有感染力 | 10 | | | | |
| 合计 | — | 100 | | | | |

## 三、消费者的能力

在消费者的个性心理特征中，除了气质和性格以外，消费者的能力对消费者的消费行为也起着至关重要的影响。

### （一）能力的含义

能力是指人们能够顺利完成某种活动所必备的并且直接影响活动效率的个性心理特征。它是影响人的活动效果的基本条件，能力高低直接影响一个人从事活动的快慢、难易程度。其活动的内容和性质不同，对能力的构成和要求也不同。

人的能力是在先天遗传因素的影响下，经过后天的环境影响（家庭、学校、社会等因素）和个人的努力逐步形成的。能力的发展和提高必须依靠知识、技能的学习；同时，掌握知识和技能又必须以一定的能力为前提，能力的大小影响着掌握知识和技能水平的高低。

**（二）消费者能力分析**

消费者在购买商品的过程中，需要运用多种能力。消费者通过知识和技能的学习和实践，逐渐形成和提高了自己的消费能力。

比如，购买服装或布料的时候，就需要手的感觉能力，摸一摸服装或布料的质地；需要观察力，观察服装的颜色是否适合，款式有无缺陷，制作是否精致，质量是否过关；还需要同其他服装或布料比较一下，看看哪一种更适合自己的需要，哪种款式、哪种花色更好等。

消费者应具有的能力有：

1. 一般能力

一般能力是指消费者在许多活动中都必需的带共同性的基本能力。在消费活动中，一般能力包括以下几点。

（1）注意力。注意力是指消费者对商品及相关事物的心理指向的能力。注意可以从主动注意和被动注意来分析。当消费者主动寻找、发现某一事物时，就是主动注意；当消费者被某事物吸引而关注时就是被动注意。人的注意力是有差异的，有的消费者很快就能买到自己所需要的商品，而有的消费者在商店里转了大半天也找不着自己所需要的商品。人的注意力是有限的，企业应该把消费者有限的注意力吸引到自己的商品上，这是企业提高促销活动效果的重要手段。

（2）观察力。观察力是个体对事物进行准确而又迅速感知的能力。观察力强的消费者，往往能很快地挑选出他所满意的商品。如果消费者观察能力较差，往往看不到商品的某种不太明显的优点或缺点，就可能失去买到优质商品的机会。

（3）想象力。想象力是消费者以原有表象为基础创造新形象的能力。丰富的想象力可以使消费者从商品本身想象到该商品在一定环境和条件下的使用效果，从而激发美好的情感和购买欲望。

（4）判断力。判断力表现在消费者选购商品时，通过分析、比较对商品的优劣进行的判断。一般来说，判断力强的顾客，能迅速果断做出买或不买的决策；反之，判断力差的顾客，经常表现为优柔寡断，有时甚至会做出错误的判断。这种能力，也表现在对商品的使用中，有的能迅速发现商品的优劣，做出正确的评价。

（5）记忆力。记忆力也是消费者在购买活动中必须具备和经常运用的基本能力。消费者在选购商品时，经常要参照和依据以往的购买、使用经验及所了解的商品知识，这就需要消费者具备良好的记忆能力，以便把过去消费实践中感知过的商品、体验过的情感以及积累的经验在头脑中回忆和再现出来。消费者能否记住某种商品的特性，还关系到他能否有效地做出购买决策。有的决策是面对商品时做出的，而有的决策则是在没有见到商品的情况下做出的。在后一种情形中，记忆是一个关键。消费者一旦记住了他所需要的商品的特点、商标、产地等，那么他可以在没有走进商店之前就做出购买决策。

（6）购买决策力。购买决策力是指消费者在运用注意、识别、评价、想象、鉴赏等能力对商品进行综合分析的基础上，及时、果断地做出购买决定的能力。在购买过程中，决策是购买意图转化为购买行动的关键环节，也是消费者感知和分析评价商品信息结果的最终体现。通过建立在理性认识基础上的果断决策，消费者的消费活动才能由潜在状态进入现实状态，购买行为也才能真正付诸实践。因此，消费者决策能力是消费者能力构成中一个十分重要的方面，它对消费者的购买活动起着决定性作用。这种能力直接受其个人性格和气质的影响。同时，还与消费者对商品的认知程度、使用经验和购买习惯有关。

**【思政互动3－2】**

“妨碍你的不是你的性格，而是你利用性格的能力。”请你从认识自我，增强调控心理，培养健全的人格、良好的个性心理特征的角度谈谈你的看法。

2. 特殊能力

特殊能力是某种专门性活动所必需的知识和技能，它属于专业技术方面的能力。

（1）识别力。识别力是指消费者对商品的识记、辨认的能力。人由于生理的限制识别能力有很大的局限性。例如，有数十种的黑色，一般人的眼睛最多能区分出四五种，但是从事这一职业的染色工人能分辨出40多种。这也说明能力与经验有关。另外，消费者识别能力的差别还体现在识别方法上。一些注重传统经验的消费者，识别方法比较简单，习惯于手摸、口尝、耳听。而受教育程度高、接受新事物较快的消费者识别方法既灵活也比较科学。他们不仅依靠自己的感官感觉商品，而且能利用各种形式，如商品说明书、产品质量鉴定书等收集有关商品的信息，鉴别商品性能，企业应采取各种手段提高消费者的识别能力。

（2）评价力。评价力是指消费者依据一定的标准分析判断商品性能、质量，从而确定商品价值大小的能力。评价力也是建立在消费者对商品知觉的基础上。但消费者对商品的知觉往往是模糊的、不确定的。消费者评价能力既与掌握商品信息有关，也受自身感觉影响。

（3）鉴赏力。鉴赏力主要是指消费者对商品的艺术欣赏能力。这是一种较高层次的能力，随着社会生产的不断发展，人们精神生活日益丰富，产品的欣赏价值和产品的实用价值同样重要，人们对商品的审美要求也越来越高。消费者对商品的鉴赏能力除了消费者自身要不断学习、提高修养之外，在购买活动中也要时时感受，不断熏陶自己。一个人的审美和鉴赏力的强弱将直接影响其生活质量的高低。这种能力往往使他们在服饰搭配、居室装饰布置、美容美发、礼品选择等方面获得较大的成功。

一般能力与特殊能力在人的实践活动中是相互联系的，共同组成一个辩证的统一体，共同发挥作用，共同发展。一般能力寓于特殊能力之中，再通过特殊能力表现出来；而特殊能力则是一般能力的特殊化和具体化。不同的能力在人类的实践活动中发挥着各自不同的作用。

3. 人际交往能力

从心理学角度看营销工作是一种商业交际活动，是人与人之间的交往活动。在社会生活中，每个人所处的地位、肩负的任务不同（即他所担任的角色不同），他的行为方式和行为准则也会不同。在市场活动中，作为买卖双方的消费者和营销人员，就代表着不同的社会角色进行着交际活动。

4. 应变能力

营销活动要想获得满意的效果是相当困难的。这是因为买卖双方利益有明显的歧异性，使得双方在心理上难以认同；还有双方在市场地位上的对立性，这种对立性尤其在市场供求严重失衡的情况下表现得更为明显。这就要求消费者具有一定的应变能力来把握购买行为的最终效果。

**（三）消费者能力与购买类型**

消费者不同的能力决定了不同的购买类型，一般可从以下角度划分。

1. 按购买目标的确定程度分类

（1）确定型。此类人有比较明确的购买目标，事先掌握了一定的市场信息和商品知识，他们进入商店后，能够有目的地选择商品，主动提出需购商品的规格、式样、价格等多项要求。如果购买目标明确且能够通过语言清晰、准确地表达，购买决策过程一般较为顺利。

（2）半确定型。此类消费者进入商店前已有大致的购买目标，但对商品的具体要求尚不明确。他们进入商店后，行为是随机的，与营业员接触时，不能具体地提出对所需商品的各项要求，注意力不是集中在某一种商品上，决策过程要根据购买现场情景而定。

（3）盲目型。此类消费者购买目标不明确或不确定。他们进入商店无目的地浏览，对所需商品的各种要求意识朦胧，表达不清，往往难以被营业员掌握。这种人在进行决策时容易受购买现场环境的影响，如营业员的态度、其他消费者的购买情况等。

2. 按对商品的认识程度分类

（1）成熟型。此类消费者了解较多有关的商品知识，能够辨别商品的质量优劣，能很内行地在同种或同类商品中进行比较、选择。这类人在选择中比较自信，往往胸有成竹，有时会向营业员提少量关键性问题。营业员接待这类顾客时要尊重他们自己的意见，或提供一些技术性的专业资料，不必过多地解释和评论。

（2）普通型。此类消费者掌握部分有关的商品知识，需要营业员在服务中补充他们欠缺的部分知识，有选择性地向他们介绍商品。

（3）幼稚型。这是就消费者对某一具体商品的认知而言的。此类消费者缺乏有关的商品知识，没有购买和使用经验，挑选商品常常不得要领，犹豫不决，希望营业员多做介绍、详细解释。他们容易受广告、其他消费者或营业员的影响，买后容易产生“后悔”心理。因而营业员要不怕麻烦，主动认真、实事求是地介绍商品。

划分消费者的类型，是一件十分复杂的事情，因为每个消费者的性别、年龄、职业、经济条件、心理状态、空闲时间和购买商品的种类等方面不同，以及购买环境、购买方式、供求状况，营业员的仪表和服务质量等方面有别，都会引起消费行为的差异现象。

**（四）能力理论在营销活动的作用**

在消费者的购买活动中，消费者的购买能力，不仅受诸如自身素质因素的影响，而且其他客观的因素也同样在发挥作用，如消费者的受教育程度。消费者在面临新的消费环境时，需要不断地更新知识和观念，于是营销人员向消费者传达商品的信息（介绍商品的性能，讲解商品知识、培训维修和保养方法，示范商品的操作技术等）时，应该采用适当的方法引起消费者的兴趣，通过消费的实践提高消费者的各自能力。消费的实践活动是消费者能力发展的决定性条件，制约着消费者能力的发展性质与水平。

能力是人在改造和适应客观世界的实践活动中形成和发展起来的。在实践和完成任务的活动过程中，不断地克服困难以及薄弱环节，从而使自身的能力得到相应的发展与提高。因为能力不同，使消费者的购买行为呈现出多样性或差异性，于是要求营销人员遵守职业道德，合理地引导消费者的购买活动，促进商品的销售，切不可有意利用顾客的能力弱点去推销伪劣商品，欺诈顾客。

营销人员的营销能力与他们的营销效果有很密切的联系，例如在销售服务中，营销人员如何争取主动吸引顾客的注意力，唤起顾客的兴趣以及购买的欲望，语言的表达非常重要，这也就表现为营销人员的营销能力。因此，营销人员也应当通过实践和加强理论学习，来不断提高自己的营销能力，更好地为消费者服务，促进消费者购买活动的进行。

【任务学习自测题】

自测题 3－2

## 本项目知识脉络

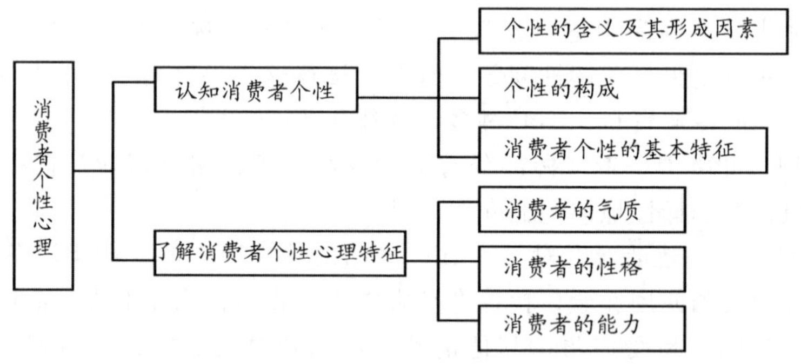


## 本项目综合实训

### 消费者个性心理认知训练

**背景与情境：**

当你学习了消费者个性心理的内容以后，已经知道了不同消费者受其个性心理的影响在购买中会有不同的行为表现，在营销活动中营销人员应有相应的策略。你一定很想体验一下，具体的营销活动过程中，营销人员是如何根据消费者的行为表现判断其个性心理特征，并进而做出相应的策略的。

**实训目标：**

（1）思政目标：会运用各种消费者个性心理的相关知识与消费者进行沟通，并能在营销活动过程中使用适当的沟通方式处理营销体验中的相关问题，顺利完成营销及实训任务。具有践行营销伦理和道德的意识，保守商业秘密的安全意识。

（2）能力目标：在营销体验活动过程中，具备运用正确的消费者个性心理的知识对消费者的气质类型、性格类型、消费者能力进行分析的能力。

（3）知识目标：在营销体验过程中，进一步深入理解消费者个性心理等陈述性知识。

**实训步骤：**

（1）每组4人，推选其中1人为组长，由组长组织讨论小组成员的分工，明确实训思路，按分工各负其责，相互沟通，积极配合，共同完成本实训任务。

（2）每组成员利用节假日时间到超市或商场进行实地体验，在接待消费者的过程中，根据消费者的行为表现，判断其气质类型、性格类型、购买类型，进而有针对性地做出服务策略。

（3）每组选出典型的四个服务过程进行详细分析。

（4）实地体验前要从网上、图书馆搜集针对不同消费者个性心理的服务策略的相关资料。

**实训成果及要求：**

（1）每组撰写一份消费者个性心理认知实地体验报告，报告要详细说明实地营销体验过程中所接待的消费者的行为表现是怎样的，你对其个性、性格、能力的判断是怎样的，你的营销对策是什么，在营销过程中你的营销对策是否合适，有没有更合适的营销对策。

（2）报告呈现形式各组自定，报告不少于1500字。

**实训时间：**

实地体验和报告撰写利用课余时间，班级展示2课时。

**实训评价：**

表3－5　消费者个性心理认知实训评价表

| 项目 | 评价标准 | 分值 | 小组个人自评（30%） | 小组成员互评（30%） | 教师评价（40%） | 小计 |
|---|---|---|---|---|---|---|
| 思政教育 | 能以求真务实、依法依规的态度参与消费者个性心理认知实训，在实地体验中客观真实地收集、整理数据，积极参与，善于合作，友好沟通，纪律性强，能处理好个人与社会的关系 | 10 | | | | |
| | 实训过程中表现出细致、严谨的工作作风，能主动提出关于消费者个性心理实地体验实训的相关问题 | 10 | | | | |
| | 能够结合实训认定营销人员认知消费者个性心理的重要性，商业秘密保密意识强 | 10 | | | | |

续表

| 项目 | 评价标准 | 分值 | 小组个人自评（30%） | 小组成员互评（30%） | 教师评价（40%） | 小计 |
|---|---|---|---|---|---|---|
| 能力提升 | 能将所学的消费者个性心理运用到实训任务中，学以致用 | 10 | | | | |
| | 结合实地体验，运用消费者个性心理的相关知识对具体的营销活动进行分析的能力 | 10 | | | | |
| 知识应用 | 在报告分析中能准确陈述消费者个性心理等相关知识 | 10 | | | | |
| | 在班级陈述中能正确运用消费者个性心理的知识陈述本组观点 | 10 | | | | |
| 项目成果展示 | 能够独立完成实地体验任务，在体验过程中能主动思考、分析问题、解决问题 | 10 | | | | |
| | 消费者个性心理认知实地体验报告结构新颖，撰写规范，观点正确，无错别字 | 10 | | | | |
| | 消费者个性心理认知实地体验报告汇报形式新颖，语言流畅，语速恰当，有感染力 | 10 | | | | |
| 合计 | — | 100 | | | | |

项目四 PPT

项目四教案

# 项目四
# 消费者购买心理

## 导入案例

### 三个水果商

一位老太太去买菜，路过水果摊，看到有卖苹果的商贩，问道："苹果怎么样啊?"商贩说："我的苹果又大又甜，特别好吃!"老太太听闻此言摇摇头走了。旁边的商贩见状问道："老太太，您要什么苹果，我这里种类很全!"老太太说："我想买酸点的苹果。"商贩答道："我这种苹果口感比较酸，请问您要多少斤?"老太太说："那就来一斤吧。"之后这位老太太继续在市场逛，好像还需要买什么。

这时她又看到一个商贩的苹果很抢眼，又大又圆，便去询问："你的苹果怎么样啊?"商贩答道："我的苹果很不错的，请问您想要什么样的苹果呢?""我想要酸一些的"，老太太说。商贩说："一般人买苹果都是要大的甜的，您为什么要酸苹果呢?"老太太说："儿媳妇怀孕了，想吃点酸的苹果。"商贩说："老太太您对儿媳妇真是体贴啊，将来您儿媳妇一定能给您生一个大胖孙子。几个月以前，这附近也有两家要生孩子，就是来我这里买苹果，您猜怎么着？这两家都生了个儿子，您想要多少?""我再来两斤吧"，老太太被商贩说得高兴了。商贩又对老太太介绍其他水果："橘子也适合孕妇吃，酸甜还含有多种维生素，特别有营养，您要是给儿媳妇来点橘子，她肯定开心!""是吗？好，那就来三斤橘子吧。"

在影响消费者行为的诸多心理因素中，需要和动机占有重要的地位，并与消费行为的产生有着密切的联系。这是由于人们的任何消费行为都是有目的的活动，其实质是为满足人们的某种需要或欲望。需要是消费者行为的最初原动力，动机则是消费者行为的直接驱动力。本章将对消费者需要与动机的内容、特征及消费者心理与消费行为的内在规律等进行学习。

# 任务1 认知消费者需要心理

## 学习目标

思政目标：通过本任务的知识学习，开展思政互动、同步案例、道德研判和任务演练等教学活动，激发同学们学习消费者需要心理的兴趣和积极性，喜欢探讨消费者需要心理，并能以正确的消费者需要心理引导消费者合理消费。

能力目标：通过本任务的同步案例和任务演练等活动，培养同学们分析消费者需要及需要对消费者心理影响的基本能力。

知识目标：通过本任务的知识学习，能够陈述消费者需要的含义、消费者需要的分类和基本内容、需要对消费者心理的影响等陈述性知识。

## 知识学习

### 一、消费者需要的含义和特征

#### （一）消费者需要的含义

需要是个体由于缺乏某种生理或心理因素而产生的内心紧张，从而形成与周围环境之间的某种不平衡的状态。需要的实质是个体为延续和发展生命，并以一定的方式适应环境所必需的客观事物的需求反映，通常以欲望、渴求、意愿的形式表现出来。所以，需要就是人们在一定的生活条件下，为延续和发展生命而产生的对客观事物的渴求或欲望。

消费者的需要包含在人类的一般的需要之中，它反映了消费者某种生理或心理体验的缺乏状态，并直接表现为消费者对获取以商品或劳务形式存在的消费对象的要求和欲望。例如，当一个人感到饥饿时，就产生对食物的需要；当感到寒冷时，就产生对御寒衣物的需要；当感到孤独寂寞时，就产生对社会交往及娱乐活动的需要；当感到被人轻视时，就产生对提高身份地位的高档、贵重商品的需要等，这些需要成为人们从事消费活动的内在原因和根本动力。正是为了满足这些形形色色的需要，消费者才努力采取相应的消费行为，而原有的需要满足之后，消费者又会产生新的需要，新的需要推动新的消费行为发生，如此循环往复，形成延续无尽的消费行为。需要、动机、行为之间的关系如图 4－1 所示。

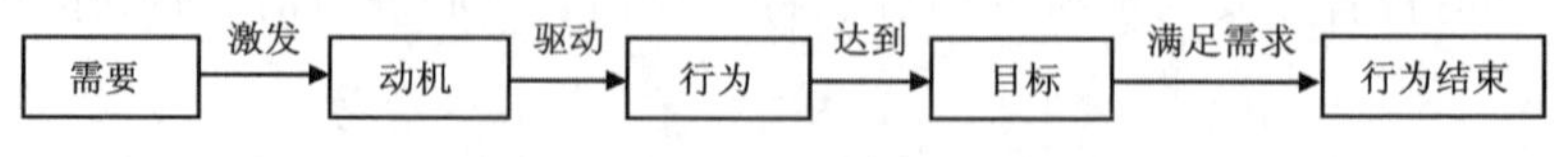


图 4－1 需要、动机与行为的关系

人们形成需要往往必须具备两个前提条件：一是感到不满足，即缺少什么东西；二是期望得到某种东西，有追求满足的愿望。需要就是由这两种状态形成的一种心理现象。任何需要都是有对象的。在商品社会中，消费者的需要主要体现为对商品和劳务的需要。

### （二）消费者需要的特征

尽管消费者的需要多种多样、纷繁复杂，但也有某些倾向性和规律性，具体表现为以下几个方面。

1. 消费需要的多样性和差异性

多样性和差异性是消费需要最基本的特征之一。它首先表现在不同消费者之间多种需求的差异上，由于消费者性别、年龄、职业、民族、文化程度、收入水平、社会阶层、生活方式、个性特征等主客观条件的千差万别，由此形成多种多样的消费需要。例如，有的人以经济实用作为选择标准，有的人则要求外观新颖、包装精致，从而显示出不同消费者之间需要的差异性和异质性。其次，就同一消费者而言，需要也是多方面的，消费者不仅需要吃、穿、用、住，还需要娱乐消遣，参加各种活动等，这都要求具有特定功能的商品或劳务与之相适应。不仅如此，同一消费者对某一特定消费对象常常同时兼有多方面的要求，如既要求商品质量好，又要求其外观新颖美观，具有时代感。消费者需要的多样性创造了无限的市场机会，决定了市场的差异性，这是企业进行市场细分和选择目标市场的客观基础。

2. 消费需要的层次性和发展性

消费者的需要是有层次的。按照不同的划分办法，可以把消费者的需要划分为高低不同的层次，例如，充饥、御寒属于较低层次的需要；受人尊重、实现人生的自我价值属于较高层次的需要。通常情况下，消费者首先满足较低层次的需要，在较低层次需要满足的基础上才能追求较高层次需要。当然，在特殊的情况下，需要满足的层次的顺序也可以改变，即消费者可以跨越低层次的需求去直接满足高层次的需求。

就发展性而言，消费者的需要与社会生产及自身情况紧密相关，是一个由低级向高级、由简单向复杂、由物质到精神、由追求数量上的满足向追求质量上的充实不断发展的过程。特别是在现代社会，科学技术和生产力更加发达和先进，物质产品极大丰富，新的消费领域、消费方式也不断涌现，人们的消费需求在内容、层次上不断更新和发展，如吃要营养可口、穿要时尚漂亮，还要求通过各种有形、无形产品的消费满足社交、尊重、情感、审美、求知、实现自我价值等多方面的高层次的需求。

3. 消费需要的伸缩性和周期性

伸缩性又称需求弹性，是指消费者对某种商品的需求会因某些因素，如支付能力、价格、储蓄利率等影响而发生一定程度的变化。如消费者在购买商品时会在数量、品种等方面随收入和商品价格的变化而变化。一般来说，生活必需品的伸缩性较小，而像高档耐用品、奢侈品等，消费需要的伸缩性就较大。影响消费需要的伸缩性原因可能是消费者自身，也可能是商品供应、促销活动、价格变动、售后服务、储蓄利率等外因。

人类的消费是一个无止境的活动过程，而消费需要的满足是相对的，当某些需要得到满足以后，在一段时间内可能不再发生，但随着时间的推移，已经消退的需要又会重新出现，并周而复始，呈现周期性。重新出现的需要不是对原来需要的简单重复，而是在内容、形式上有所变化和更新。例如，食品的需要周期间距短、循环快、重复性高，服装的需要周期受气候变化的影响，表现出明显的季节性，某些流行时尚的变化周期则具有不确定性。例如，20 世纪二三十年代流行的旗袍，在沉寂了几十年之后，如今又成为女性服装市场中的流行商品，只不过现在的旗袍已经在过去的基础上有所改进。

消费者需要的周期性，不仅是需要形成和发展的重要条件，还是社会经济发展的直接推动力。

4. 消费需要的可变性和可诱导性

消费者需要直接受到所处环境状况的影响和制约，因此，一定阶段社会政治经济制度的变革，伦理道德观念的更新，生活和工作环境的变迁，社会交往的启示，广告宣传的诱导以及生态环境的变化等，都可能改变消费者需要的具体内容，使某一种需要转变为另一种需要，潜在的需要转变为显现的需要，微弱的需要转变为强烈的需要。这说明消费需要不是一成不变的，无论何种内容、层次的需要都会因社会环境的变化而发生改变。也正由于此，消费者需要也具有可诱导性，可以通过人为地、有意识地给予外部诱因或改变环境状况，诱使和引导消费者的需要按照预期的目标发生变化和转移。例如，由于新产品的上市或广告宣传的影响，人们由不准备购买或不准备现在购买，变为具有强烈的购买冲动。

5. 消费需要的互补性和互替性

各种消费需要之间不是孤立的，消费者对一种商品的需要常常与对另一种商品的需要密切相关，这就是消费需要的相关性。这种相关性有正相关和负相关两种形式，即互补性和互替性。如对电脑的需要带动了外围设备和多种耗材的需要，对数码相机或摄影机的需要带动了对数码存储卡和电池的消费，这是正相关，即互补性，即一种消费需要会促使另一种消费需要产生和扩大。再比如空调的使用降低了对电风扇的需要，人们对鱼的食用减少了对其他肉类的食用，这是负相关，即互替性，一种消费需要抑制了另一种消费需要。

**【思政互动 4－1】**

近年来，全国各地餐饮、烹饪协会接连发出倡议，号召餐饮经营者和消费者要积极引领“厉行节约、反对浪费”的社会风尚，提倡“分餐制”，杜绝餐饮浪费，常态化开展“光盘行动”。请从营销道德和引导消费者合理消费的角度谈谈你的看法和做法。

## 二、消费者需要的分类和基本内容

### （一）消费者需要的分类

作为个体的消费者，其需要是丰富多彩的。这些需要可以从不同角度予以分类。

1. 根据需要的起源，可以分为生理性需要和社会性需要

（1）生理性需要。生理性需要是指个体为维持生命和延续后代而产生的需要，如进食、饮水、睡眠、运动、排泄、性生活等。生理性需要是人类最原始、最基本的需要，它是人和动物所共有的，而且往往带有明显的周期性。比如，受生物钟的控制，人需要有规律地、周而复始地睡眠，需要日复一日地进食、排泄；否则，人就不能正常生活，甚至不能生存。应当指出，人的生理需要和动物的生理需要有本质区别。人的生理需要，从需要对象到满足需要所运用的手段，无不烙有人类文明的印记。人类在满足其生理需要的时候，并不像动物那样完全受本能驱使，而是要受到社会条件和社会规范的制约。不仅如此，人类还能够运用生产工具和手段创造出面包、黄油、稻谷等需要对象，而动物则只能被动地依靠大自然的恩赐获取其需要物。

（2）社会性需要。这是指人类在社会生活中形成的，为维护社会的存在和发展而产生的需要，如求知、求美、友谊、荣誉、社交等需要。社会性需要是人类特有的，它往往

打上时代、阶级、文化的印记。人是社会性的动物，只有被群体和社会所接纳，才会产生安全感和归属感。社会性需要得不到满足，虽不直接危及人的生存，但会使人产生不舒服、不愉快的体验和情绪，从而影响人的身心健康。一些物质上很富有的人，因得不到友谊、爱，得不到别人的认同而产生孤独感、压抑感，恰恰从一个侧面反映出社会性需要的满足在人的发展过程中的重要性。

2. 根据需要的对象，可以分为物质需要和精神需要

（1）物质需要。这是指对与衣、食、住、行有关的物品的需要。在生产力水平较低的社会条件下，人们购买物质产品在很大程度上是为了满足其生理性需要。但随着社会的发展和进步，人们越来越多地运用物质产品体现自己的个性、成就和地位，因此，物质需要不能简单地对应于前面所介绍的生理性需要，它实际上已日益增多地渗透着社会性需要的内容。

（2）精神需要。精神需要主要是指认知、审美、交往、道德、创造等方面的需要。这类需要主要不是由生理上的匮乏感，而是由心理上的匮乏感所引起的。

**【道德研判 4－1】**

**双处方**

**背景资料：**

某中医院除了给每位就诊患者开出必要的药物处方外，还要开出一张“无药处方”。如给一位老年患者的“无药处方”上写着：多吃蔬菜、水果，食用低盐、低脂、低糖食品，按时服药、测量血压，多参加活动。这种医疗服务深受患者欢迎。

**问题：**

请分析这种“双处方”的医疗服务为什么受到患者的欢迎？这样的服务符合营销道德吗？

**讨论分析：**

个人：每位同学根据道德研判的背景资料和问题，在固定的学习本上记下自己的分析结果。

小组：每小组6位同学，1人为组长，1人记录，小组成员都要陈述自己的观点，讨论后形成小组意见，准备在班级交流。

全班：各组派1位代表陈述本组观点。

教师：记录各组陈述要点，最后做点评。

提示

3. 按由低级到高级的顺序，可以分为五个层次的需要

美国人本主义心理学家马斯洛将人类需要按由低级到高级的顺序分成五个层次。

（1）生理需要。为维持个体生存和人类繁衍而产生的需要，如对食物、氧气、水、睡眠等的需要。

（2）安全需要。即在生理及心理方面免受伤害，获得保护、照顾和安全感的需要，如要求人身的健康，安全、有序的环境，稳定的职业和有保障的生活等。

（3）归属和爱的需要。即希望给予或接受他人的友谊、关怀和爱护，得到某些群体的承认、接纳和重视。如乐于结识朋友，交流情感，表达和接受爱情，融入某些社会团体

并参加他们的活动等。

（4）尊重的需要。即希望获得荣誉，受到尊重和尊敬，博得好评，得到一定的社会地位的需要。尊重的需要是与个人的荣辱感紧密联系在一起的，它涉及独立、自信、自由、地位、名誉、被人尊重等多方面内容。

（5）自我实现的需要。即希望充分发挥自己的潜能，实现自己的理想和抱负的需要。自我实现是人类最高级的需要，它涉及求知、审美、创造、成就等内容。

4. 按照需求的形式，可以分为生存需要、享受需要和发展需要

（1）生存需要。它是指人们为维持机体生存而产生的对基本生活用品的欲望和要求，如对粮食、服装、住房等的需要。生存需求是人类最基本的需要。

（2）享受需要。它是指人们为增添生活情趣，实现感官和精神愉悦而产生的各种欲望和要求，如对音响、彩电、冰箱、高档衣料、装饰品、奢侈品等供娱乐、休闲用的各种消费品及服务的需要。享受需要不是人类生存所必需的基本生活需要，但是随着生产力水平的提高和科学技术的进步，其在人类各种需要中所占的地位变得越来越重要。

（3）发展需要。它是指人们为发展智力和体力，提高个人才能，实现人生价值而产生的欲望和需要，如对书籍、学习机、电脑、滋补品等的需要。当人们的生存需要、享受需要得到基本满足之后，发展需要就显得突出了。

**【教学互动4－1】**

**互动问题：**

有人说："销售终端是离消费者心理最近的地方。"你是如何理解这句话的？

**要求：**同教学互动1－1。

**（二）消费者需要的基本内容**

1. 对商品基本功能的需要

基本功能指商品的有用性，既是商品被生产和销售的基本条件，也是消费者需要的最基本内容。任何消费都不是抽象的，而是有具体的物质对象的，而成为消费对象的首要条件就是要具备能满足人们特定需要的功能。例如，小汽车要能高速灵活驾驶，冰箱要能冷冻冷藏食品，护肤用品要能保护皮肤，这些都是消费者对商品功能的最基本要求。正常情况下，基本功能是消费者对商品诸多需要中的第一需要，如果不具备特定功能，即使商品质量优良、外观诱人、价格低廉，消费者也难以产生购买欲望。

2. 对商品质量性能的需要

质量性能是消费者对商品基本功能达到满意或完善程度的要求，通常以一定的技术性能指标来反映。但就消费需要而言，商品质量不是一个绝对的概念，而是具有相对性的。一方面，消费者要求商品的质量与其价格水平相符，即不同的质量有不同的价格，一定的价格水平必须有与其相称的质量；另一方面，消费者往往根据其实用性来确定对质量性能的要求和评价。经常有某些质量中等甚至低档的商品，因已达到消费者的质量要求，也会被消费者所接受。例如，甲、乙两种品牌的洗衣机，乙品牌在容量、耗电量、洗净率、磨损率、振动噪音等技术指标方面均逊于甲品牌，但其价格远低于甲品牌，且适合多人口家庭使用，因而，对于中低收入的消费者来说，乙品牌洗衣机的质量就是令人满意、可以接

受的。消费者对商品质量要求的相对性，对于企业正确进行产品市场定位具有重要意义。

3. 对商品安全性能的需要

消费者要求所使用的商品卫生洁净、安全可靠、不危害身体健康。这种需要通常发生在对食品、药品、卫生用品、家用电器、化妆品、洗涤用品等商品的购买和使用中，是人类追求安全的基本需要在消费需要中的体现。

4. 对商品审美功能的需要

对美好事物的向往和追求是人类的天性，它体现于人类生活的各个方面。在消费者需要中，广大消费者对消费、审美的追求，是一种持久性的、普遍存在的心理现象，主要表现在对商品的工艺设计、造型、色彩、装潢、风格等方面的追求。由于社会地位、生活背景、文化水平等方面的差异，不同的消费者往往具有完全不同的审美观和审美标准，因而也就具有不同的审美需要。每个消费者都是按照自己的审美观来评价商品的，因此对同一商品不同消费者会得出完全不同的审美结论。

5. 对商品情感功能的需要

对商品情感功能的需要是指消费者要求商品蕴涵浓厚的感情色彩，并通过购买和使用商品获得情感的补偿、追求和寄托。消费者作为有着丰富情绪体验的个体，在从事消费活动的同时，会将喜怒哀乐等各种情绪映射到消费对象上，即要求所购商品与自身的情绪体验相吻合、相呼应，以求得情感的平衡。例如，在欢乐愉悦的心境下，消费者往往喜爱明快热烈的商品色彩；在压抑沉痛的情绪状态下，人们则经常倾向于暗淡冷僻的商品色调。

6. 对商品社会象征性的需要

商品的社会象征性，是指消费者要求商品体现和象征一定的社会意义，使购买、拥有某种商品的消费者能够显示出自身的某些社会特征，得到某种心理上的满足，如提高声望和社会地位、得到社会承认、受人尊敬等需要。因此，有不少消费者在购买商品时，往往对商品的实用性要求不高，却特别看重商品所具有的社会象征性。比如，有的人希望通过某种消费活动表明他的社会地位和身份；有的人则想通过某种消费活动表明他的社会责任感；有的人想通过所拥有的商品提高在社会上的知名度。

7. 对享受良好服务的需要

随着商品经济的发达和人们消费水平的日益提高，服务已不仅仅是一种交换手段，它已成为商品交换的基本内容和条件，贯穿于商品流通的全过程。良好服务可以使消费者获得尊重、情感交流、个人价值认同等多方面的心理满足。随着经济收入水平的提高，消费者会越来越重视购买产品时的良好服务，因此，提高服务品质已成为当今企业竞争的重要手段。

## 三、需要对消费者心理的影响

需要直接影响消费者的心理和生理活动，需要对消费者心理的影响主要表现在以下几个方面：

### （一）需要对消费者情感的影响

人们一旦产生某种需要就要力求获得满足，而人们的需要是否能够满足，满足的程度以及满足的方式与手段的不同，都可以直接影响消费者的情绪或情感的变化。凡是能满足人们需要的事物与现象，都能使人产生满意、高兴、愉快等正面情绪，如优良的产品性能、新颖别致的商品设计、热情周到的服务等。反之，就会使人产生不满意、抵触、沮丧、愤怒等负面情绪，情绪的变化又会直接影响人们态度的变化，如支持、漠然、反对、厌恶等。

**（二）需要对消费者意志的影响**

消费者在满足某种需要的过程中，往往需要克服各种困难，需要付出极大的意志努力和能力。也就是说，有了需要，才会确定满足需要的目标，然后靠意志努力去实现这一目标。因此，人们在为满足需要而进行努力的同时，意志也得到了锻炼和发展。

**（三）需要对消费者能力的影响**

需要被满足的过程，就是人们对遇到的各种事物进行分析研究，并探寻各种可能的途径、方案的过程，所以需要对人们的认识与实践活动起着重要的影响作用。在购买活动中，消费者需要具备多种能力。比如，为了买到称心如意的服装，消费者要有一定的识别力，靠手感感觉服装的质地；需要一定的观察力，观察服装的颜色；需要一定的审美能力，更好地进行搭配等。正是有了消费者的需要，才使这些能力得到培养和提高。

【同步案例4－1】

**不是所有牛奶都叫特仑苏**

**背景资料：**

在我们熟悉的消费市场上大部分牛奶的营养价值其实相差无几，牛奶是一个不折不扣的同质产品，而特仑苏通过牛奶场地的差异化，给其赋予了更加健康、更无污染的微小属性，实现了差异化溢价，同样的还有“富含抗氧因子的矿泉水”“添加果肉的饮品”等。

**问题：**

这种微小属性策略与消费者心理有什么关系呢？你能接受这种策略吗？谈谈你的看法。

**讨论分析：**

个人：每位同学认真研读本案例内容，结合本任务知识学习内容，在固定的学习本上写出你对本问题的看法。

小组：请同学们每4人为一个小组，1人为组长，1人记录，在小组讨论中每个人陈述个人看法，然后小组成员共同讨论，形成小组意见，并推荐代表准备在班级交流。

提示

全班：每个小组代表在班级陈述本组观点，班级其他同学也可以点评。

教师：教师记录各组陈述观点的要点，最后做点评。

【任务演练4－1】

**消费者需要调研**

**训练目标：**

（1）思政目标：培养同学们积极深入社会调研，认真参与调研的态度，提升同学们积极深入社会研究消费者需要等实际问题的兴趣，培养同学们与人合作和沟通的能力。

（2）能力目标：运用所学的消费者需要相关知识，根据马斯洛的五层次需要，准确地填写满足消费者需要的商品或服务内容。

(3) 知识目标：培养同学们在小组发言、小组讨论、实施调研的过程中，灵活运用消费者需要等相关知识分析讨论问题，阐述自己的观点。

**实训内容：**

根据马斯洛的五层次需要，填写“消费者需要调研表”（见表4－1），并撰写800～1000字的消费者需要分析报告。

表4－1　消费者需要调研表

| 需要分类 | 以你们为对象列出满足下列需要各三种以上的商品（或服务） | 备注 |
| --- | --- | --- |
| 生理需要 | | |
| 安全需要 | | |
| 归属和爱的需要 | | |
| 尊重的需要 | | |
| 自我实现的需要 | | |

**实训操作：**

(1) 每4个同学一组，选1人为组长，明确分工和具体责任。

(2) 通过书刊、网络等途径，了解有关消费者需要的知识，每位同学汇报交流自己所填内容，1人记录，小组成员经过认真讨论，形成小组报告意见，由记录员起草小组消费者需要分析报告（报告结构自定）。

(3) 每个小组由记录员代表本组在班级交流，老师最后做点评。

**成果要求：**

(1) 每位同学填写一份“消费者需要调研表”，小组撰写一份消费者需要调研分析报告。

(2) 根据每组同学的填表内容和需要调研分析报告质量及各位同学完成任务情况，评定每位同学的实训成绩。

**实训评价：**

表4－2　消费者需要调研实训评价表

| 项目 | 评价标准 | 分值 | 小组个人自评（30%） | 小组成员互评（30%） | 教师评价（40%） | 小计 |
| --- | --- | --- | --- | --- | --- | --- |
| 思政教育 | 能诚实守信、办事公道地参与消费者需要调研，态度端正，善于合作，纪律性强 | 10 | | | | |
| | 做事有计划，完成任务及时，小组讨论积极踊跃 | 10 | | | | |
| | 能够在消费者需要调研中同学间心平气和地沟通，调研收集资料完整 | 10 | | | | |

续表

| 项目 | 评价标准 | 分值 | 小组个人自评（30%） | 小组成员互评（30%） | 教师评价（40%） | 小计 |
|---|---|---|---|---|---|---|
| 能力提升 | 能将所学的消费者需要的心理知识运用到消费者需求调研活动中，学以致用 | 10 | | | | |
| | 根据实训要求实施调研，会运用信息化手段整理相关资料 | 10 | | | | |
| 知识应用 | 能基本理解消费者需要的内涵、消费者需要的分类等内容 | 10 | | | | |
| | 能完整陈述消费者需要的内涵、消费者需要的分类等知识 | 10 | | | | |
| 项目成果展示 | 能够独立完成调研实训任务，并能创新性地提出问题、解决问题 | 10 | | | | |
| | “消费者需要调研表”和报告内容完整，列出的商品和服务比较准确，分析有特点 | 10 | | | | |
| | “消费者需要调研表”和报告展示形式新颖，陈述语言规范流畅，语速恰当，有感染力 | 10 | | | | |
| 合计 | — | 100 | | | | |

【任务学习自测题】

自测题 4－1

# 任务2　认知消费者购买动机心理

## 学习目标

思政目标：通过本任务的知识学习，开展思政互动、同步案例、道德研判和任务演练等教学活动，激发同学们学习消费者购买动机心理，认同消费者购买动机心理中应该遵循的职业道德观念，并能以正确的消费观念引导消费者合理消费。

能力目标：通过本任务的同步案例和任务演练，会对消费者购买动机类型、消费者购买动机与购买行为的关系进行分析。

知识目标：通过本任务的知识学习，能准确叙述消费者购买动机、购买动机的类型、购买动机与购买行为的关系等陈述性知识。

## 知识学习

购买动机是在消费需要的基础上产生的、引发消费者购买行为的直接原因和动力。相对于消费者的需要而言，动机更为清晰显现，与消费行为的联系也更加直接具体。

### 一、消费者购买动机的概念和特征

#### （一）动机的概念及形成

1. 动机的概念

动机是引起行为的内在动力。心理学中往往把引起个体活动，维持已引起的活动，并促使活动朝向某一目标进行的内部心理倾向和动力称为动机。动机在需要的基础上产生，是指向行为的直接动力，是一种内在的、主动的力量。正常人只要在头脑清醒的时候，采取的任何行动都要由动机引起和支配的，因此人类的行为实质上是一种动机性行为。

2. 动机的形成

动机是一种基于需要而由各种刺激引起的心理冲动，其形成要具备一定的条件：

（1）动机的形成必须以需要为基础。只有当个体感受到对某种生存和发展条件的需要，并达到足够强度时，才有可能产生采取行动以获取这些条件的动机。动机实际上是需要的具体化。

（2）动机的形成还需要相应的刺激条件。并不是所有的需要都能表现为动机，动机的形成还需要相应的刺激条件。当个体受到某种刺激时，其内在需要会被激活，使内心产生某种不安情绪，形成紧张状态。这种不安情绪和紧张状态会演化为一种动力，由此形成动机。

（3）动机的形成必须有满足需要的对象和条件。需要产生以后，还必须有满足需要的对象和条件。例如，消费者普遍具有御寒的需要，但是只有当冬季来临，消费者因寒冷而感到心理紧张，并在市场上发现待售的冬装时，才会产生购买冬装的强烈动机。

在消费动机的形成过程中，上述三个方面的条件缺一不可，其中尤以外部刺激更为重要。因为通常情况下，消费者的需要处于潜伏或抑制状态，需要外部刺激加以激活。外部刺激越强，需要转化为动机的可能性就越大。否则，需要将维持原状。因此，如何给予消费者更多的外部刺激，是推动其购买动机形成乃至实现购买行为的重要前提。

#### （二）购买动机的概念和特征

1. 购买动机的概念

当人的各种需要必须通过购买行为才能获得满足时，便产生了对商品的购买动机。消费者购买动机，是指能够引起消费者购买某一商品或选择某一目标的内在动力。它是购买行为的原因和条件。

2. 购买动机的功能

消费者购买动机作为购买行为的先导，对购买行为具有三个方面的功能。

（1）始发和终止行为的功能。动机是人们行动的根本动力，具有引发个体活动的功能。当动机指向的目标达成，如消费者某方面的需要获得满足之后，便会终止有关的具体行动。而原有的购买动机获得满足之后，新的动机又会相继产生，从而发动新的行为过程。

（2）指引行动方向的功能。消费者的购买动机一方面具有指向性，它能使购买行为保持一定的方向和目的，即满足人们某方面的需要；另一方面还可使消费者在购买动机的冲突中进行选择，即首先满足人们最强烈、最迫切的需要。

（3）维持、增加或制止、减弱购买行为的功能。动机的实现大都要有一定的时间过程，在这个过程中，动机将贯穿行动的始终，不断激励人们为实现目标而努力行动，直至动机实现。另外，动机对人的行动还具有重要的强化作用，即由某种动机引起的行动结果对该行为的再次产生具有加强或减弱的作用。使人满意的动机结果能够保持和巩固行为，也称正强化；反之，导致不满结果的动机会减弱和消退行为，称为负强化。消费者在消费过程中，经常对某些信誉良好的商店或商品重复光顾和购买，就是这一功能的体现。

3. 购买动机的特征

（1）原发性。动机是消费者受外界条件刺激或影响以及个体主观需要所形成的心理倾向。不论引起动机的原因是什么，都是主体由于需要而产生的欲望。这种主体欲望与现实世界的具体对象建立了心理联系，即成为动机。无论外界刺激如何变化，如果没有消费者主体的心理活动，则无所谓动机。这就是动机的原发性特征。

（2）内隐性。消费者的行为是外显的，但支配其行为的动机并不总是显露无遗的。消费者的真实动机经常处于内隐状态，难以从外部直接观察到。正如弗洛伊德所说，动机犹如一座海中的冰山，显现在海面上的只是很小一部分，大部分隐藏在看不见的水下。人的心理活动是极为复杂的。现实中，消费者经常出于某种原因而不愿意让他人知道自己的真实动机。如某消费者购买钢琴，当别人问起时，他总说是为儿子学钢琴用，但真正的主要动机可能是显示自己的富有。

（3）冲突性。当消费者同时具有两种以上的动机且共同发生作用时，动机之间就会发生矛盾和冲突。这种矛盾和冲突可能是由于动机之间的指向相悖或相互抵触，也可能是出于各种消费条件的限制。人们的欲望是无止境的，而拥有的时间、金钱和精力却是有限的。当多重动机不可能同时实现时，动机之间的冲突就是不可避免的，而冲突的本质是消费者在实现各种动机所带来的利害结果中进行权衡比较和选择。

（4）实践性。动机不是意向，它经常与一定的作用对象建立了心理上的联系。所以，动机一旦形成，必将引起行为，这就是动机的实践性。因此，动机是消费者活动的推动者，有动机产生，就有人的行为活动。

（5）可引导性。通过外界的刺激和影响，消费者的购买动机是可以发生变化的，这就是动机的可引导性。例如，消费者原不打算购买或不想很快购买某种商品，但由于受广告的影响，于是就产生了购买动机及购买行为。因此，生产者和销售者不仅应当满足消费者的需要，还应当引导和调节消费者的需要，使之产生购买动机。

## 二、消费者购买动机的类型

消费者的需求和欲望是多方面的，其消费动机也是多种多样的。就购买活动而言，消费者的购买动机往往十分具体，表现形式复杂多样。一般情况下，将购买动机分为以下几类。

### （一）生理性购买动机

生理性购买动机，是由人类生理本能引起的购买动机。俗话说："饥思食，渴思饮，乏思止。"为了保持和延续人的生命，人类都具有吃饭、穿衣、休息、繁衍后代等生存本能。因而由这种生理本能需要所引起的购买动机，称为生理性购买动机，也称本能动机。

（1）维持生命动机——为了保持人的生命，人类都具有吃饭、穿衣、休息等本能。

（2）保持生命动机——消费者为保护生命安全而购买的建筑材料，修建房屋，为防止疾病购买药品、保险等。

（3）延续生命动机——消费者为组织家庭、抚育儿女而购买的商品。

（4）发展生命动机——为了提高劳动技能和学习知识，以求生存和发展而购买的商品。

一般来讲，在生理性动机驱动下的购买行为，具有经常性、重复性等特点。

### （二）心理性购买动机

由于人们的认知、感情和意志等心理活动而引起的动机，称为心理性购买动机。它是消费者为了满足社交、友谊、娱乐、享受和事业发展而产生的购买动机。

（1）感情动机——由人的情绪和情感引起的购买动机。人都有喜、怒、哀、乐等不同的情绪，有道德感、集体感、美感等人类高级情感，所以都会存在感情动机。

（2）理智动机——消费者对商品进行认真地分析、比较后所产生的购买动机。它不受感情支配，冷静慎重，具有客观性、实用性、周密性的特点。

（3）信任动机（惠顾动机）——基于感情和理智的经验，消费者对某一特定的商品或商店产生一种特殊的偏爱和信任，在近乎习惯性地、无条件反射的情况下产生的购买动机。形成惠顾动机的原因是多方面的，可能是商品本身质量上乘、外观精美、商标驰名等；或者是商店本身服务周到、价格公平、地点便利等。惠顾动机一般不会受到外界环境和其他购买行为的影响，是比较稳定的购买动机。它有助于企业获得本商店或本产品的忠实消费者群，保持稳定的市场占有率。

### （三）个性购买动机

由于消费者各自的需要，兴趣、爱好、性格和价值观的不同，在具体购买商品时的心理活动要复杂得多，一般来说常见的、具体的个性购买动机大体上有以下几种：

1. 追求实用的购买动机

这是以追求商品的使用价值为主要目的的购买动机。具有这种购买动机的消费者比较注重商品的功能和质量，要求商品具有明确的使用价值，讲求经济实惠，经久耐用，而不过多强调商品的品牌、包装、装潢和新颖性。如果商品的使用价值不明确，甚至徒有虚名、毫不实用，消费者便会放弃购买。这种购买动机并不一定与消费者的收入水平有必然联系，而主要决定于个人的价值观念和消费态度。

2. 追求廉价的购买动机

这是以注重商品价格低廉，希望以较少支出获得较多利益为特征的购买动机。出于这种购买动机的消费者，选购商品时会对商品的价格进行仔细比较，在不同品牌或外观质量相似的同类商品中，会尽量选择价格较低的品种。同时喜欢购买优惠品、折价品或处理品，有时甚至因价格有利而降低对商品质量的要求。求廉的动机固然与收入水平较低有关，但对于大多数消费者来说，以较少的支出获取较大的收益是一种带有普遍性的动机。

3. 追求新奇的购买动机

这是以追求商品的新颖、奇特、时髦为主要目的的购买动机。具有这种动机的消费者往往富于想象，渴望变化，喜欢创新，有强烈的好奇心。他们在购买过程中，特别重视商品的款式是否新颖独特、符合时尚，对造型奇特、不为大众熟悉的新产品情有独钟，而不大注意商品是否实用和价格高低。这类消费者在求新、求奇动机的驱动下，经常凭一时兴趣或好奇，进行冲动式购买。

4. 追求美感的购买动机

追求美好事物是人类的天性，体现在消费活动中，即表现为消费者追求商品美学价值和艺术欣赏价值的购买动机。具有求美动机的消费者在挑选商品时，特别重视商品的外观造型、色彩和艺术品位，希望通过购买格调高雅、色彩精美的商品获得美的体验和享受。同时注重商品对人体和环境的美化作用以及对精神生活的陶冶作用，例如通过款式、色彩协调的服装搭配来美化自我形象；选购家庭装饰用品美化居住环境以及对美容、美发服务的消费等，都是求美动机的体现。

5. 追求名望的购买动机

这是因为仰慕产品品牌或企业名望而产生的购买动机。持有这种动机的消费者在购买前即将名牌产品确定为购买目标；在购买过程中，面对众多同类产品，仍会将注意力直接指向名牌产品。求名购买动机不仅可以满足消费者追求名望的心理需要，而且能够降低购买风险，加快商品选择过程，因而在品牌差异较大的商品如家电、服装、化妆品购买中，成为带有普遍性的主导动机。

6. 追求安全、健康的购买动机

现代消费者越来越注重自身的生命安全和生理健康，并且把保障安全和健康作为消费支出的重要内容。持有这种动机的消费者通常把商品的安全性能和是否有益于身心健康作为购买与否的首要标准。就安全性能而言，消费者不仅要求商品在使用过程中各种安全性能可靠，如家用电器不出现意外事故、化妆品不含有毒物质，而且刻意选购各种防卫保安性用品和服务，如保险等。与此同时，追求健康的动机日益成为消费者的主导性动机。在这一动机的驱动下，选购营养品、保健品、健身产品、医药品已经成为现代消费者经常性的购买行为。

7. 好胜攀比的购买动机

这是一种因好胜心、与他人攀比、不甘落后而形成的购买动机。抱有这种动机的消费者，购买某种商品往往不是出于实际需要，而是为了争强好胜、赶上他人、超过他人，借以求得心理上的平衡和满足。这种购买动机具有偶然性和浓厚的感情色彩，购买行为带有一定的冲动性和盲目性。在社会生活水平不断提升、贫富差距较大的时期，攀比性动机表现得较为普遍和强烈。

【思政互动 4－2】

许多同学的手机、Ipad 等现代装备“不断升级”，由此带来的上学费用支出迅速增长，并且这种高科技产品的攀比之风还有进一步蔓延的趋势。请你从营销道德和引导消费者合理消费的角度谈谈你的看法。

8. 模仿或从众的购买动机

它是指消费者在购买商品时自觉不自觉地模仿他人的购买行为而形成的购买动机。模仿是一种很普遍的社会现象，其形成的原因多种多样。有出于仰慕、钦佩和力图获得认同而产生的模仿；有由于惧怕风险、保守而产生的模仿；有缺乏主见，随大流而产生的模仿。不管源于何种缘由，有模仿动机的消费者，其购买行为受他人影响比较大。一般而言，普通消费者的模仿对象多是社会名流或其所崇拜、仰慕的偶像。电视广告中经常出现某些歌星、影星、体育明星使用某种产品的画面或镜头，目的之一就是要刺激受众的模仿动机，促进产品销售。

9. 追求便利的购买动机

追求便利是现代消费者提高生活质量的重要内容。受这一动机的驱动，人们把购买目标指向可以降低家务劳动强度的各种商品和劳务，如洗衣机、洗碗机、方便食品、家政服务、家庭装修等，以求最大限度地减轻家务劳动负担。为了方便购买，节约购买时间，越来越多的消费者采用送货上门、直销服务、电话购物、电视购物、网络购物等现代购物方式。随着社会生活节奏的加快，消费者追求便利的动机也日趋强烈。

10. 满足嗜好的购买动机

这是以满足个人特殊偏好为目的的购买动机。许多消费者由于生活习惯和业余爱好，而特别偏爱某一类商品，如集邮、摄影、花鸟鱼虫、古玩字画、音乐器材等。这些嗜好往往与消费者的职业特点、知识领域、生活情趣有关，因而其购买动机比较理智，购买指向也比较稳定和集中，具有经常性和持续性的特点。

11. 自我表现的购买动机

这是以显示自己的身份、地位、威望以及财富为主要目的的购买动机。具有这种购买动机的消费者在选择商品时不太注重商品的使用价值，而是特别重视商品所代表的社会象征意义，喜欢购买名贵商品、稀有商品、某些极品商品以及价格惊人的特殊商品；选择特殊的消费方式如入住豪华宾馆的总统套间、奢华的宴席等，以显示其生活的富有、地位的特殊或能力的超群，达到宣扬自我、炫耀自我的目的。

【教学互动 4－2】

**互动问题：**

（1）在汽车市场，有的客户出于自我安全的考虑，对任何事情都持有怀疑态度，对车和销售人员都会有怀疑。面对这类客户，销售人员应该怎样做？

（2）零散客户的购车动机有三种：①以车代步，方便上下班；②自驾旅行，提高生活质量；③用于商务洽谈或公务活动。试分析每种动机的消费者对汽车的消费需求。

**要求：**同教学互动1－1。

### 三、消费者购买动机与行为的关系

当消费动机转化为消费行为的时候，有些消费动机直接促成了一种消费行为，而有些动机促成了多种消费行为的实现，也有可能在多种动机的支配下才促成一种消费行为，因此动机与消费行为之间不完全是一一对应的关系。

人们在饥饿、口渴等状态下，主导动机一般只有一个，即尽快地摄取食物和水分，满足充饥与解渴的生理需要，所促成的消费行为即直接购买食品或饮料。在这种情况下，消费动机与消费行为之间一般表现为一一对应的关系。而稍微复杂一点的消费行为，动机与行为之间会出现多重关系。比如对喜爱音乐的消费者而言，由于爱好高品质音响的动机，他可能首先购买一套顶尖的音响器材，还会购买特殊的电线、专用插头、插线板等。

在消费动机向行为转化的过程中，任何影响、干扰、阻碍、限制消费动机向前发展的因素都称为消费阻力。消费阻力主要分为内、外两大部分：内部阻力是指消费者自身对动机实现的压制，比如信息太少可能产生的风险知觉以及收入水平低、购买力不足等经济原因产生的动机压抑、消费回避等心理因素；外部阻力是指商品、服务及相关因素不符合消费者的期望，或商品与服务本身假冒伪劣，消费者自我阻止了行为的发生。

对于销售人员来说，研究消费阻力如同研究消费动机一样重要，消费阻力研究与消费动机研究是紧密联系在一起的。一些主要的消费阻力见表4－3所示。

**表4－3　一些主要消费阻力**

| 内部消费阻力 | | 外部消费阻力 | |
|---|---|---|---|
| 消费信息不足 | 没有任何信息、没有消费经验、没有参照群体等 | 购买困难 | 铺货不均、物流不畅、供不应求等 |
| 风险知觉 | 支出风险、社会风险、形象风险等 | 商品质量 | 质量不稳定、质量无法检验、售后服务跟不上等 |
| 动机压抑与回避 | 动机冲突、消费回避、社会禁忌等 | 商品形象 | 商品形象低劣、形象代言人选择不当等 |
| 动机演变 | 动机发生变化、心理厌弃等 | 商品衰退 | 功能不全、式样老旧、商品进入衰退期等 |
| 个性方面 | 消极态度与偏见、原有习惯稳定、价值观不认同等 | 商品价格 | 价格过高、价格偏低等 |
| 生理性因素 | 生理性排斥、没有生理需要与基础等 | 营业环境 | 环境布置差、服务质量差、相关设置不配套等 |
| 互动因素 | 情绪波动、流行过期等 | 互动因素 | 群体规范、社会禁忌等 |
| 收入方面 | 收入过低、支出有限等 | | |

【同步案例 4－2】

## 洞察消费者的真正动机

**背景资料：**

雀巢咖啡在中国内地市场的销量远远高于麦氏咖啡，但在台湾市场麦斯威尔是第一品牌，其广告语是“好东西要和好朋友一起分享”。雀巢咖啡是如何击败麦氏咖啡的呢？

在20世纪80年代，麦氏和雀巢共同进入中国市场的时候，两家公司委托了不同公司做市场调查。麦氏委托国际公司调查的结果是，向往西方文化的知识分子才会尝试喝咖啡，因为咖啡是舶来品。于是麦氏的广告语非常文雅：“滴滴香浓，意犹未尽。”

相反，雀巢咖啡通过市场调查，明确地知道目标消费者绝不是大学教授、知识分子，因为在当时大学教授一个月的工资才100多元，而一杯雀巢咖啡的价格是20多元。并且当时发现一个特殊的现象，喝完雀巢咖啡的人都会把雀巢的罐子带到办公室当茶杯用，几个月过后罐子上雀巢的标志还会保持得非常好。本来在国外一个非常普通的品牌，在中国却变成了一个炫耀品牌，所以雀巢咖啡的广告语非常简单：“味道好极了！”雀巢咖啡炫耀其香浓诱人的味道，也洞察到消费者想炫耀高档饮品的内心想法。其实咖啡的味道并不好喝，尤其是对于以茶为主饮的中国人来说，但是它的广告语天天暗示你：“味道好极了！”天天在人脑海中进行灌输和心理暗示，习惯成自然，自然就认为雀巢咖啡的味道就是好。麦氏咖啡错失良机，没有找准目标消费者内心对咖啡品牌的真正需求是什么，只能屈居于雀巢咖啡之下。其广告语“滴滴香浓，意犹未尽”播了半年还有很多人认为是卖香油的。

（资料来源：李光斗．以谁人之心度谁人之腹．www.globrand.com/2006/14642.shtml.）

**问题：**

雀巢咖啡广告语真正的目的是什么？

**讨论分析：**

个人：每位同学认真学习本案例内容，在固定的学习本上写出你对本案例问题的看法。

小组：请同学们每4人分为一个小组，1人为组长，1人记录，在小组讨论中每个人陈述个人看法，然后小组成员共同讨论，形成小组意见，并推荐代表准备在班级交流。

提示

全班：各个小组代表在班级陈述本组观点。

教师：教师记录各组陈述观点的要点，最后做点评。

【道德研判 4－2】

**背景资料：**

某网友披露康师傅矿物质水竟是自来水灌装的，并非其广告中所声称的“选取优质水源”。随后，康师傅方面承认，其杭州生产基地所生产的矿物质水确实是城市自来水净化而成的，并添加了符合国际标准的添加剂。同时，康师傅对外称，“大家都是这样做的”。一些公关人士道出了其中的玄机：矿泉水的水源问题只是“薄薄的一层窗户纸”，康师傅知道纸包不住火，不如自己先下手为强。

**问题：**

请你从营销道德的角度分析这种行为。

**讨论分析：**

个人：每位同学根据道德研判的背景资料和问题，在固定的学习本上记下自己的分析结果。

小组：每小组6位同学，1人为组长，1人记录，小组成员都要陈述自己的观点，讨论后形成小组意见，准备在班级交流。

全班：各组派1位代表陈述本组观点。

教师：记录各组陈述要点，最后做点评。

提示

**【任务演练4-2】**

## 购买动机调研

**训练目标：**

（1）思政目标：培养同学们从身边的消费活动中践行符合社会公德的购买动机，以养成健康、合理、文明的生活消费习惯。

（2）能力目标：运用所学的消费者购买动机心理知识，分析消费者购买动机等问题。

（3）知识目标：培养同学们在小组发言、小组讨论、调研表填写、实训报告撰写中，会运用消费者购买动机心理等相关知识分析讨论问题，阐述自己的观点。

**实训内容：**

针对11种消费者购买动机（消费者群体为高职生），每一种购买动机选择一件典型商品（每组所选商品要避免雷同）。

**实训操作：**

（1）学生每4人分为一组，选定1人为负责人，1人记录，明确分工和具体责任。

（2）通过网络和图书馆查阅相关资料。

（3）每位同学都要通过走访商场销售人员，选定对应的商品名称，填入“消费者购买动机调研表”（见表4-4）。

（4）小组成员依次汇报“消费者购买动机调研表”内容，小组成员认真讨论，形成小组意见。

（5）记录员起草一份消费者购买动机调研报告（800~1000字）

**表4-4　消费者购买动机调研表**

| 购买动机分类 | 典型商品 | 说明 |
|---|---|---|
| 追求实用 | | |
| 追求廉价 | | |
| 追求新奇 | | |
| 追求美感 | | |
| 追求名望 | | |
| 追求安全、健康 | | |

续表

| 购买动机分类 | 典型商品 | 说明 |
| --- | --- | --- |
| 好胜攀比 | | |
| 模仿或从众 | | |
| 追求便利 | | |
| 满足嗜好 | | |
| 自我表现 | | |

（6）每组选一位代表在班级交流本组的调研表和调研报告，并由老师做点评。

**成果要求：**

（1）每组撰写一份消费者购买动机调研报告，报告格式各组自定。

（2）每组填写一份“消费者购买动机调研表”。

（3）根据每组同学调研表和调查报告的质量，调查中每位成员完成任务情况，评定每个同学的实训成绩。

**实训评价：**

**表4－5　消费者购买动机调研实训评价表**

| 项目 | 评价标准 | 分值 | 小组个人自评（30%） | 小组成员互评（30%） | 教师评价（40%） | 小计 |
| --- | --- | --- | --- | --- | --- | --- |
| 思政教育 | 能诚实守信、依法依规地开展调研活动，在调研活动中真诚待人，努力合作，客观真实地收集数据，高质量完成任务 | 10 | | | | |
| | 调研有计划，个人完成任务及时，小组讨论积极踊跃 | 10 | | | | |
| | 能够在消费者购买动机调研中与营销人员心平气和地沟通，调研收集资料意识强 | 10 | | | | |
| 能力提升 | 能将所学的消费者购买动机的心理知识运用到消费者购买动机调研活动中，学以致用 | 10 | | | | |
| | 根据实训要求实施调研，会运用信息化手段整理相关资料 | 10 | | | | |
| 知识应用 | 能基本理解消费者购买动机的内涵和分类等内容 | 10 | | | | |
| | 能完整陈述消费者购买动机的内涵、消费者购买动机分类等知识 | 10 | | | | |

续表

| 项目 | 评价标准 | 分值 | 小组个人自评（30%） | 小组成员互评（30%） | 教师评价（40%） | 小计 |
|---|---|---|---|---|---|---|
| 项目成果展示 | 能够独立完成调研实训任务，并能创新性地提出问题、解决问题 | 10 | | | | |
| | “消费者购买动机调研表”和调研报告内容完整，表中填写的内容比较准确，报告分析有特点 | 10 | | | | |
| | “消费者购买动机调研表”和调研报告展示形式新颖，陈述语言流畅，语速恰当，有感染力 | 10 | | | | |
| 合计 | — | 100 | | | | |

【任务学习自测题】

自测题4-2

# 任务3 认知消费者购买决策和购买行为心理

## 学习目标

思政目标：通过本任务的知识学习，开展思政互动、同步案例、道德研判和任务演练等教学活动，激发同学们学习消费者购买决策和购买行为心理，认同消费者购买决策和购买行为心理策略中应该遵循的职业道德观念，并能以正确的消费观念引导消费者理性消费。

能力目标：通过本任务的同步案例和任务演练，会对消费者购买决策和购买行为心理进行分析。

知识目标：通过本任务的知识学习，能准确陈述消费者购买决策的过程、消费者购买行为分析等陈述性知识。

知识学习

## 一、消费者购买决策的过程

决策是指为了达到某一预定目标，在两种以上备选方案中选择满意方案的过程。消费者的购买决策就是在特定的心理动机驱动下，按照一定程序发生的心理与行为活动过程。购买决策在消费者购买行为中占有极为重要的地位。首先，消费者购买决策进行与否，决定了其购买行为发生或不发生；其次，决策的内容确定了购买行为的方式、时间及地点；最后，决策的质量决定了购买行为的效用大小。因此，正确的决策会促使消费者以较少的费用、精力，在短时间内买到质价相符、称心如意的商品，最大限度地满足自身的消费需要。

### （一）消费者购买决策的内容

消费者购买决策的内容，因人、因条件及所处环境不同而不同，但所有消费者购买决策都离不开以下几个方面的内容：

1. 为什么购买

即确定购买动机。消费者的购买动机是多种多样的。同样是购买手表，有人是为了看时间，有人则是为了显示富有和身份。

2. 购买什么

即确定购买对象。这是决策的核心和首要问题。决定购买目标不只是停留在一般类别上，而是要确定具体的对象及具体的内容，包括商品的名称、品牌、款式、规格和价格等。

3. 购买多少

即确定购买数量。购买数量一般取决于实际需要、支付能力及市场供应情况。如果市场供应充足，消费者又不急于购买，则买的数量不会很多；如果市场供应紧张，即使不是目前急需或支付能力不足，也会负债购买。

4. 在哪里购买

即确定购买地点。购买地点是由多种因素决定的，如距离的远近、交通条件、可挑选的品种数量、价格以及服务等。它既和消费者的惠顾动机有关，也和消费者的求廉动机、求变动机等有关。

5. 什么时候购买

即购买时间的确定。这也是购买决策的重要内容，它与主导购买动机的迫切性有关。在消费者的多种动机中，往往由需要强度高的动机来决定购买时间的先后缓急；同时，购买时间也和市场供应状况、营业时间、交通状况和消费者可供支配的闲暇时间有关。

6. 如何购买

即确定购买方式。购买方式是现场购买还是预购或网络购物，是现金支付、微信支付、信用卡支付、开具支票，还是分期付款。

### （二）消费者购买决策的过程

消费者购买决策过程，就是消费者为实现满足需求的特定目标，在购买过程中对商品或服务进行评价、选择、判断、决定的过程。这一过程包括若干前后相继的程序或阶段，消费者购买决策的运行规律蕴涵于这些程序之中，如图 4 - 2 所示。

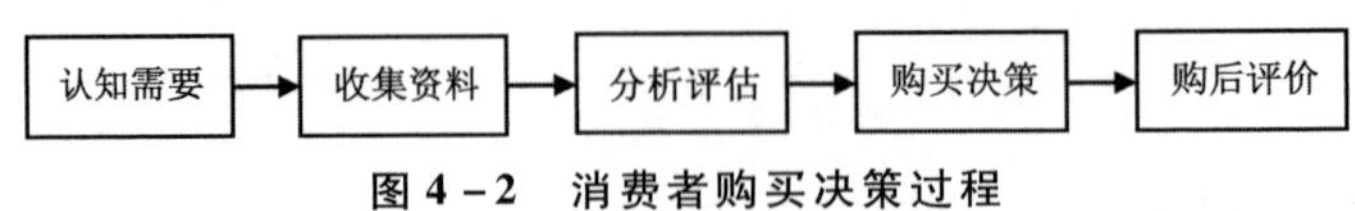

图4-2 消费者购买决策过程

1. 认知需要

消费者对某类商品的购买需要来源于消费者自身的生理或心理需要。当某种需要未得到满足时，消费者内心即产生一种不平衡感，促使消费者发现需要的所在，认知需要的内容，进而产生寻找满足需要的方法、途径的动机。引起消费者认知需要既可以来自个体内部未满足的需要，也可以来自外部环境，如广告、流行的时尚、他人的评价等。经内外刺激引起的消费者对自身需要的正确认知，为决策限定范围、明确指向，是有效决策的前提。

2. 收集资料

如果消费者的动机强烈，可供满足的产品能很方便地得到，那么他就很可能会购买该产品。在这种动机的驱使下，消费者将会广泛收集有关信息，包括能够满足需要的商品种类、规格、型号、价格、质量、维修服务、具体使用情况等。消费者信息来源途径有：社会来源，即从家庭、亲戚、朋友、同事和其他熟人以及大众媒体报道和消费者团体评价得到的信息；商业来源，即从广告、营销人员介绍、商品陈列、商品包装、商品说明书、商品展览以及DM传单等得到的信息；经验来源，以往的购买和消费经验以及通过体验和学习所获得的信息。

以上这些信息来源的相对影响，随着产品的类别和购买者特征而变化。一般说来，就某一产品而言，消费者最多的信息来源是商业来源，也即营销人员所控制的来源，而最有效的信息来源是社会来源和经验来源。

3. 分析评估

在这一阶段中，消费者将根据所掌握的信息，对选择范围内的各种品牌的商品进行评估和比较，从中选择和确定他所偏好的品牌的商品，形成购买意向。这里的主要问题是了解消费者如何评价选择范围内的各个品牌的商品以及如何选择本企业的商品。由于分析评价的标准因消费者价值观念的不同而不同，如有的人以价格低廉作为基本尺度；有的人以追求时尚作为选择标准；有的人要求外观新颖；有的人希望结实耐用；有的人追求个性化，求新求异；有的人宁可从众，与所属社会群体趋同等。因此，不同的消费者会做出不同的评价，其取舍的结果也迥然相异。但无论标准的具体内容如何不同，在形式上都可以归纳为：最大限度的满足、比较满意的标准、最小遗憾和风险最小。

**【教学互动4-3】**

**互动问题：**

(1) 如今是一个拥有丰富商品和服务的时代，顾客关心的是眼前的商品和服务可以得到什么样的效果。据调查大多数顾客希望得到两种效果，一种是“给我好心情”，另一种是“为我解决问题”。你同意这种说法吗？结合自己的购买经历分析说明。

(2) 卖场里POP的有无，确实会对销售额产生影响。某次POP调查数据显示，没有POP时，即使8折出售，销售额也没有上升，商品的优点最终没有被顾客了解。当有POP时，即使9折出售也可以达到平常2倍以上的销售额。也就是说，不仅是价格，POP信息也使顾客了解到商品价值。在卖场里，商品价签已经贴在所有商品上，那么POP应该贴在何处呢？结合你的消费信息获取习惯分析说明。

**要求：**同教学互动 1－1。

4. 购买决策

消费者对各种方案进行比较评估后，便可确定最满意的方案，做出购买决策。所谓最优方案就是花费最少、所得最多、能够最大限度地满足消费者需要的方案。但购买决策并不等于购买行为，是否产生购买行为还要受其他一些因素的影响：一是他人的态度，这取决于他人否定态度的强度、他人与消费者关系的密切程度、他人的权威性等。如丈夫选择购买计算机 A 品牌，但妻子认为应该购买价格更为低廉的 B 品牌，他可能改变主意。二是预期环境因素，消费者购买决策要受到预算收入、商品预期价格、预期服务、预期质量等因素的影响，如果这些预期条件受到一些意外因素的影响发生变化，就有可能改变其购买决策。如某人决定购买住房，但房地产市场出现价格波动，他可能会推迟购买。三是非预期环境因素，如营销人员的态度、广告促销、购买条件等，它与企业的营销手段有关。

**【道德研判 4－3】**

**背景资料：**

在网络营销中有一部分消费者选购某一种商品时，总要先看看销售排行榜，再看看顾客购买商品后的评价意见，然后再考虑是否下单购买。一些商家便联系“网络水军”，进行虚假排名、虚假评价，误导消费者购买。

**问题：**

请分析本案例中商家的行为符合营销伦理和职业道德吗？

**讨论分析：**

个人：结合已经学习的内容和收集的资料，试对本案例中的问题依据营销职业道德做出你的研判，并说明你的依据。

小组：同学们每 4 人分为一个小组进行讨论，1 人记录，形成小组意见，准备在班级交流。

全班：各小组推选 1 位代表陈述本小组观点。

教师：记录各小组陈述要点，进行点评。

提示

5. 购后评价

完成购买决策，消费者实际购买产品，并不意味着决策活动的结束。为验证自己的决策是否是最优，所得的利益是否为最大，消费者还需进行购后评价。

购后评价集中指向所购商品，评价标准也以产品效用为主要内容。评价可以由消费者个人进行，也可以征求亲友、同事的意见，观察社会反应。评价时间可以发生在买后即时，也可以在使用一段时间以后再进行评价。评价结果表现为很满意、基本满意和不满意以及很不满意等几种情况。消费者根据自己从卖主、朋友以及其他来源所获得的信息来形成产品期望，如果卖主夸大其产品的优点，消费者将会感受到不能证实的期望，这种不能证实的期望会导致消费者的不满意感。当他们感到十分不满意时，肯定不会再买这种产品，甚至有可能退货、劝阻他人购买这种产品。所以，卖主应使其产品真正体现出其可觉察性能，以便使购买者感到满意。事实上，那些有保留地宣传其产品优点的企业，反倒使消费者产生了高于期望的满意感，并树立起良好的产品形象和企业形象。

由上述决策过程可以看出，消费者购买决策是一个完整的过程，它始于购买之前，结束于购买之后。只有向消费者提供更多的详细的商品信息，加深其对企业及商品的良好印象，才能促使消费者做出购买本企业商品的决策。

#### （三）消费者心理活动对购买决策的影响

在现实购买过程中，由于购买商品的特点、用途及购买方式不同，决策的难易程度与所需经过的决策过程也有所不同。事实上，很多消费者都有减少购买决策复杂性的心理，称之为消费者决策的“单纯化”心理。例如，消费者一旦意识到家里的牙膏没有了，就会到最方便的商店去购买常用的那个品牌的牙膏，其用于购买决策的时间是很少的。但有些消费者存在着使购买活动“复杂化”的心理，他们为了购买一件商品，要反复询问、比较、选择。一般来说，日常生活用品的决策较为简单迅速，只经过个别程序即可完成；对于服装、鞋帽、家具等功能较为复杂、具有多变性的生活用品，决策相对复杂，仅可省略第二个环节；对高档耐用消费品，决策较其他决策更为复杂，通常依次经过以上过程才能完成。

**【思政互动4-3】**

技术的创新对零售商和生产商与消费者的联系方式进行了重新界定，如触摸式售货亭、智能卡、自我扫描系统、虚拟实物展示、智能代理商等。技术的进步会对人们的消费心理产生很大影响，也会产生很多新的问题。请你从营销伦理和引导消费者理性消费的角度谈谈你对零售业技术创新的看法。

### 二、消费者购买行为分析

#### （一）消费者购买行为模式

消费者购买行为，是指消费者为满足自身需要而购买商品和劳务的行为。消费者购买行为的形成过程是十分复杂的，既有共性的一面，又有差异性的一面，即由于经济条件、生活水平、社会环境等方面的差异和不同，消费者的购买行为表现出来的差异性是很大的。

心理学认为，人的行为是大脑对刺激物的反应，在这个过程中，人的心理活动支配着人的行为。消费者购买行为的一般模式如图4-3所示。

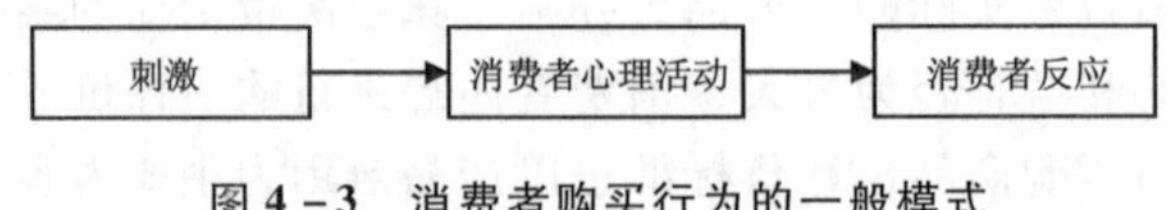


图4-3　消费者购买行为的一般模式

将这一模式应用到消费者的购买行为之中，可以发现营销要素和营销环境的刺激进入购买者的黑箱后，购买者的特征和决策过程导致了购买决策。所以，购买行为的模式即市场营销刺激与消费者反应之间关系的模式，如图4-4所示。

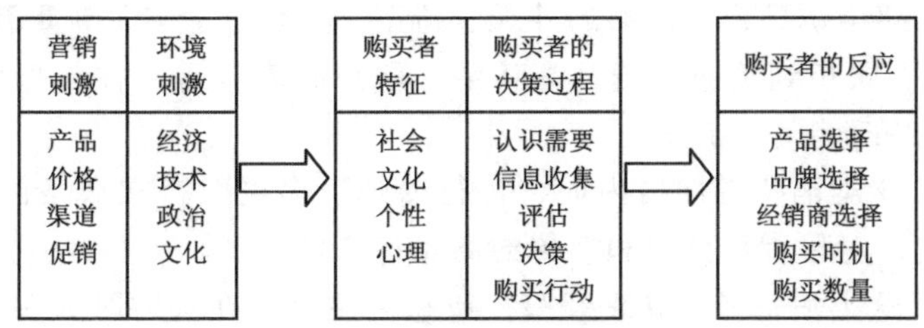


**图 4－4　消费者购买行为模式**

图 4－4 表明，所有消费者的购买行为都是由刺激引起，这种刺激既来自消费者本身的生理和心理因素，也可来自外界环境，一类是企业可控制的营销刺激，如产品、价格、渠道和促销；另一类是企业不可控制的环境刺激，包括经济、技术、政治和文化等因素的刺激。这些外界刺激，通过一定的心理过程，消费者就会做出各种反应，如产品选择、品牌选择、经销商选择、购买时间选择和购买数量选择等。外部刺激和消费者反应，往往是有形的，看得见摸得着，而消费者如何面对各种外部刺激，从而形成具有特色的某种反应，则常常难以揣摩，所以也称"消费者黑箱"。

企业的管理者和市场营销人员，必须千方百计地调查研究和了解购买者的心理反应过程，以便采取相应的对策。

**（二）消费者购买行为的类型**

在购买活动中，每个消费者的购买行为都与他人存在差异，可以分为不同的类型。通过对消费者购买行为的分类，可以从不同的侧面全面认识消费者的行为特点，这也是分析研究消费者购买心理的重要途径。

1. 按消费者购买态度与要求分类

（1）习惯型。这类消费者一般依靠过去的购买经验和消费习惯采取购买行为，他们或长期惠顾某商店，或长期使用某品牌、商标的商品。环境变化、年龄增长等都不会改变这类消费者的购买习惯。他们在购买商品时，成交果断，不受时尚流行的影响，购买行为表现出很强的目的性。

（2）理智型。这类消费者善于观察、分析、比较。他们在购买前已经广泛收集所需要商品的信息，了解市场行情，并经过慎重权衡利弊之后才做出购买决定；购买时又表现得理智慎重，不受他人及广告宣传的影响；挑选商品仔细认真、很有耐心。在整个购买过程中保持高度的自主，并始终由理智来支配行动。

（3）经济型。这类消费者对商品的价格非常敏感。以价格高低评价商品优劣的消费者往往在价格和商品质量之间追求一种均衡。一部分消费者认为价格高的商品质量高，价格越高越要买；另一部分消费者则对廉价商品感兴趣，只要价格低便认为合算，削价、优惠价、处理价的商品对这部分消费者具有极强的吸引力。因此，经济型又称"价格型"。

（4）冲动型。这类消费者对外界刺激敏感，心理反应活跃，在外界商品广告、销售人员、他人影响的刺激下，不去进行分析比较，以直观感觉为依据快速购买，新产品、时尚产品对他们的吸引力最大。

（5）感情型。这类消费者感情丰富，善于联想，因而在购买时容易受感情支配，也易受到外界环境的感染诱导，对商品的外观、造型、颜色、命名都较重视。他们购买商品时，例如，“松鹤”联想到健康长寿，“双喜”联想到幸福等，往往把商品命名、商标、图案与自己的向往和理想联系起来。

（6）疑虑型。这类消费者性格内向、言行谨慎、多疑，存在戒备的购买行为。在选择商品时顾虑重重，对售货员介绍和宣传的商品持怀疑态度。

（7）随意型。这类消费者或缺乏经验，或缺乏主见，在选购时大多表现得优柔寡断，一般都希望销售人员的提示和帮助。有的消费者在生活上不苛求、不挑剔，表现在购买行为上也比较随便。此类消费者属随意型。

2. 按消费者购买现场的情感反应分类

（1）沉静型。这类消费者感情稳定，反应沉着冷静，购买动机一经确定，就不轻易改变，购买过程中不易受广告宣传和营业员态度的影响，交易适度，但不是很随和。

（2）温顺型。这类消费者态度随和，但内心又体验深刻，能够安静地、耐心地倾听营业人员的介绍，选购商品时愿意接受营业员的推荐意见，做出购买决定比较快。

（3）活泼型。这类消费者性格活泼，善于适应各种环境，兴趣广泛，但易于变化。在购买过程中，显得健谈、活泼，挑选商品时愿意与人接近、攀谈，主动与营业员交流。

（4）反抗型。这类消费者性格倔强，感情固执，自主性强，个性心理有较高的敏感性。在实际购买过程中，主观意志较强，不喜欢听取别人的意见，对营业员的介绍怀疑、反感。

（5）傲慢型。这类消费者性格高傲，对营业员的介绍抱着一种盛气凌人的傲慢心理，在购买行为上表现出不善于思考，傲气十足，对商品和营销人员的要求有时不近情理。

3. 按消费者购买目标的选定程度分类

（1）全确定型。这类消费者在进入商店、发生购买行为之前，已有非常明确的购买目标，对所要购买的商品种类、品牌、价格、性能、规格、数量等均有具体要求，一旦商品符合需要，便毫不犹豫地买下。这类消费者不需要别人的介绍、帮助和提示，希望以最快的速度完成交易，但在实际营销活动中数量较少。

（2）半确定型。这类消费者在进入商店之前，已有大致的购买意向和目标，但是这一目标不是很具体、明确。直到购买行为实际发生时，需经过对同类商品的反复比较、选择之后，才能确定购买的具体对象。这类消费者易受他人观点的影响，成交时间长，一般需要提示或介绍，营销人员可见机参谋以坚定其购买决心。他们在消费者中为数众多，应是服务的重点对象。

（3）不确定型。这类消费者在进入商店、发生购买行为之前，没有任何明确的购买目标。茶余饭后散步或路过都可能步入商店，漫无目的地浏览观光。所见某一商品、所闻某一商品信息，都可能引发消费者需要，唤起其购买欲望。一旦有了购买目标，消费者会马上发生购买行为，但有时也可能不买任何东西。能否发生购买行为，取决于商店的内外部环境及消费者心理状态。对于这类消费者，营销人员应主动热情地服务，尽量引起他们的购买兴趣。

总之，在购买活动中，受购买时间、地点、环境、个性心理及购买对象等多方面因素的影响，不同的消费者会呈现出多种不同的购买行为类型。为此，要用动态的、差异化的观点对消费者的行为加以观察、判断，有针对性地提供适当的服务。

【同步案例 4－3】

## 购后感受

**背景资料：**

王同学星期天去服装市场购买了一件毛衫，周一一大早走进教室，同学们都眼前一亮，“哇，真漂亮”。小王心里美滋滋的，因为这件衣服价格不贵，式样、颜色又是她中意的。毛衫洗过一次后，不褪色、不变形，她就又买了一件其他款式的。在她的影响下，同宿舍的其他同学也开始感兴趣了，她成了商家义务的广告宣传员。

**问题：**

如何理解“满意的顾客是最好的广告”这句话的含义？

**讨论分析：**

个人：每位同学认真学习本案例内容，在固定的学习本上写出你对这句话含义的看法。

小组：请同学们每4人分为一个小组，1人为组长，1人记录，在小组讨论中每个人陈述个人看法，然后小组成员共同讨论，形成小组意见，并推荐代表准备在班级交流。

提示

全班：各个小组代表在班级陈述本组观点。

教师：教师记录各组陈述观点的要点，最后做点评。

【任务演练 4－3】

## 消费者购买决策的调查

**实训目标：**

（1）思政目标：培养同学们参与实训的积极态度，在深入企业调研活动中勤于观察、善于思考，及时记录，学会总结，能发现问题、解决问题。

（2）能力目标：运用所学的消费者购买决策和购买行为心理知识，分析消费者购买行为中的心理策略问题。

（3）知识目标：培养同学们在小组发言、小组讨论、实训报告撰写中，会运用消费者购买决策和购买行为心理等相关知识分析讨论问题，阐述自己的观点。

**训练内容：**

选定一件大件商品、一件日常生活用品，每件商品记录3位以上的消费者在购买现场购买商品的购买决策特点（运用观察法记录，每组应选不同的商品）。

**训练操作：**

（1）学生每4人分为一组，选定1人为组长，1人为记录员，明确成员分工和具体责任。

（2）通过在商场柜台前观察了解不同消费者购买同一商品的过程，分析其购买决策的特点。

（3）要尽可能将现场对话和情景记录下来。

（4）将记录的资料筛选、整理，小组成员共同讨论，填写“购买决策过程调研表”（见表4－6），并撰写消费者购买决策调研分析报告。

表4-6 购买决策过程调研表

| 购买决策过程 | 购买大件商品的决策内容 | 营销人员应注意什么 | 购买日常生活用品的决策内容 | 营销人员应注意什么 |
|---|---|---|---|---|
| 认知需要 | | | | |
| 收集资料 | | | | |
| 评估比较 | | | | |
| 购买决策 | | | | |
| 购后评价 | | | | |

（5）每个小组推荐一位代表在班级交流，并由老师现场点评。

**成果要求：**

（1）每组填写一份“购买决策过程调研表”。

（2）每组撰写一份消费者购买决策调研分析报告。

（3）根据每组观察记录、调研表和调研分析报告质量和在调查中的具体表现，评定每位同学的实训成绩。

**实训评价：**

表4-7 购买决策过程调研实训评价表

| 项目 | 评价标准 | 分值 | 小组个人自评（30%） | 小组成员互评（30%） | 教师评价（40%） | 小计 |
|---|---|---|---|---|---|---|
| 思政教育 | 能诚实守信、依法依规地开展消费者购买决策过程调研，在调研活动中真诚待人，积极参与，善于合作，友善沟通，纪律性强，能处理好个人与社会的关系 | 10 | | | | |
| | 能认真学习购买决策相关知识，资料整理细致 | 10 | | | | |
| | 能够虚心向其他同学学习，虚心请教问题 | 10 | | | | |
| 能力提升 | 能将所学的消费者购买决策的知识运用到购买决策的实训中，学以致用 | 10 | | | | |
| | 根据实训要求收集信息，会运用信息化手段整理分析信息 | 10 | | | | |
| 知识应用 | 能基本理解消费者购买决策过程等内容 | 10 | | | | |
| | 能完整陈述消费者购买决策等知识 | 10 | | | | |
| 项目成果展示 | 能够独立完成实训任务，完成实训任务及时、主动，并能主动提出问题、解决问题 | 10 | | | | |
| | “购买决策过程调研表”和调研报告内容完整，报告和表中分析有本组特点 | 10 | | | | |
| | “购买决策过程调研表”和调研报告展示汇报新颖，陈述语言规范流畅，语速恰当，有感染力 | 10 | | | | |
| 合计 | — | 100 | | | | |

【任务学习自测题】

自测题 4－3

## 本项目知识脉络

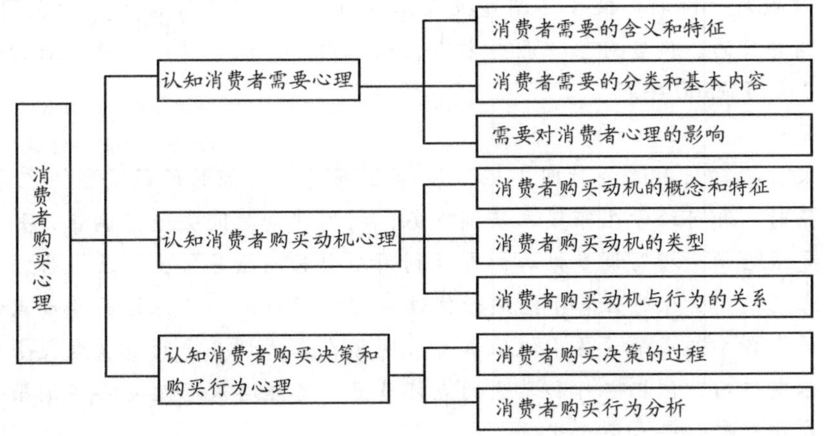


## 本项目综合实训

### 消费者需要调查

**背景与情境：**

当你学习了消费者购买心理的内容以后，已经知道了消费者需要心理、消费者购买动机心理、消费者购买决策和购买行为心理。你还很想深入实际了解一下，消费者目前在吃、穿、用、行等商品方面的需要心理、购买动机、购买决策和购买行为。请你以“00后”人群（已工作）为调查对象，调查人数不少于10人。

**实训目标：**

（1）思政目标：会运用消费者的需要心理、消费者购买动机心理、消费者购买决策和购买行为心理等专业知识与调查对象进行沟通，并能友好地与被调查人员处理调研中的相关问题，顺利完成调研任务。具有践行营销伦理和道德的意识，保守个人隐私的意识。

（2）能力目标：结合消费者购买心理等知识，具有对消费者的购买动机心理、消费者购买决策和购买行为心理等进行分析的能力。

（3）知识目标：通过对消费者购买心理实际调查，深入理解消费者的需要心理、消费者购买动机心理、消费者购买决策和购买行为等陈述性知识。

**实训步骤：**

（1）每4人一组，其中1人为组长，1人负责记录，由组长组织讨论小组成员的分工，共同讨论调研思路，按分工各负其责，随时沟通，积极配合，共同完成本实训任务。

（2）每组选择10位以上的“00后”消费者，对他们目前在吃、穿、用、行等商品方面的需要心理、购买动机、购买决策和购买行为进行调查。

（3）实际调查前要从网上、图书馆搜集“00后”消费需要心理，购买动机、购买决策和购买行为心理等相关资料。

**实训成果及要求：**

（1）每组要认真填写每一位消费者的调查表，填写一份调查汇总表（填表样式自定）。消费者调查表要能把消费者在吃、穿、用、行等商品方面的需要心理、购买动机、购买决策和购买行为展示清楚。

（2）每组撰写一份调查报告（调查报告体例自定），调查报告要详细说明调查时间、调查地点、调查目的、调查对象、调查方法、调查内容、调查结论、对企业营销的建议等内容。报告不少于1500字。

**实训时间：**

调查和报告撰写利用课余时间，班级展示2课时。实训时间的安排，在学生学习本项目内容开始时，即可给学生布置本实训任务，利用课余时间去进行调查，并积极填写调查表。调查完成后学生撰写调查报告，老师利用业余时间指导学生修改报告。在学生学习完本项目内容后，用2课时让各小组展示交流本组调研成果，其他组同学可点评，最后由老师点评并评定各小组成绩，各小组依据每位同学在本次调查中的贡献度大小评定个人成绩。经过展示交流后，依据老师和学生的点评意见，各组再次修改完善实训报告，并把修改后的报告在班级微信平台展示交流。

**实训评价：**

**表4-8　消费者需要调查实训评价表**

| 项目 | 评价标准 | 分值 | 小组个人自评（30%） | 小组成员互评（30%） | 教师评价（40%） | 小计 |
| --- | --- | --- | --- | --- | --- | --- |
| 思政教育 | 能以求真务实、依法依规的态度参与消费者需要调查实训，在实地调查中客观真实地收集、整理数据，积极参与，善于合作，友好沟通，纪律性强，能处理好个人与社会的关系 | 10 | | | | |
| | 调查过程中表现出细致、严谨的工作作风，能主动提出关于完善消费者需要调查的相关问题 | 10 | | | | |
| | 在消费者需要调查中具有保护个人隐私的意识 | 10 | | | | |
| 能力提升 | 能将所学的消费者群体与消费者购买心理等知识运用到实训调查中，学以致用 | 10 | | | | |
| | 结合实际运用消费者群体与消费心理、消费者需要心理、购买动机、购买决策和购买行为等相关知识，提升对消费者需要调查表内容进行汇总、分析的能力 | 10 | | | | |

续表

| 项目 | 评价标准 | 分值 | 小组个人自评（30%） | 小组成员互评（30%） | 教师评价（40%） | 小计 |
|---|---|---|---|---|---|---|
| 知识应用 | 在小组讨论中能准确陈述消费者需要心理、购买动机、购买决策和购买行为等相关知识 | 10 | | | | |
| | 在班级陈述中能正确运用消费者需要心理、购买动机、购买决策和购买行为知识陈述本组观点 | 10 | | | | |
| 项目成果展示 | 能够独立完成调查任务，在调查中能主动提出问题、解决问题 | 10 | | | | |
| | “消费者需要调查表”和消费者需要调查报告结构新颖，撰写规范，观点正确 | 10 | | | | |
| | 消费者需要调查实训成果汇报形式新颖，语言流畅，语速恰当，有感染力 | 10 | | | | |
| 合计 | — | 100 | | | | |

项目五 PPT

项目五教案

# 项目五
# 消费者群体与消费心理

导入案例

### “90后”消费特征

（1）消费的冲动性。独生子女的优势+市场经济的影响+商业媒体的宣传，使得“90后”的消费欲望远远大于他们的消费能力。“90后”在良好收入预期的前提下以及并不沉重的经济压力下敢于透支未来，在花样繁多的产品刺激下更易于冲动消费。他们的消费准则并不一定有明确目的和实用意义，而更基于主观的爱好。他们更重视情感的满足，即消费行为带来的便利、舒适和品牌效应形成的虚荣心理，产品的功能价值倒在其次。他们更侧重于“感官型消费”：吃要美味，即使没有营养；穿要名牌，即使衣不遮体；玩要高档，即使充满危险。名牌不等于首选，便宜也不会动心，贵贱全没概念，他们买单的唯一标准就是“喜欢”。在他们眼里，所有名牌只有两种：“我喜欢的”和“我不喜欢的”，需要+喜欢成为他们最主要的消费冲动。

（2）消费的炫耀性。“90后”明显属于自我表现的需要和追求新奇的需要这两类消费者。“90后”对新生事物接受能力强，喜欢追随时尚、新鲜、前沿的消费潮流，看重产品的夸耀性、符号性，许多产品本身的核心功能反而成了次要因素。他们喜欢个性化、独一无二的产品。人无我有、人有我优、人优我异，成为他们选择商品的标准。产品的外观特性与广告魅力促使“90后”完成新产品与服务选择，外观取向构成他们消费的基本特点。根据一项对“90后”和他们的父母“买东西时最看重的因素”的调查，孩子们更看重款式（占49.1%），父母们更看重质量（57.9%）。对款式的强烈要求，正表明了“90后”消费的炫耀性特征。这种炫耀性不在于与富豪们的财富对比，而在于对自己品位的展示，在于对自己不甘落后于时尚潮流的追求能力。

（3）消费的搜索指导性。“90后”在海量广告的浸泡中长大，遭受产品和各式信息的缠绕，但是他们更相信自己的感觉和判断，同时也擅用搜索工具寻找答案。博客、MSN、Google搜索等非传统信息交流方式，几乎成为“90后”对某种产品、品牌最权威的消费指导。“90后”更倾向于购买广受好评的产品，在购买产品之前一般会在网络上搜索与产品相关的信息，对于产品和商家的负面信息更为敏感。如果圈子里的人（如同学、网络社区成员、QQ好友等）推荐某种产品，即使价格上不划算，“90后”也可能购买。如果大家普遍对某种产品缺乏好感，即使性价比很优，“90后”也可能不买。

（资料来源：圆圆，张巧丽．“80后”消费特征与营销对策［J］．管理学家，2007（11）．）

人是社会化的人，是某一群体中的人，任何人不仅不能脱离社会群体而存在，而且在社会群体中受各种各样的影响，比如参照群体、家庭、社会阶层、不同年龄、不同性别的群体等，从而形成了不同的消费心理和行为。群体如何对消费者的行为产生影响，不同消费群体各有什么样的行为特点，本章将就这些内容展开论述。

# 任务1　了解消费者群体心理

## 学习目标

思政目标：通过本任务的知识学习，开展思政互动、同步案例、道德研判和任务演练等教学活动，激发同学们学习消费者群体心理，喜欢探讨消费者群体心理，并能以正确的群体消费心理引导消费者合理消费。

能力目标：通过本任务的同步案例和任务演练等活动，培养同学们分析群体对消费心理的影响、决定群体影响力的因素的基本能力。

知识目标：通过本任务的知识学习，能够陈述消费者群体、群体对消费者心理的影响、决定群体影响力的因素等陈述性知识。

## 知识学习

### 一、消费者群体的概念和类型

#### （一）群体的概念和特征

群体或社会群体是指两人或两人以上社会成员在长期社会交往过程中，在相互作用与相互依存的基础上形成的集合体。群体的规模可以比较大，如几十人组成的班级，也可以比较小，如经常一起逛街购物的两个好朋友。群体人员之间一般有较经常的接触和互动，从而能够互相影响。

社会成员构成一个群体，应具备以下基本条件和特征：

（1）群体成员要以一定的纽带联系起来。如以血缘为纽带组成了家庭，以地缘为纽带组成了邻里群体，以业缘为纽带组成了职业群体等。

（2）群体成员之间有共同目标和持续的相互交往。如在电影院里的观众、在车站排队上车的一群人都不能构成群体，因为他们是偶然和临时性地聚集在一起，缺乏持续的相互交往。

（3）群体成员有共同的群体意识和规范，用以调节和监督。从消费者心理角度分析，研究群体影响至关重要。首先，群体成员在接触活动和互动过程中，通过心理和行为的相互影响与学习，会产生一些共同的信念、态度和规范，他们对消费者的行为将产生潜移默化的影响。其次，群体规范和压力会促使消费者自觉或不自觉地与群体的期待保持一致，即使是那些个人主义色彩很重、独立性很强的人，也无法摆脱群体的影响。最后，很多产品的购买和消费是与群体的存在和发展密不可分的。比如，某人加入某一群体，不仅要参加该群体的活动，还要购买与该群体形象相一致的产品。

### （二）消费者群体的形成和类型

消费者群体的概念是从社会群体的概念中引申而来的。消费者群体是指具有某些共同消费特征的消费者所组成的群体。消费者群体的共同特征，包括消费者的收入、职业、年龄、性别、居住分布、消费习惯、消费爱好、购买选择、品牌忠诚等因素。同一消费者群体在消费心理、消费行为、消费习惯等方面具有明显的共同之处。

1. 消费者群体的形成

消费者群体的形成是内在因素与外在因素共同作用的结果。

（1）内在因素。内在因素主要有性别、年龄、性格、生活方式、兴趣爱好等生理、心理方面的特质。由于具有某种相同的心理特质，消费者之间容易建立彼此的社会角色认同感和群体归属感，容易形成共同的生活目标和消费意向，能够保持比较经常的互动联系，并产生行为动机的一致性，即所谓的“物以类聚，人以群分”。例如，由于年龄的差异，形成了儿童消费者群体、青年消费者群体、老年消费者群体；由于性别的差异，形成了男性消费者群体、女性消费者群体等。

（2）外在因素。外在因素主要包括地理位置、气候条件等自然环境以及生产力发展水平、生活环境、文化背景、宗教信仰、民族等社会文化方面。外在因素一般会通过内在因素对消费者施加影响。例如，不同职业的消费者，由于劳动环境、工作性质、工作内容和能力素质不同，心理特点也有差异，这种差异必然要反映到消费习惯、购买行为上来，所以形成了以职业划分的工人消费者群体、农民消费者群体、教师消费者群体等。

2. 消费者群体的分类

从不同的角度，消费者群体基本可以分为以下几种类型。

（1）正式群体和非正式群体。正式群体，是指以确定的加入程序方可取得成员资格的群体，有固定的组织形式、明确的组织结构、完备的组织章程、经常性的群体活动等，成员的角色与地位、权利与义务，都是明显界定的。如商场的会员、银行的 VIP 会员等。

非正式群体，是指那些无正式规定的、自发产生的、结构松散的，一般为完成某项临时性任务，或兴趣相同的人组成的群体。如旅游团、参观团、采摘团，以某种共同的兴趣爱好所组成的协会或不固定的组织等。

（2）自觉群体和回避群体。自觉群体，是指消费者按年龄、性别、民族、职业等因素自动划分的群体。这类群体在生活中并非客观存在，往往是为了统计或分析的需要而划分的，但它对消费者有很大的影响，个人会意识到同类群体的特征，约束自己的消费行为，以达到心理上的趋同。如“老三届”群体、“80后”或“90 后”群体等。自觉群体对增强消费者的趋同心理和从众心理具有明显的影响，能够促成消费者行为的统一化和规范化。

回避群体，是指消费者极力避免归属的、认为与自己不相符的群体，有两种情形：第一种是虽拥有群体成员的资格，但因不同意群体的价值观的行为标准，从而表现出与群体消费行为的偏离；第二种是不具有群体成员的资格，也不同意群体的行为标准和价值观，从而极力排斥群体对自己的影响。消费者对于回避群体的消费行为持反对态度，且极力排斥其对自身的影响。

（3）所属群体与参照群体。所属群体，是指一个人实际参加或归属的群体。这种群体既可以是正式群体，也可以是非正式群体。所属群体对消费者的影响是直接的、显现的和稳定的。例如60岁以上的人，无论其自身的心理状态如何，年龄因素使其成为老年人群体中的一员。在现实生活中，家庭是最基本、最重要的所属群体，学校、工厂、机关等均是重要的所属群体。

参照群体，是指消费者做出购买决策时的比较群体，或是个人心理向往的群体，也称渴望群体。参照群体的标准和规范会成为消费者的行动指南或努力达到的目标，对消费者的行为具有很强的示范作用，使其产生模仿行为。

（4）首要群体与次要群体。首要群体，也称主要群体或主导群体，是指由关系极为密切的消费者组成的群体。首要群体对其成员的消费心理和消费行为都有十分重要的制约作用。如家庭、亲戚朋友、单位同事等就属于首要群体。

次要群体，也称次级群体或辅助群体，是指对成员的消费心理和消费行为影响相对较小的群体，通常是由具有某种共同兴趣、需要或追求的消费者组合而成的。

## 二、群体对消费者心理的影响

### （一）为消费者展示新的行为和可供选择的消费方式

消费者个人总是生活在一定的群体之中，与众多的群体成员在一起生活，随时传递各种信息，进行相互沟通与交往，必然会产生一种相互感染、相互影响的集体心理现象。集体心理现象的存在就会使每个成员趋向于某种共同的追求和目标，形成具有群体特征的生活方式。既然是群体所认可的生活方式，该群体成员一般会自觉遵守，并且对新加入成员具有明确的示范作用。

### （二）可引起消费者的模仿欲望，影响消费态度

具有较强影响力的消费者群体或消费者自我归属意识十分强烈的消费者群体，会对其成员的消费态度与习惯起诱导作用。以作为某群体成员而自豪的消费者，都愿意按群体的消费习惯做事，以表明自己作为某群体成员的特征。

### （三）促使成员购买行为的一致化

共同的心理特征必然产生行为的一致化。作为某个群体的成员，消费者在大多数情况下都会自觉采取与群体成员一致的消费行为。这是由于不同的群体有不同的内部规范，消费者对商品的评价、选择、购买、使用都会受到群体内大多数成员的影响。尽管随着社会经济的发展，消费者的行为正向着个性化、独特化发展，但群体成员消费行为的趋同仍然表现得十分普遍。

**【道德研判5-1】**

**背景资料：**

一些青年女性购买化妆品之前，会从网络上搜索相关信息。如果一个产品最近网上宣传很火，而且发现很多网红都在用，大家评论都很好用，她们不管适不适合自己的肤质便会去购买。

**问题：**

请你从营销职业道德角度分析这类产品迅速蹿红的事件，并分析这是一种什么消费心理。

**讨论分析：**

个人：每位同学根据道德研判的背景资料和问题，在固定的学习本上记下自己的分析

结果。

小组：每小组6位同学，1人为组长，1人记录，小组成员都要陈述自己的观点，讨论后形成小组意见，准备在班级交流。

全班：各组派1位代表陈述本组观点。

教师：记录各组陈述要点，最后做点评。

提示

### 三、决定群体影响力的因素

尽管群体对消费者有重要的影响，但不会对消费者所有的行为都产生影响，而且不同消费者受相关群体的影响程度也是不同的。群体对消费者影响程度的大小主要取决于以下因素：

#### （一）商品的特性

对不同商品，群体对消费者选择品牌和品种的影响力不同。这种不同的影响与商品的两种属性有关：一是商品的必需程度，商品的必需程度越低，参照群体的影响越大，反之亦然。比如，对于食品、日常生活必需品，消费者比较熟悉，而且很多情况下已经形成了习惯性购买，此时群体的影响相对较小。相反，对于非必需品或奢侈品，如高档汽车、时装等产品，购买时受群体的影响较大。二是他人对这种产品的认知程度，即这种商品是公众的还是私人的。商品的公众性越强，使用时的可见性越高，群体的影响力就越大。

#### （二）消费者对群体的忠诚程度

个体对群体越忠诚，他就越可能遵守群体的规范。比如，当某人参加一个渴望群体的晚宴时，在衣服的选择上，他可能更多地考虑群体的希望，而参加无关紧要的群体晚宴时，这种考虑可能就少得多。

#### （三）群体特征

群体特征包括群体的权威性、合法性、强制性、回报性等。通常情况下，规模较大的、正式的、长期的群体权威性较强，群体的影响力较大。

**【思政互动5-1】**

追求时尚是人生来的权利，艺术的汇入也确实在为时尚赋能。但在这一股股消费热浪中，我们也该冷静下来思考：当我们消费时，我们到底想买什么？请你从营销道德和引导消费者群体合理消费的角度提出你的建议。

#### （四）消费者的个体特征

消费者个人由于生活经历、知识经验等方面的差异性，其在群体中的地位便有所不同，其对群体规范的认识与遵从程度也会表现出差异性。一般而言，性格外向的、依赖性强的、缺乏自信心的、领导能力弱的消费者，越容易受群体的影响和制约。

【同步案例5-1】

**群体影响消费者的购买**

**背景资料：**

研究显示，十几岁的青年人群是最容易受到他们的朋友影响的，此时他们的朋友就是参照群体，他们对新生和流行事物都有从众心理，在某些消费品上，如服装、化妆品、饮料等，朋友的意见将对消费者的购买决策起着决定性的作用。不同年龄段的消费者的参考群体不同，对参照群体的参照度也不同，如白领对奢侈品；不同消费者所处的人生阶段不同，所接触的参照群体也不同，如准妈妈。

**问题：**

请问这是为什么？

**讨论分析：**

个人：每位同学认真学习本案例内容，在固定的学习本上写出你对本案例问题的看法。

小组：请同学们每4人分为一个小组，1人为组长，1人记录，在小组讨论中每个人陈述个人看法，然后小组成员共同讨论，形成小组意见，并推荐代表准备在班级交流。

提示

全班：各个小组代表在班级陈述本组观点。

教师：教师记录各组陈述观点的要点，最后做点评。

【任务演练5-1】

**群体对消费者购买心理影响调查分析**

**实训目标：**

（1）思政目标：通过对群体对消费者购买心理调研实训，培养同学们诚实守信，客观公道地参与调研，调研态度端正，积极合作，共同完成调研任务。

（2）能力目标：运用所学的消费者群体心理知识，能比较准确地填写群体对消费者心理影响分析表中的问题，能按规范撰写购买决策分析报告。

（3）知识目标：培养同学们在小组发言、小组讨论、群体对消费者心理影响分析表填写和报告撰写中，会运用消费者群体心理等相关知识分析讨论问题，阐述自己的观点。

**训练内容：**

以你自己和你们家庭购买一件价值1000元以上商品的购买行为为例，分析群体对消费者心理的影响；或者以邻居、亲戚家购买一件价值昂贵的商品行为为例。

**训练操作：**

（1）学生个人独立完成实训任务。

（2）明确自己和家庭购买的具体产品，认真分析本次购买群体对你和你们家庭成员心理的影响。

（3）将分析的结果按表5-1的要求进行填写。

表5-1　群体对消费者购买心理影响分析表

| | 所属群体 | 参照群体 |
|---|---|---|
| 自己购买商品（服务） | | |
| 群体影响分析 | | |
| 家庭购买商品（服务） | | |
| 群体影响分析 | | |

（4）每组推荐一位同学将分析表和调研报告在班级交流（个人独立完成），并由老师点评。

（5）所有同学的分析表和报告上传到微信平台。

**成果要求：**

（1）每人填写一份"群体对消费者购买心理影响分析表"。

（2）每位同学撰写一份群体对消费者购买心理影响分析报告。

**实训评价：**

表5-2　群体对消费者购买心理影响分析实训评价表

| 项目 | 评价标准 | 分值 | 小组个人自评（30%） | 小组成员互评（30%） | 教师评价（40%） | 小计 |
|---|---|---|---|---|---|---|
| 思政教育 | 能诚实守信、客观公正地参与群体对消费者购买行为影响调研，态度端正，善于合作，积极性高 | 10 | | | | |
| | 能够虚心向其他同学学习，虚心请教讨论问题 | 10 | | | | |
| | 能认真学习消费者群体心理相关知识，认真细致地整理资料 | 10 | | | | |
| 能力提升 | 能将所学的消费者群体心理的知识运用到群体对消费者购买心理影响分析中，学以致用 | 10 | | | | |
| | 根据实训要求整理资料，会运用信息化手段整理汇总资料 | 10 | | | | |
| 知识应用 | 能基本理解消费者群体内涵、群体对消费者心理的影响等内容 | 10 | | | | |
| | 能完整陈述消费者群体内涵、群体对消费者心理的影响等知识 | 10 | | | | |
| 项目成果展示 | 能够独立完成实训任务，完成实训任务及时、主动，并能主动提出问题、解决问题 | 10 | | | | |
| | "群体对消费者购买心理影响分析表"和调研报告结构完整，所述观点正确 | 10 | | | | |
| | "群体对消费者购买心理影响分析表"和调研报告展示形式新颖，陈述语言流畅，有感染力 | 10 | | | | |
| 合计 | — | 100 | | | | |

【任务学习自测题】

自测题 5－1

# 任务 2 了解家庭与消费心理

## 学习目标

思政目标：通过本任务的知识学习，开展思政互动、同步案例、道德研判和任务演练等教学活动，激发同学们了解家庭与消费心理知识与技能的积极性，能用营销职业道德观念，正确地引导家庭科学消费，合理消费。

能力目标：通过本任务的同步案例和任务演练，具有对家庭生命周期与消费心理、家庭购买决策与消费心理等进行分析的基本能力。

知识目标：通过本任务的知识学习，能准确陈述家庭结构和家庭消费的基本特征、家庭生命周期与消费心理、家庭购买决策与消费心理等陈述性知识。

## 知识学习

家庭是指以婚姻关系、血缘关系或有继承关系的成员为基础组成的一种社会生活组织或基本的社会单位。家庭是消费者参与的第一个社会群体，家庭是社会生活的细胞，也是消费的基本单位，父母、子女是家庭的最基本成员。人的一生大多是在家庭中度过的，家庭对个体性格和价值观的形成，对个体的需要与决策都会产生重要的影响。

### 一、家庭结构和家庭消费的基本特征

#### （一）家庭结构

家庭结构大致有这样几种：一是主干家庭，即已婚夫妇与子女、父母组成的家庭，小型的为两代或三代同堂，大型的也有四代或多代同堂，这是我国传统的家庭组成形式；二是核心家庭，即已婚夫妇与子女同住的家庭，这是一种典型的为现代社会所普遍接受的家庭类型；三是单身家庭，即一个人独立生活的家庭；四是单亲家庭，即父母一方加子女组成的家庭；五是丁克家庭，即高收入、无子女的夫妇组成的家庭等。

目前，我国家庭结构具有两个显著的特点：一是家庭规模趋于小型化，“三口之家”的家庭模式十分普遍；二是具有现代社会特色的丁克家庭、单亲家庭、单身家庭等所占的比例在逐步提高。这些不同的家庭结构，会对家庭的购买行为产生深刻的影响。

#### （二）家庭消费的基本特征

1. 广泛性

在人们购买的商品中，绝大多数都与家庭生活有关，家庭消费几乎涉及生活消费品的

各个方面，如从最常见的日用品到高档耐用的消费品（家电、轿车等），都是以家庭为中心进行购买的。

2. 阶段性

现代家庭呈现着明显的发展阶段性，大致可划分为单身阶段、新婚阶段、少子女阶段、多子女阶段、子女成年阶段、老年阶段等不同的时期。处于不同发展阶段的家庭在消费活动方面存在明显的差异，并且表现出一定的规律性。

3. 稳定性

家庭消费的稳定性是指我国大多数家庭的收入一般是相对固定的，而用于日常消费支出及其他各项支出间的比例关系也是相对稳定、均衡的。同时，我国传统道德观念使大多数家庭能够维系一种紧密、融洽、安定的家庭婚姻关系，社会政治、经济、法律等环境都促成家庭关系的稳定，也促成家庭消费的相对稳定。

4. 传承性

由于每一个家庭都可以归属于不同的群体和社会阶层，具有不同的价值观念，并受一定经济条件的制约，因此形成了不同的家庭消费特色、消费习惯和消费观念等。这些具有家庭特色的消费习惯和观念，对家庭成员的日常消费行为具有潜移默化的影响。如当子女脱离原有家庭并组建自己的家庭时，必然带有原有家庭消费特征的某些痕迹。

## 二、家庭生命周期与消费心理

家庭生命周期是指一个以家长为代表的家庭，按年龄、婚姻和子女状况划分的家庭发展阶段。一个家庭一般要经历以下七个阶段，在不同的阶段，家庭购买力、家庭人员的消费心理和对商品的兴趣与偏好也会有较大的差别。

### （一）单身阶段

年轻，单身，几乎没有经济负担，是新消费观念的带头人，是娱乐导向型购买者。这一阶段的消费者通常收入不高，但由于没有什么经济负担，因此对其消费支出具有高度的自主性，消费心理多以自我为中心。收入的大部分被用于支付房租、日常生活支出、购买个人护理用品与基本的家用器具以及用于交通、娱乐和约会交友的支出。这一群体比较关心时尚，崇尚娱乐和休闲，消费内容有着明显的娱乐导向。

### （二）新婚阶段

年轻夫妻，无子女，经济上一般比较独立，无过重的家庭负担，购买力强。一般家庭组建之初会有大规模的突击性消费，如购置住房、室内装修，购买成套家具、家用电器、室内用品等，因而对耐用品、大件商品、高档服装等的欲望、要求强烈。

### （三）少子女阶段

年轻夫妻，有6岁以下子女，家庭用品购买的高峰期。不满足现有的经济状况，注重储蓄，购买较多的儿童用品。在这一时期，家庭消费多是以子女的一般生活费用、教育、保健费用为主，教育投资的比重逐年加大。夫妻对自身消费表现出务实的消费心理。围绕孩子产生的消费较多，而家长的消费水平由于经济原因往往很难提高，有时甚至下降。

**【道德研判5-2】**

**背景资料：**

目前，在餐饮行业外卖很流行，特别是一些年轻夫妻，早饭在快食店吃，中午叫外卖，有时候晚上还要叫外卖，就连周六周日也要叫外卖，家里几岁的孩子也是一起吃外卖。

**问题：**

你认为这样的家庭饮食消费是一种什么样的消费心理？从市场营销道德角度看，如果你是一名餐饮营销人员，会给这样的家庭主人提哪些建议？

**讨论分析：**

个人：每位同学根据道德研判的背景资料和问题，在固定的学习本上记下自己的分析结果。

小组：每小组6位同学，1人为组长，1人记录，小组成员都要陈述自己的观点，讨论后形成小组意见，准备在班级交流。

提示

全班：各组派1位代表陈述本组观点。

教师：记录各组陈述要点，最后做点评。

**（四）多子女阶段**

年轻夫妻，有6岁以上未成年子女，经济状况较好。购买趋向理智型，受广告及其他市场营销刺激的影响相对减少。注重子女的教育投资及档次较高的商品的消费，主要以培养子女未来的自主生活能力为主，父母开始为子女的预期消费做更充分的准备，如婚嫁、出国深造等。这一时期家庭消费开始逐步由比较紧张转向宽松，家庭日常消费最突出的是求实心理，而预防性储蓄意识的增强是这一时期最明显的特点。

**（五）子女成年阶段**

年长的夫妇与尚未独立的成年子女同住。经济状况仍然较好，妻子或子女皆有工作，已届中年务实的父母也基本上事业有成，收入颇丰，总体消费水平很高，注重储蓄，购买冷静、理智。家庭消费主要用于两个方面：一是满足整个家庭成员的消费需要；二是为子女结婚而进行的家庭储蓄。

**（六）老年阶段**

这一阶段，子女均已建立了自己的小家庭，开始独立生活，夫妻也已近老年。这时的家庭经济状况一般较好，其消费观念往往表现为两种类型：一类是继续以子女甚至下一代为消费的着眼点，但实际支出比例大为下降；另一类则基本上与子女无过多经济来往，较为重视自身的存在价值，消费也趋向以营养、保健、舒适为主，注重健康导向，对自我教育方面的消费也很感兴趣，更多地体现自我的消费情趣。随着人口老龄化的加剧，老年家庭将急剧增加，他们对社会服务的消费需求也将大为增加。

**（七）鳏寡阶段**

单身老人独居家庭，单身老人的生活方式会发生新的变化，消费内容单一，观念保守，消费多用于保健、医疗、劳务方面，特别注重情感等需要及安全保障。

## 三、家庭购买决策与消费心理

### （一）家庭消费角色分工

每个家庭成员在家庭消费中扮演的角色是不同的，因而所起的作用也不同。一般来说，家庭成员在购买过程中扮演的角色可以分为以下五种。

1. 倡议者

即首先倡导或提出购买某一商品或服务的家庭成员。

2. 影响者

即对最终购买决策有直接或间接影响的家庭成员。

3. 决策者

即最终决定是否买、为何买、如何买、买什么、买多少、在哪里买的家庭成员。

4. 购买者

即实际实施采购的家庭成员。

5. 使用者

即实际使用或消费商品的家庭成员。

这种角色的分工是典型理论意义上的划分，它对于分析家庭消费行为与心理，并从中找出规律以及对企业的营销都十分重要。但在实际生活中，某一家庭成员既可以是某一角色的“扮演者”，又可以是两个、三个甚至是全面角色的“扮演者”。例如，某家庭中夫妻二人共同商议决定，并亲自去挑选和购买一台电视，这一行为得到家庭全体成员的支持，那么全体成员都是电视的使用者。

**（二）家庭购买决策类型**

在对家庭购买决策的关注中，要了解对于不同产品的购买，家庭决策以什么样的方式做出，谁在家庭决策中发挥最大的影响力。一般情况下，家庭决策的类型有四种。

1. 丈夫决策型

家庭主要商品的购买决策由丈夫做出。这种家庭的特点是旧的传统观念较强，文化水平较低，家庭的主要经济来源以丈夫为主。这在目前有的农村地区还比较普遍，是中国较为传统的家庭决策类型。

2. 妻子决策型

家庭中主要商品的购买决策由妻子做出。其原因较为复杂，一是丈夫忙于工作和事业，无暇顾及商品的购买；二是家庭的收入很高，消费支出的决策已不再是家庭生活的主要话题；三是妻子精明能干，有丰富的购买经验和较强的决策能力。妇女的社会地位提高、收入增加、在家庭中的地位上升，也是妻子决策型产生的重要原因。

3. 共同决策型

家庭的购买决策由夫妻双方共同商定。这种家庭夫妻双方关系融洽，都有经济收入，有良好的教育基础，思想开放，家庭中有良好的沟通环境。这类家庭的购买决策较为慎重而全面，属理智型购买。随着社会的进步，教育水平的提高，这种类型的决策形式将成为购买决策的主要形式。

4. 各自做主型

家庭中的每个成员都有权相对独立地做出有关商品的购买决策。这种家庭多属于开放型，一般文化层次较高，收入较为宽裕，在购买中的自主性和随意性较强，或者常见于不太重要的购买活动中。

**（三）影响家庭购买决策的因素**

1. 家庭购买力

一般情况下，家庭购买力越强，共同决策的观念越淡漠，一个成员的决策更容易为家庭其他成员所接受；反之，购买力弱的家庭，其购买决策往往由家庭成员共同参与制定。

【思政互动 5－2】

“社会上有一部分家庭经济收入一般，但是消费欲望很高：服饰要名牌，吃东西要最贵的。你作为一名营销人员，从营销道德和引导消费者合理消费的角度分析，他们这种做法合理吗？谈谈你的看法。

2. 家庭的民主气氛

民主气氛浓厚的家庭，其成员经常共同参与决策；在专制的家庭中，往往由其中的一人专断。

3. 家庭分工

家庭成员分工有粗有细，如丈夫负责买米、买电器、日用五金等，妻子负责买菜、买衣服及纺织品等，而购买其他相关商品的决策则视其家庭成员分工而定。

4. 所购商品价值的大小

购买价值较低的生活用品时，无须进行家庭决策，各自做主；购买高档耐用消费品或购买对全家具有重要意义、涉及全家人利益的物品时，多数情况由家庭成员协商确定。

5. 所购商品风险的大小

购买那些家庭成员比较陌生、缺乏足够的市场信息、没有充足把握的风险较大的商品时，家庭成员共同决策的情况较多，风险小的商品则较多地依靠自主决策。

【同步案例 5－2】

### 家庭消费，女性当家做主

**背景资料：**

有人把女性称为“消费的动物”。一项全国性的网上调查结果，给这种说法提供了一定的根据。调查结果显示，不管女性的社会地位如何，在家庭消费上女性可谓绝对地当家做主。网上调查显示：在家庭消费中，女性完全掌握支配权的占 51.6%，与家人协商做一半“主”的占 44.5%，二者合计达 96.1%，女性不做主的仅为 3.9%。调查还显示，女性个人的消费支出主要集中在化妆、服装、生活日用品等方面。

根据这项调查，女性除了自身的消费外，父母、子女、丈夫等家人生活需求也大多由她们来安排，她们为家人购买的商品主要是保健用品、玩具、书籍和衣物。女性在购物时，首先考虑的是实用，其次为价格、品位和品牌。

在 2000 多名参与调查的女性中，年龄在 18～40 岁的占多数，其中崇尚“能挣会花”观念的占 36%，讲求“花钱要有计划”的为 39.5%，表示随时消费的占 21% 以上。

**问题：**

当代家庭消费中，女性当家对商家有什么启示？

**讨论分析：**

个人：每位同学结合本案例内容认真思考，把自己思考的结果写在固定的学习本上。

提示

小组：请同学们每4人为一个小组，1人为组长，1人记录，在小组讨论中每个人陈述个人对女性当家对商家影响的看法，也可结合自己的家庭实际谈自己的看法。然后小组成员共同讨论，完善看法，并推荐一名代表准备在班级交流。

全班：每个小组推荐一位同学在班级陈述本人观点。

教师：教师记录各位同学陈述观点的要点，最后做点评。

**【任务演练5－2】**

## 家庭购买决策过程调研分析

**实训目标：**

（1）思政目标：学生通过参加家庭购买决策过程的调研实训，培养同学们诚实公道地参与调研，了解家庭购买决策过程，理解家庭成员角色和责任。

（2）能力目标：运用所学的家庭与消费者心理知识，能较准确地填写“家庭消费角色分工分析表”（见表5－3）中的问题，撰写调研分析报告。

（3）知识目标：培养同学们在小组发言、小组讨论、“家庭消费角色分工分析表”填写和撰写调研分析报告中，会运用家庭与消费心理等相关知识分析讨论问题，阐述自己的观点。

**训练内容：**

以你们家庭购买大件（价值2000元以上）商品和金额较大的服务行为为例，对家庭消费角色分工进行分析。

**训练操作：**

（1）学生每人结合自己家庭的购买决策情况完成实训任务。

（2）根据家庭购买商品和服务的购买决策情况进行总结分析。

（3）将分析结果按家庭消费者分工，家庭成员在购买该商品和服务中扮演的角色、整个决策过程和决策行为，整理分析材料。

**表5－3　家庭消费角色分工分析表**

| 家庭消费角色 | 购买商品时的角色 | 对营销工作的启示 | 购买服务时的角色 | 对营销工作的启示 |
| --- | --- | --- | --- | --- |
| 倡议者 | | | | |
| 影响者 | | | | |
| 决策者 | | | | |
| 购买者 | | | | |
| 使用者 | | | | |

**成果要求：**

（1）每人填写一份“家庭消费角色分工分析表”。

（2）每人撰写一份家庭消费角色分工分析报告（1000～1200字）。

（3）老师根据学生填写的分析表和撰写的报告质量评定其实训成绩。

## 实训评价：

表 5－4　　家庭消费角色分工分析评价表

| 项目 | 评价标准 | 分值 | 小组个人自评（30%） | 小组成员互评（30%） | 教师评价（40%） | 小计 |
|---|---|---|---|---|---|---|
| 思政教育 | 能诚实守信地调研家庭购买决策过程，在调研活动中客观真实地整理资料，高质量完成调研任务 | 10 | | | | |
| | 能够虚心向其他同学学习，虚心请教问题 | 10 | | | | |
| | 能认真学习家庭与消费心理相关知识，认真细致地整理资料 | 10 | | | | |
| 能力提升 | 能将所学的家庭与消费心理的知识运用到家庭消费角色分工分析中，学以致用 | 10 | | | | |
| | 根据实训要求整理资料，会运用信息化手段整理汇总资料 | 10 | | | | |
| 知识应用 | 能基本理解家庭与消费心理内涵，家庭购买决策与消费心理等内容 | 10 | | | | |
| | 能完整陈述家庭与消费心理内涵，家庭购买决策与消费心理等知识 | 10 | | | | |
| 项目成果展示 | 能够独立完成实训任务，完成实训任务及时、主动，并能主动提出问题、解决问题 | 10 | | | | |
| | “家庭消费角色分工分析表”和分析报告结构完整，陈述内容观点正确 | 10 | | | | |
| | “家庭消费角色分工分析表”和分析报告展示形式新颖，陈述语言文字规范流畅，有感染力 | 10 | | | | |
| 合计 | — | 100 | | | | |

## 【任务学习自测题】

自测题 5－2

# 任务3 了解社会阶层与消费心理

## 学习目标

思政目标：通过本任务的知识学习，开展思政互动、同步案例、道德研判和任务演练等教学活动，激发同学们学习社会阶层与购买心理内容积极性，了解面对社会各阶层应该遵循的职业道德观念，并能以正确的消费观念引导社会各阶层理性消费。

能力目标：通过本任务的案例分析和任务演练，具有对社会阶层对消费者心理和行为的影响等进行分析的能力。

知识目标：通过本任务的知识学习，能准确陈述社会阶层含义、社会阶层的划分、社会阶层对消费者心理和行为的影响等陈述性知识。

## 知识学习

### 一、社会阶层的含义和特征

#### （一）社会阶层的含义

社会阶层是指某一社会中根据社会地位或受尊重的程度的不同而划分的社会等级，是由具有相同或类似的社会地位的社会成员组成的相对稳定的群体。每一个体都会在社会中占据一定的位置，有的人占据非常显赫的位置，有的人占据一般的或较低的位置，这种社会地位的差别，形成高低有序的社会层次或阶层。社会阶层是一种普遍存在的社会现象。

从消费心理学的角度研究社会阶层，就是要了解不同阶层的消费者在购买、消费、沟通、个人偏好等方面具有哪些独特性，哪些行为是社会各阶层成员所共同的，哪些行为可以被排除在某一特定阶层的行为之外。

#### （二）社会阶层的特征

1. 社会阶层的等级性

社会阶层存在着从高到低的等级差别，一个人的社会阶层与其特定的社会地位相联系。处于较高社会阶层的人，一般拥有较多的社会资源，在社会生活中具有较高的社会地位。人们可能并不清楚划分这些等级的相关依据，但都知道这种等级的存在，并确定自己处于哪个社会等级，同时通过对别人所处社会等级的认识来决定与其交往的方式。

**【思政互动5-3】**

社会上的白领阶层一般通过服饰、住房等来表明自身对生活质量的追求。一些年轻人工作中不努力奋斗，在生活品位上总想着向白领阶层看齐，有的不惜一切借“高利贷”，给家庭带来破坏性的影响。如果你作为一名营销人员，是怎么看这种现象的？请你从营销道德和如何引导消费者理性消费的角度谈谈你的看法。

2. 社会阶层的约束性

社会阶层对社会成员的行为具有约束作用。在同一社会阶层内，人们在价值观、态度和行为模式等方面存在着一定的一致性，而在不同的社会阶层之间则有着明显的差异。因此，在现实生活中，社会交往较多地发生在同一社会阶层之内，而不是不同社会阶层之间。因为相同阶层的人交往时会感到很自在，处于不同层次的人交往时会感到拘谨甚至不安。

3. 社会阶层的多维性

社会阶层并不是单纯由某一个因素决定的，而是由多个因素决定的。这些因素包括受教育程度、职业、经济收入、家庭背景、社会技能甚至住房档次以及居住的地理位置等，其中受教育程度、职业和经济收入最为重要。当然，在不同的社会里，上述各因素的相对重要性可能有差异。比如，对中国人来说，经济收入和父母的社会地位相对比较重要，而对英国人来说，他们可能更看重世袭成分在社会地位中的作用。

4. 社会阶层的同质性

社会阶层的同质性是指同一阶层的社会成员在价值观和行为模式上有共同点和类似性。这种同质性很大程度上是由他们的共同的社会地位所决定，同时也和他们彼此之间更频繁的互动有关。对营销者来说，同质性意味着处于同一社会阶层的消费者会订阅相同或类似的报纸，观看类似的电视节目，购买类似的产品，到类似的商店购物，这为企业根据社会阶层进行市场细分提供了依据和基础。

5. 社会阶层的动态性

随着时间的推移，一个人的社会阶层是会发生变化的，可能从原来所处的阶层跃升到更高的阶层，也可能跌入较低的阶层。社会越开放，社会阶层的动态性表现得越明显；反之，则个体从一个阶层进入另一个阶层的机会就越小。个人的努力程度和社会条件的变化是促使社会成员在不同阶层之间流动的主要原因。比如，由于个人的努力或自甘堕落，或社会制度的变革改变了人们的生活方式或价值观念，或由于违法犯罪等原因剥夺了某些人的权利等。

**【道德研判 5－3】**

**背景资料：**

人们通过对品牌的消费获得一种归属感，获得一种社会地位和身份的象征。一些商家借用名人效应，利用粉丝文化撬动粉丝经济，激起年轻人对于提升社会阶层地位的向往。人总是长期处于各自的社会阶层之中，这种阶层上的差别往往体现在消费行为上。明星同款服饰正好为年轻群体构建了阶层等同符号，这些同款服饰的推出，驱使年轻的粉丝们企图通过低成本获得与明星、红人等同的社会阶层地位，以达到自己向往的阶层。

**问题：**

你认为一些年轻人这样的消费行为是一种什么样的消费心理？从市场营销道德角度分析，你对这样的消费心理怎样评价？

**讨论分析：**

个人：每位同学根据道德研判的背景资料和问题，在固定的学习本上记下自己的分析结果。

小组：每小组6位同学，1人为组长，1人记录，小组成员都要陈述自己的观点，讨论后形成小组意见，准备在班级交流。

全班：各组派1位代表陈述本组观点。

教师：记录各组陈述要点，最后做点评。

提示

## 二、社会阶层的划分

### （一）影响社会阶层划分的因素

前面提到社会阶层是由多个因素共同决定的，通常把这些因素分为三类：经济变量、社会变量、政治变量。其中，经济变量是决定社会阶层的重要变量。

1. 经济变量

经济变量包括职业、收入和财富。

职业是社会阶层划分中普遍使用的一个变量，也是社会阶层划分中首要的、必备的变量。人们总是从事着某一种职业活动，从而获得劳动收入，形成收入水平，以此构成某人或某家庭的经济背景，如教师、医生、司机、炼钢工人等。一般来说，职业声望越高，职业地位越高，社会名声越大，所处的社会阶层越高。现在人们常常用金领、白领、银领、灰领、蓝领等来对职业和社会阶层作统称和概括，其中含义虽然不是十分清晰，但多数人还是可以领会的。

收入一直被用来衡量人们的购买力和社会地位，因为没有收入就谈不上消费。收入与人们的消费方式、生活习惯等有着密切的关系。一般来说，收入高的人比收入低的人的社会地位高。因此，很多人认为应该按收入来划分社会阶层，但也有很多人不同意这种观点。比如，我国前几年出现的“脑体倒挂”“搞导弹的不如卖鸡蛋的”等说法，就说明了收入与社会地位之间关系的不一致。

随着职业收入日渐合理化，受教育的程度在划分社会阶层中所起的作用也越来越大。人的受教育程度直接影响他的能力、知识、技术、价值观、审美观等。一般情况下，一个人所受的教育程度越高，他的社会地位就越高。

2. 社会变量

社会变量包括个人声望、社会联系和社会化。

3. 政治变量

政治变量包括权利、阶层意识和流动性。

**【教学互动5-1】**

**互动问题：**

（1）一个人的一生只能属于一个阶层吗？试举例说明。

（2）目前有人提出社会上有阶层固化倾向，你同意这种看法吗？

**要求：**同教学互动1-1。

### （二）我国的社会阶层划分与消费行为

根据上述不同的影响因素，社会可以划分为不同的社会阶层。目前国际上比较流行的划分方法是把社会分为三大阶层，即上层、中层和下层，每一阶层又被分为两层，这样就总共划分为六层，即上上层、上下层、中上层、中下层、下上层、下下层。结合我国现阶段的实际，根据职业、收入、财产、受教育的程度等不同所形成的差别，我国的社会阶层可以做如下划分。

1. 按职业划分的社会阶层

（1）农民阶层。

（2）工人及企事业单位中的普通职工阶层。

（3）知识分子阶层。

2. 按消费水平划分的阶层

（1）富有阶层。所占比例很小，但消费能力强，是豪华汽车、别墅的主要消费者，常表现出明显的炫耀性消费。这一阶层主要有民营企业家、合资企业老板、著名演员、体育明星、知名律师、艺术家或暴发户。

（2）富裕阶层。所占比例较小，有很强的消费能力，消费特点是讲排场、追求高档时髦服装、用品，他们一般拥有高级轿车、高级住宅等。主要是外企金领、公司经理、演艺界的一些明星，还有高级专家、民营企业主、律师等。

（3）小康阶层。主要包括公司中的高级职员、公务员、收入较高的教师、技术人员等，其有较高的工资收入。大多数城市家庭、沿海等地较为发达的农村地区的农民，已基本步入小康阶层。其消费特点是追求高档家用电器、家具等，文娱、旅游等消费的比重逐步提高，吃的方面所占的比重逐步下降至40%以下。

（4）温饱阶层。所占比例较大，一般包括技术工人、职员、服务员、营业员等，大部分的农村地区居民、部分城市居民属于这一消费层次。在其消费构成中，食品消费仍占有相当大的比重。

（5）贫困阶层。所占比例小，主要包括国有企业下岗职工、城市失业人员、未脱贫致富的农民。这一阶层由于经济收入低，消费水平也低，只能购买最基本的生活必需品，他们是当前的弱势群体，是必须关注的社会阶层，也是国家关注和扶持的对象。

## 三、社会阶层对消费者心理和行为的影响

在社会生活中，每个人都归属于一定的社会阶层，他们的消费观念、生活方式必然要受到所属社会阶层的影响和制约，因为同一社会阶层的消费者在消费心理与行为上会有许多相似之处，而不同社会阶层的消费者则表现出明显的差异。这种心理的差异直接影响消费者的行为选择。具体表现在以下几个方面。

### （一）对支出模式的影响

消费者在选择和使用产品时，尤其是在住宅、服装和家具等能显示身份和地位的商品的购买上，不同阶层消费者的差距非常明显。例如，在美国，上层消费者的住宅区环境幽雅，室内装修豪华，购买高档的家具和服装。中层消费者一般存款较多，住宅也相当不错，但他们对内部装修则不是特别讲究，高档的服装、家具数量不多。下层消费者的住宅周围环境较差，在服装和家具上投资较少。此外，下层消费者的支出行为在某种意义上带有“补偿”性质。一方面，由于缺乏自信和对未来并不乐观，他们十分看重眼前的消费；另一方面，教育水平普遍较低使他们容易产生冲动性购买。

**（二）对休闲活动的影响**

虽然不同阶层之间，用于休闲的支出占家庭总支出的比重可能相差不大，但休闲活动的类型差别很大。上层社会成员所从事的职业，一般较少身体活动，作为补偿，他们大都从事游泳、打网球等个人性或双人性的运动。中层消费者则是商业性休闲和诸如公共泳池、公园、博物馆等公共设施的主要使用者。下层社会成员倾向于从事团体性体育活动，甚至一些较耗费时间的活动如钓鱼、踢足球等。

**（三）对购物方式的影响**

不同社会阶层的消费者在购物场所的选择上存在差异。高阶层的消费者重视购物环境和商品品质，对服务的要求很高，乐于到环境幽雅、品质和服务上乘的商店去购物，因为在这种环境里购物会使他们产生优越感和自信感，得到一种心理上的满足。中层消费者比较谨慎，对购物环境有较高的要求，但也经常在折扣商店购物。而低阶层的消费者在高档购物场所则容易产生自卑、不自信和不自在的感觉，因而他们通常选择去大众化、廉价商店购物。

**（四）对信息接收和处理的影响**

随着社会阶层的上升，消费者获得信息的渠道会随之增多。低层的消费者在购买过程中可能更多地依赖亲友提供的信息，中层消费者则比较多地从媒体上获取信息。不仅如此，特定媒体和信息对不同阶层消费者的吸引力和影响力也有很大的不同。电视媒体对越高层的消费者影响越小，印刷媒体则正好相反。

尽管同属一个社会阶层的消费者，在价值观念、生活方式及消费习惯等方面都表现出基本的相似性，但由于各个消费者在经济收入、兴趣爱好和文化程度上存在差别，因而在消费活动中也会表现出不同程度的差异性。区分同一阶层消费者的差异，可以使企业的市场细分更加细致有效，营销策略更具有针对性。

**【同步案例5-3】**

**社会阶层对个人消费的影响**

**背景资料：**

消费者购买某种产品并非因为其能做什么，而是因为它意味着什么。满足基本层次上的生理需要之后，消费者会以消费来表现其自身的社会地位、价值追求和审美取向。奢侈消费品的出现正是为了满足高端人士意图将自己与其他阶层的人区分的需求。南航的A380头等舱卖得非常火，并不是因为它满足了某些群体的交通需要，而是某种身份的体现。

**问题：**

消费者在什么情况下可以表现其自身的社会地位和价值追求？

**讨论分析：**

个人：每位同学认真学习本案例内容，在固定的学习本上写出你对本案例问题的看法。

小组：请同学们每4人分为一个小组，1人为组长，1人记录，在小组讨论中每个人陈述个人看法，然后小组成员共同讨论，形成小组意见，并推荐代表准备在班级交流。

提示

全班：各个小组代表在班级陈述本组观点。

教师：教师记录各组陈述观点的要点，最后做点评。

【任务演练 5－3】

## 社会阶层对消费者心理和行为的影响调研

**实训目标：**

（1）思政目标：通过社会阶层对消费者消费心理和行为影响调研实训，培养同学们诚实公道地参与调研，互相配合积极完成调研任务。

（2）能力目标：运用所学的社会阶层对消费者心理和行为影响的知识，较准确地填写下表中的问题，并认真撰写调研分析报告。

（3）知识目标：培养同学们在小组发言、小组讨论、分析表填写和调研分析报告撰写中，会运用社会阶层对消费者心理和行为的影响等相关知识分析讨论问题，阐述自己的观点。

**训练内容：**

针对你熟悉的亲戚或朋友的家庭，按富有阶层、富裕阶层、小康阶层、温饱阶层、贫困阶层，分层各选择一个家庭进行实例分析。

**训练操作：**

（1）每个同学要认真学习社会阶层与消费心理相关知识，依据社会阶层划分标准，认真填写选择调研的家庭，详细记录相关资料。

（2）学生每人填写一份“社会阶层对消费者心理和行为的影响调研表”（见表 5－5）。

（3）利用休息时间调查五个家庭，结合影响因素说明对他们购买行为的影响。

**表 5－5　　社会阶层对消费者心理和行为的影响调研表**

| 影响因素 | 富有阶层 | 富裕阶层 | 小康阶层 | 温饱阶层 | 贫困阶层 |
| --- | --- | --- | --- | --- | --- |
| 对支出模式的影响 | | | | | |
| 对休闲活动的影响 | | | | | |
| 对购物方式的影响 | | | | | |
| 对信息接收和处理方式的影响 | | | | | |

（4）每组推荐一位代表在班级交流，并由老师现场点评。

**成果要求：**

（1）每人填写一份“社会阶层对消费者心理和行为的影响调研表”。

（2）每人撰写一份社会阶层对消费者心理和行为的影响分析报告。

（3）根据每位同学填写的“社会阶层对消费者心理和行为的影响分析表”和社会阶层对消费者心理和行为的影响分析报告的质量和每个同学在调查中的表现评定每位学生的实训成绩。

**实训评价：**

表5－6　　社会阶层对消费者心理和行为的影响分析评价表

| 项目 | 评价标准 | 分值 | 小组个人自评（30%） | 小组成员互评（30%） | 教师评价（40%） | 小计 |
|---|---|---|---|---|---|---|
| 思政教育 | 能客观公正地进行调研，在调研活动中真诚待人，互相合作，客观真实地整理调价数据，高质量完成调研实训任务 | 10 | | | | |
| | 调研计划安排细致，能主动提出关于调研工作中的相关问题 | 10 | | | | |
| | 能够在实际调研中与亲戚朋友心平气和地沟通 | 10 | | | | |
| 能力提升 | 能将所学的社会阶层与消费心理知识运用到社会阶层对消费者心理和行为的影响调研中，学以致用 | 10 | | | | |
| | 根据实训要求实施调研，会运用信息化手段整理信息 | 10 | | | | |
| 知识应用 | 能基本理解社会阶层划分与消费行为，社会阶层对消费者心理和行为的影响等内容 | 10 | | | | |
| | 能完整陈述社会阶层划分与消费行为，社会阶层对消费者心理和行为的影响等知识 | 10 | | | | |
| 项目成果展示 | 能够独立完成实训任务，完成实训任务及时、主动 | 10 | | | | |
| | “社会阶层对消费者心理和行为的影响调研表”和社会阶层对消费者心理和行为的影响分析报告结构完整，内容观点正确 | 10 | | | | |
| | “社会阶层对消费者心理和行为的影响调研表”和社会阶层对消费者心理和行为的影响分析报告展示汇报形式新颖，陈述语言规范流畅，语速恰当，有感染力 | 10 | | | | |
| 合计 | — | 100 | | | | |

【任务学习自测题】

自测题5－3

# 任务4　了解不同年龄、性别消费者群体的消费心理

## 学习目标

思政目标：通过本任务的知识学习，开展思政互动、同步案例、道德研判和任务演练等教学活动，激发同学们学习不同年龄、性别消费者群体消费心理内容积极性，了解面对不同消费群体应该遵循的职业道德观念，并能以正确的消费观念引导不同群体理性消费。

能力目标：通过本任务的同步案例和任务演练等活动，培养同学们分析不同年龄消费者群体的心理特征和行为、不同性别消费者群体的心理特征与行为的基本能力。

知识目标：通过本任务的知识学习，能够叙述不同年龄消费者群体的心理特征和行为，不同性别消费者群体的心理特征与行为等陈述性知识。

## 知识学习

### 一、不同年龄消费者群体的心理特征与行为

根据年龄划分，可以把消费者划分为少年儿童消费者群体、青年消费者群体、中年消费者群体和老年消费者群体。处于不同年龄段的消费者对商品有明显的不同偏好，因此研究不同年龄消费群体的消费心理与购买行为，对营销工作十分重要。年龄是企业细分市场常用的标准。

#### （一）少年儿童消费者群体的消费心理

少年儿童消费者群体是由 0 ~ 14 岁的人组成的，少年儿童市场也被称为“太阳市场”。由于孩子在家庭中的特殊地位，他们成为家庭消费的中心。特别是在儿童玩具、文体用品、书籍、教育、食品、营养品、服装、娱乐等方面，存在巨大的市场容量和潜力。

1. 消费的依赖心理

由于少年儿童的购买能力还没有完全独立，在购买商品时，往往缺少自己的主见，因此，他们表现出很大的依赖性，而且年龄越小，其依赖性越大。他们只知道要这样购买商品，而不考虑为什么要如此购买，往往在购买学习用品时，非常相信老师的话，同学之间“你有的学习用品我也想拥有”的心理比较活跃；在购买生活用品时，一般由父母决策和做主，如购买什么商品、何种款式、多少价格以及到何处去购买等，表现出少儿在吃、穿、用、玩等方面的消费具有单纯性、依赖性和模仿性的消费心理。

**【思政互动 5 - 4】**

一天，在某商场玩具柜台，小男孩看中了一款近几天电视儿童节目中广告宣传的学习机器人。小男孩非常想要这个产品，但是父母对这个产品不太了解，不愿意现在就给孩子购买，父母和孩子在现场争辩着。你就是现场的一名营销人员，请你从营销道德和如何引

导消费者理性消费的角度谈谈怎样处理父母和孩子之间的争辩。

2. 消费的模糊心理

由于少年儿童年幼，没有太多的生活知识和经验，不熟悉购物活动，缺乏选购能力，加之幼小、胆怯，而内心却有着较强的购物欲，尤其当看到了电视播放的精彩的少儿用品的产品广告，或看到同伴拥有了某种物品而自己没有时，所表现出的购物欲望就更为强烈。因此，在购物时，少年儿童在琳琅满目的货架前，往往表现出犹豫不决、捉摸不定、左顾右盼等不稳定的、复杂的心理活动，并在很大程度上受外界影响的调节和支配，如营业员的劝诱、有奖促销广告的吸引等。这种消费的模糊心理状态的表现程度，将随着他们年龄的增长而逐渐减弱。

3. 消费的天真好奇心理

少年儿童具有天真的心理特点，他们纯情、幼稚，有童话般的幻想色彩，因此，他们在购物时也就表现出一种天真好奇的消费心理。他们的需求标准往往是成年人所难以理解的。例如，一些制作精美的高级糖果引发不起儿童的食欲和兴趣，而一些制作简单的糖果，因包装内附带有各种不同的小塑料玩具，却备受儿童的青睐。这正说明了这些附带小玩具的糖果迎合了孩子们将食用与玩耍融于一体和天真好奇的消费心理。

4. 消费的直观心理

这是少年儿童普遍存在的一种消费心理状态。少年儿童对外界事物的认识主要是直观表象的形式，缺乏逻辑思维，表现为从商品的直观印象上进行比较和选择，往往不太注意甚至根本不去注意挑选商品的品牌和生产厂家、比较商品的质量和性能等。例如，孩子们对一些动物形状包装的塑料罐饮料感兴趣，却不强求这些食品是否符合卫生合格标准，有无注册商标；孩子们对一双运动鞋产生购买欲望，根本不考虑这双运动鞋的皮质和鞋底的柔韧性，更不会考虑耐穿程度。在购买商品时，他们往往以“好看”“我要”“喜欢”，或者“某某小伙伴也穿这样的鞋”等情绪因素为主，凭直观、直感、直觉来决定消费。

5. 消费的可塑心理

少年儿童处于认识事物的学习阶段，易于接受新生事物，同时由于他们的思维批判性尚没有发展成熟，对老师的话、同龄人之间的交流、书本知识和传播媒体上的观点，往往容易接受甚至深信不疑。在消费心理上，通常表现为少年儿童最容易被那些动人的推销宣传说服和左右。

企业把握少年儿童的心理特征，是为刺激其购买动机，满足他们的心理和物质需求，激发和引导他们的消费欲望，从而更好地开发和占领这一庞大的极具潜力的消费市场。为此，企业应该根据不同的对象，如儿童、少年等，采取不同的组合策略；改善少儿商品的外观设计，增强商品的吸引力；不失时机地树立品牌形象，提高商品品牌识记的程度。

**（二）青年消费者群体的消费心理**

青年是少年向中年过渡时期的人群，一般年龄在15～40岁。青年人人数众多，需求旺盛、思想活跃，对新事物具有强烈的求知欲，在消费行为上，喜欢追求潮流，敢于创新，是现代消费潮流的领导者。青年消费者群体最有活力，也最具变化，被称为“前卫市场”。

1. 追求新颖与时尚

青年人典型的心理特征是：热情奔放、思维活跃，对未来充满希望和幻想，富有冒险精神，对新事物、新知识、新概念，他们都感到新奇、渴望，敢于大胆追求，富有创造性，表现在消费心理与行为方面便是追求新颖与时尚，力图领导消费新潮流。所以，他们往往是新产品、新的消费行为的追求者、尝试者和推广者，并会逐渐影响更多的消费者。在他们的影响下，新产品的消费逐渐进入高潮。

2. 崇尚品牌与名牌

青年的智力发达，有文化，有知识，接触信息广，社交活动多，并且总希望在群体活动中体现自身的价值和地位。随着自我意识的发展和机能的成熟，青年人追求仪表美、个性美，表现自我、展示自我的欲望日益强烈。反映在消费心理与消费行为方面，青年人特别注重商品的品牌与档次。在他们看来，名牌是信心的基石、高贵的象征、地位的介绍信，追求名牌要的就是这种感觉。因而，青年在购物时，虽然也要求产品性能好、价格要适中等，但对商品的品牌要求已越来越高。

**【教学互动 5－2】**

**互动问题：**

（1）有人提出"市场＝产品交易＋对话交流＋人际关系"的市场营销模式，你同意吗？

（2）有人认为，好的品牌必须有鲜明的个性，通过提炼品牌的价值诉求与客户进行理性沟通。目前国内企业采用 USPC 即独特的销售主张，而跨国公司普遍采用 FAB 即客户价值分析体系，你认为两者有差距吗？差距在哪里？

**要求：**同教学互动 1－1。

3. 突出个性与自我

青年人处于少年不成熟阶段向中年成熟阶段的过渡时期，自我意识明显增强。他们追求独立自主，力图在一举一动中都能突出自我，表现出自己独特的个性。这一心理特征表现在消费心理和消费行为方面，则是青年人消费倾向由不稳定性向稳定性过渡，对商品的品质要求提高，尤其要求商品有特色、上档次、有个性，而对那些一般化的、"老面孔"的商品不感兴趣。如购买时装，主要是因为时装能体现自己的风格，因而时装的款式成为青年人是否购买的主要依据。

4. 注重感情与直觉

青年人虽然在心理上已经成熟，但在情绪和性格上还具有强烈冲动与温和细腻共存的特征。客观环境、社会信息、新时尚、新潮流等对他们的认识和行为有很大的影响，有时一两句话就可使某些青年人热血沸腾、冲动起来。因此，他们的消费行为往往属于冲动性购买行为。特别在新潮、时尚等商品的面前，冲动性购买的特征更为明显。

针对青年消费者群体的心理特征，企业应满足消费者多层次的需求。开发的产品要做到新颖、时尚、潮流，产品的造型、包装、色彩具有审美价值和高贵典雅的气质，注重个性化产品的生产和销售，做好售后服务，使青年消费者成为推动市场开拓的力量。

### （三）中年消费者群体的消费心理

中年消费者群体一般指40~60岁的消费者。中年消费者心理上已经成熟，有很强的自我意识和控制能力，一般处于商品购买的决策位置。他们购买能力强，购买活动多，上有老下有小，经济负担较重，必需的支出多，购买的商品既有家庭日用品，也有个人、子女、父母的穿着类商品，还有大件耐用消费品。因而，收入的高低影响着消费水平。

1. 经验丰富，理智性强

由于经过生活的体验和锻炼，中年人对生活的激情和渴望不像青年人那样丰富和冲动，丰富的社会经验和较重的家庭经济生活压力，使中年人在消费购物时更加理性。他们往往非常注重商品的内在信息（质量、用途和功效等）、性价比的优势以及简洁大方的外观和包装。

2. 量入为出，计划性强

中年处于青年向老年的过渡阶段，而中年消费者大多肩负着赡老扶幼的重任，是家庭经济的主要承担者。在消费上，他们一般奉行量入为出的原则，养成了勤俭持家、精打细算的习惯，消费支出计划性强，很少出现计划外开支和即兴消费的现象。他们在购物时往往格外注重产品的价格和实用性，并对与此相关的各项因素，如产品的品种、品牌、质量、用途等进行全面衡量后再做选择。一般来说，物美价廉的产品往往更能激发中年消费者的购买欲望。

3. 尊重传统，较为保守

中年人随着人生阅历的丰富，会越来越成熟和内敛，在消费时总会考虑他人和社会的评价，因此便显得较尊重传统，不轻易尝试新产品，对新产品缺乏足够的认识和兴趣。中年消费者用于家庭和子女教育方面的支出相对较多，用于自己的消费支出相对减少，对收入水平较低的消费者来说，会压抑自身的消费需求。

4. 注重身份，稳定性强

中年消费者正处于人生的成熟阶段，他们大多数生活稳定。他们不再像青年时那样赶时髦、超前消费，而是注意建立和维护与自己所扮演的社会角色相适应的消费标准与消费内容，如中年消费者更注重个人气质和内涵的体现。

根据中年消费群体的心理特征，企业应强化商品的质量，突出商品的实用性、便利性，提供优质的服务，切实解决购物后发生的商品退换货、服务等方面的问题，促销广告活动理性化，注重培养中年消费者的惠顾动机，使他们成为企业忠实的顾客。

### （四）老年消费者群体的消费心理

老年消费者群体一般是指60岁以上的消费者所构成的群体，也可称“银色市场”。在我国，随着社会的发展和生活水平的提高，城乡居民的平均年龄呈上升趋势，老年人口数量不断增加，我国正在步入老龄化社会。老年人在生理上和心理上同青年消费者、中年消费者相比发生了明显的变化，是一个特殊的消费群体。

1. 需求结构发生变化

老年消费者需求结构的变化，主要表现为：穿着及其他奢侈品方面的支出明显减少，对保健品的需求量大大增加，对有兴趣嗜好的商品购买支出明显增加，用的商品从生活日用品占较大比重开始转向旅游、休闲、娱乐、健身用品。老年人最关心的问题是如何能够保持健康、延年益寿。因此，只要某种食品或用品对健康有利，价格因素一般不会成为老年消费者的购买障碍。

2. 怀旧心理强烈，品牌忠诚度高

老年消费者有丰富的生活阅历，在几十年的消费实践中，形成了比较稳定的消费态度和习惯性的消费行为方式且不易改变，对商标品牌的偏好一旦形成就很难轻易改变，品牌忠诚度高。另外，老年消费者总是留恋过去的生活方式，对产品有一定的怀旧心理，对消费新潮的反应也显得较为迟钝。

3. 追求实用方便，希望得到良好的服务

老年消费者在购买产品时，非常理智和成熟，他们的购买动机主要取决于产品给他们带来的方便和舒适程度，因此比较看重产品的质量和使用功能。老年消费者体弱多病，行动不便，视力不佳。他们希望购物场所提供一些稍事休息的设施，对产品的标记要清楚、醒目，购买时手续要简便。对销售人员的服务态度十分敏感，希望得到尊重和礼遇。

4. 容易上当受骗，防范意识明显

老年消费者虽然消费经验十分丰富，但由于生理和心理机能衰退，对于假冒伪劣商品及欺骗性的经营手段的判断、识别能力下降，容易上当受骗，蒙受经济损失。因此，在购买商品时顾虑较多，防范意识较强，做决策时犹豫不决。如果时间不允许，他们宁愿放弃购买也决不仓促行事。

针对老年消费者群体的心理特征，企业开发的商品要注重方便性、安全性及实用性，还要提供良好的服务，并帮助老年消费者增加消费信心。同时，要考虑老年消费者娱乐休闲方面的要求，提供适合老年人特点的健身娱乐用品和休闲方式。此外，广告促销活动不仅针对老年消费者，还可以针对老年人的子女。如专门服务老年人的旅游团，很多情况下是子女为父母买单，有些营养保健品也是由子女购买孝敬老人。

**【道德研判 5－4】**

**背景资料：**

在老年人用品市场上，一些不法商家针对老年消费者注重实用性、方便性、安全性及舒适性的消费心理，采用一些夸大产品功效的宣传，有的玩小恩小惠手段，向老年人兜售产品，更有甚者陪老年人聊天、套近乎，说服老年人购买产品。由于很多老年人对产品质量无法判断，价格也不清楚，推销人员说卖多少就是多少，致使不少老年人上当受骗。

**问题：**

你是怎样评价这种现象的？你认为这种做法符合市场营销道德吗？请说出你的理由。

**讨论分析：**

个人：每位同学根据道德研判的背景资料和问题，在固定的学习本上记下自己的分析结果。

小组：每小组 6 位同学，1 人为组长，1 人记录，小组成员都要陈述自己的观点，讨论后形成小组意见，准备在班级交流。

全班：各组派 1 位代表陈述本组观点。

教师：记录各组陈述要点，最后做点评。

提示

## 二、不同性别消费者群体的心理特征与行为

根据性别划分，可以把消费者划分为女性消费者群体和男性消费者群体。由于性别的不同，消费者对商品的需求结构、消费心理与习惯、购买行为模式都会形成较大的差异。性别也是细分消费者市场常用的标准之一。

### （一）女性消费者群体的消费心理

我国女性人口约占总人口的48.5%，而且随着女性就业率和社会地位的提高，女性的受教育水平、收入、拥有的物质财富在不同程度地增加，女性消费者已经构成一个巨大的消费群体和购买群体。在家庭消费上，女性可谓是绝对的当家做主。因此，研究女性消费，尤其是青年女性的消费，可以洞悉社会消费心理的变化和趋势。

1. 爱美和时髦心理

这是女性消费者普遍存在的一种心理现象。女性感情丰富、细腻，注重感情及其表达，较为注重外在的美、形式的美，注意个人形象。现代女性，大多参加工作，与人交往的机会增多，关注流行和时尚，跟进消费潮流。既重视自然美，也重视社会美，还通过消费行为，获得修饰美。她们在购买活动中格外重视商品的形象和色彩，希望获得感官的刺激。

2. 情感性心理

女性消费者对商品的情感特征比较重视，如广告渲染的气氛、食品的诱人香味、化妆品的芬芳和外观、服饰的款式和色彩等，都能在女性的消费活动中产生影响力和情感差别，从而决定购买取向，而且会使其产生冲动性。女性消费者在替家人购置物品时，感情色彩更加强烈。

3. 求实、求便心理

女性消费者平时既要工作，又要操持家务，她们迫切希望减轻家务劳动工作量，缩短家务劳动时间。因此，她们对日用消费品和主副食品的方便性、实用性，有更为强烈的要求。在购置物品时，她们一般都愿意去超级市场和便民商店，因为那里不仅购物环境好、品种齐全、分门别类、价格公道，而且能使她们在消费时达到一次性完成购物活动的目的。

女性消费者还有追求新鲜和变化的心理，她们对生活中新的、富有创造性的事物充满热情。如佩戴一件新颖的装饰品，重新调整居室装饰，尝试做一道从未做过的菜肴等，以显示其新鲜感和创造性。因此，那些使用上既能方便省力，又能给予发挥创造性的心理满足的商品，更受女性消费者的欢迎。

4. 自重、自尊心理

女性消费者一般都有较强的自我意识和自尊心，对外界事物反应敏感，形成了一种自尊、自重的心理。在日常消费活动中，她们往往以选择的眼光、购买的内容及购买的标准来评价自己和别人。她们总是觉得自己购买的物品是最好、最有价值的，对别人的否定意见不以为然，喜欢独立自主地选购商品，还希望别人仿效自己。她们往往不愿意别人说自己不了解商品、不懂行、不会挑选。在购物时，营业员的表情、语言、广告宣传及评论都会影响女性消费者的自尊心，进而影响女性消费行为的实现。

5. 攀比炫耀心理

当代女性，特别是家庭收入较高的中青年女性，喜欢在生活上和人攀比，总希望比自己的同事、亲友过得更舒适，显得更富有。她们在消费活动中除了要满足自己的基本生活消费需求或使自己更美、更时髦之外，还可能通过追求高档次、高质量、高价格的名牌产品或在外观上具有超凡脱俗、典雅、洒脱等与众不同的特点的产品或前卫的消费方式，来显示其地位上的优越、经济上的富有、情趣上的脱俗等。

6. 购买商品挑剔心理

由于女性消费品品种繁多，弹性较大，加之女性特有的细腻、认真，因而她们通常在选择商品时比较细致，注重产品在细微处的差别，通俗地讲就是更加“挑剔”，产品某些细微的优点或不足都会引起女性消费者的注意。另外，女性通常具有较强的表达能力、感染能力和传播能力，善于通过说服、劝告、传话等方式对周围其他消费者的购买决策产生影响。

根据女性消费者的消费心理特征，企业应加强商品的形象设计，注重商品的细节，色彩、款式、形状要体现流行、时尚，并使用方便；对女性的个人消费和经常购买的商品，要加强广告宣传和现场促销，注重传递商品的实用性，关注女性消费者的情绪变化；销售环境要布置得舒适愉悦、典雅温馨、热烈明快，注意渲染购物环境，提高服务艺术，使女性消费者在购物过程中体会到一种乐趣，能休闲地观赏、浏览商品，使环境能给她们带来感情联想，从而产生购买动机。

**（二）男性消费者群体的心理特征**

1. 购买目的明确，购买行为理智

男性消费者在购物时都有明确的购买目的，购买前就选择好购买对象，他们进商店后就直奔目标而去，购买过程中挑选也不仔细，在选购时也不善于讨价还价。购买行为常受理性支配，更多地强调商品的效用及功能，具有更多理智和自信心。即使买到有瑕疵的商品，但大体上能过得去就算了，不满意退换货的情况比女性少。

2. 注重商品的整体质量和使用效果，决策迅速果断

对一些价格昂贵、结构复杂的高档消费品，男性消费者有更多的了解，购物时很注重商品的整体质量。一旦认识到某种需要，或在商店看到所喜爱的商品，他们能果断决策，进而产生购买行为，并很少反悔。

3. 购买商品时力求方便、快捷

一般男性消费者很少逛商店，即便去商店也很少像大多数女性消费者那样花很多时间闲逛。遇到合适的商品就迅速购买，在商店逗留的时间较短，购物后买完就走，尽快离店，他们对商家出售商品时的种种繁琐手续、拖延时间的作风十分反感，这种力求方便、迅速快捷的心理，在购买日常生活用品时便显得最为突出。

4. 购买时表现大方，比较随便

由于男性的自信、豪爽、独立性强和社会角色需要等因素的影响，使其在购买行为中表现出大方、不在意等行为。在购买商品时较随意，不太注重日用消费品的价格。

5. 购买过程较少受他人的影响

男性消费者购物时善于独立思考，很注重商品的使用效果，对于熟悉的商品或已决定购买的商品，表现出更多的自信，不会轻易受外界环境气氛、广告宣传或他人议论的影响。

尽管女性消费者是商店最亮丽的一道风景线，但是对男性的消费也不应忽视。男性消费市场同样具有意想不到的潜力。除了男性消费者以选购烟酒、书报、家电、装修材料为主的传统购买外，越来越多的男性主动分担家务，经常光顾超市，因此产品的开发与设计要考虑男性消费者的特点，并精心策划吸引男性消费者的促销方式和广告信息。

【同步案例5－4】

### 电动自行车

**背景资料：**

在各大、中、小城市骑行电动自行车的女性消费者较多，她们穿行在大街小巷，成为很多城市的一道亮丽的风景线。

**问题：**

骑行电动自行车的女性消费者属于哪一个消费者群体？该群体消费心理与行为的主要特征有哪些？

**讨论分析：**

个人：每位同学认真学习本案例内容，在固定的学习本上写出你对本案例的看法。

小组：请同学们每4人为一个小组，1人为组长，1人记录，在小组讨论中每个人陈述个人看法，然后小组成员共同讨论，形成小组意见，并推荐代表准备在班级交流。

提示

全班：各个小组代表在班级陈述本组观点。

教师：教师记录各组陈述观点的要点，最后做点评。

【任务演练5－4】

### 不同年龄段、不同性别消费者消费心理调研

**实训目标：**

（1）思政目标：通过对不同年龄、不同性别的消费者消费心理调研实训，培养同学们诚实公道地参与调研，互相配合积极完成调研任务。

（2）能力目标：运用所学的不同年龄段、不同性别消费者消费心理知识，较准确地填写“不同年龄段、不同性别的消费者群体消费心理调研表”和不同年龄段、不同性别的消费者群体消费心理分析报告中的问题。

（3）知识目标：培养同学们在小组发言、小组讨论、分析表填写和报告撰写中，会运用不同年龄、性别消费者群体的消费心理等相关知识分析讨论问题，阐述自己的观点。

**训练内容：**

了解不同年龄段、不同性别的消费者群体消费心理调研。

**训练操作：**

（1）以小组为单位，每个小组4人，选定1人为组长，明确分工与责任。

（2）以不同年龄段富裕家庭（或温饱、贫困家庭）中男性和女性群体消费心理进行调查分析。

（3）小组每个成员分别进行调研，每类群体调研2个家庭，后小组进行讨论，形成小组意见，填入调研表（见表5－7）。

表 5－7　　不同年龄段、不同性别的消费者群体消费心理调研表

| 不同年龄的消费群体 | 富裕家庭中男性消费心理 | 营销策略重点 | 富裕家庭中女性消费心理 | 营销策略重点 |
|---|---|---|---|---|
| “50 后” | | | | |
| “60～70 后” | | | | |
| “80～90 后” | | | | |
| “00 后” | | | | |

**成果要求：**

（1）撰写不同年龄段、不同性别的消费者群体消费心理调研分析报告，要求结合实际，有理有据，内容翔实，分析透彻，提出对企业营销有一定参考价值的建议。

（2）填写“不同年龄段、不同性别的消费者群体消费心理调研表”。

（3）每组选一位代表在班级交流，最后老师做点评。

**实训评价：**

表 5－8　　不同年龄段、不同性别的消费者群体消费心理调研实训评价表

| 项目 | 评价标准 | 分值 | 小组个人自评（30%） | 小组成员互评（30%） | 教师评价（40%） | 小计 |
|---|---|---|---|---|---|---|
| 思政教育 | 能客观公正地进行调研，在调研活动中真诚待人，互相合作，客观真实地整理调研数据，高质量完成调研实训任务 | 10 | | | | |
| | 养成做事有计划的工作作风，能主动提出关于调查工作中的相关问题 | 10 | | | | |
| | 能够在调研中与营销人员和消费者心平气和地沟通 | 10 | | | | |
| 能力提升 | 能将所学的不同年龄、性别消费者群体的消费心理知识运用到不同年龄段、不同性别消费群体的消费心理调研中，学以致用 | 10 | | | | |
| | 根据实训要求实施调研，会运用信息化手段整理信息 | 10 | | | | |
| 知识应用 | 能基本理解不同年龄段消费群体的消费心理特征与行为，不同性别消费者群体的心理特征与心理等内容 | 10 | | | | |
| | 能完整陈述不同年龄段的消费群体消费心理特征与行为，不同性别消费者群体的心理特征与心理等知识 | 10 | | | | |

续表

| 项目 | 评价标准 | 分值 | 小组个人自评（30%） | 小组成员互评（30%） | 教师评价（40%） | 小计 |
|---|---|---|---|---|---|---|
| 项目成果展示 | 能够认真完成实训任务，完成实训任务及时、主动，并能主动提出问题、解决问题 | 10 | | | | |
| | “不同年龄段、不同性别的消费群体消费心理调研分析表”、不同年龄段、不同性别的消费群体消费心理分析报告结构完整，观点正确 | 10 | | | | |
| | “不同年龄段、不同性别的消费群体消费心理调研分析表”、不同年龄段、不同性别的消费群体消费心理分析报告展示汇报形式新颖，陈述语言规范流畅，语速恰当，有感染力 | 10 | | | | |
| 合计 | — | 100 | | | | |

【任务学习自测题】

自测题5－4

## 本项目知识脉络

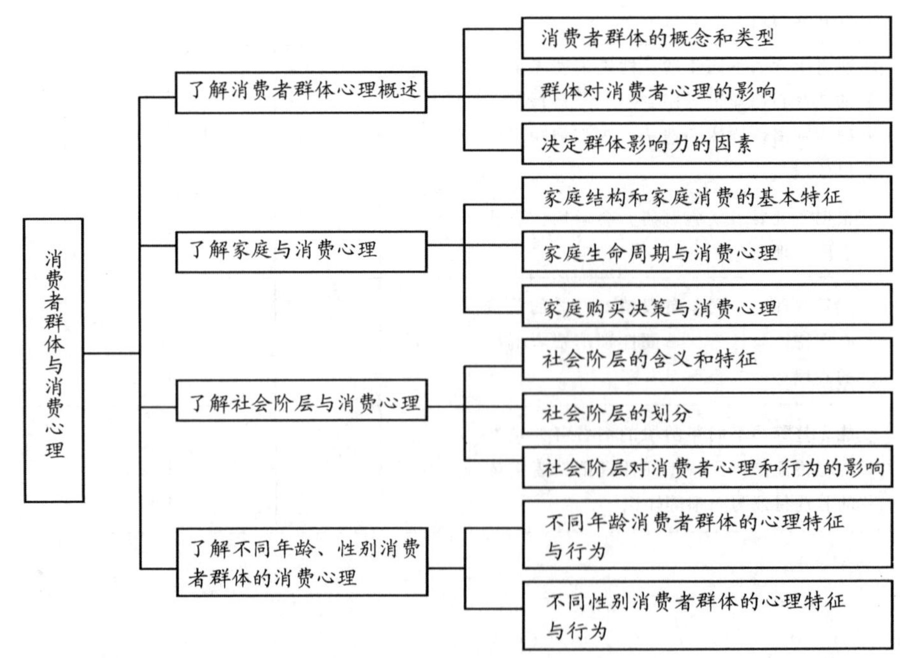

## 本项目综合实训

### 消费者群体与消费心理调查

**背景与情境：**

你学习了消费者群体与消费心理内容以后，已经知道了消费者群体心理，家庭与消费心理，社会阶层与消费心理，不同年龄、性别消费者群体的消费心理，你还很想深入实际了解一下，同一社会阶层的家庭中男性消费心理、女性消费心理、孩子消费心理，请你们调查 5 个孩子为“90 后”（或“00 后”）的家庭。

**训练目标：**

（1）思政目标：会运用消费者群体心理，家庭与消费心理，社会阶层与消费心理，不同年龄、性别消费者群体的消费心理等专业知识与企业营销人员进行沟通，并能友好地与被调查的家庭人员处理相关问题，顺利完成调研任务。具有践行营销伦理和道德的意识，保护个人隐私的意识。

（2）能力目标：结合家庭与消费心理，社会阶层与消费心理，不同年龄、性别消费者群体的消费心理等专业知识，具有对消费者群体与消费心理调查中的问题进行分析的能力。

（3）知识目标：通过消费者购买心理调研，深入理解家庭与消费心理，社会阶层与消费心理，不同年龄、性别消费者群体的消费心理等陈述性知识。

**实训步骤：**

（1）每 4 人一组，其中 1 人为组长，1 人负责记录，由组长组织讨论并明确小组成员的分工，共同讨论调研思路，按分工各负其责，随时沟通，积极配合，共同完成本实训任务。

（2）每组选择同一社会阶层中 5 个孩子为“90 后”（或“00 后”）的家庭进行调查，分别了解每个家庭中男性消费心理、女性消费心理、孩子消费心理（从生存需要、享受需要、发展需要等方面调查）。

（3）实际调查前要从网上、图书馆搜集“90 后”（或“00 后”）家庭成员消费需要心理，购买动机、购买决策和购买行为心理等资料，了解社会阶层的相关知识。

**实训成果及要求：**

（1）每组要认真填写每一个家庭中男性消费心理、女性消费心理、孩子消费心理的调查表，5 个家庭调查结束之后，填写一份消费者群体与消费者心理调查汇总表（填查表样式自定）。消费者群体与消费者心理调查表要能把消费者家庭中男性消费心理、女性消费心理、孩子消费心理的共同特征展示清楚。

（2）每组撰写一份调查报告（调查报告体例自定）。调查报告要详细说明调查时间、调查地点、调查目的、调查对象、调查方法、调查内容、调查结论、对企业营销的建议等内容。报告不少于 1500 字。

**实训时间：**

调查活动和报告撰写利用课余时间，班级展示 2 课时。实训时间的安排，在学生学习本项目内容开始时，即可给学生布置本实训任务，利用课余时间去进行调查，并积极填写调查表，调查完成后学生撰写调查报告，老师利用业余时间指导学生修改报告。在学生学习完本项目内容后，用 2 课时让各小组展示交流本组调研成果，其他组同学可点评，最后由老师点评并评定各小组成绩，各小组依据每位同学在本次调查中的贡献度大小评定个人成绩。经过展示交流后，依据老师和学生点评意见，各组再次修改完善实训报告，并把修改后的报告在班级微信平台展示交流。

**实训评价：**

表5－9 消费者群体与消费心理调查实训评价表

| 项目 | 评价标准 | 分值 | 小组个人自评（30%） | 小组成员互评（30%） | 教师评价（40%） | 小计 |
|---|---|---|---|---|---|---|
| 思政教育 | 能客观公正地了解消费者群体与消费心理，在调研活动中能真诚待人，互相合作，客观真实地整理调研数据，高质量完成调研实训任务 | 10 | | | | |
| | 调查过程中表现出细致、严谨的工作作风，能主动提出关于完善消费者群体与消费心理调查的相关问题 | 10 | | | | |
| | 在消费者群体与消费心理调查中具有保护个人隐私意识 | 10 | | | | |
| 能力提升 | 能将所学的家庭与消费心理，社会阶层与消费心理，不同年龄、性别消费者群体的消费心理等知识运用到实训调查中，学以致用 | 10 | | | | |
| | 结合实际运用家庭与消费心理，社会阶层与消费心理，不同年龄、性别消费者群体的消费心理知识对调查表内容进行汇总、分析的能力 | 10 | | | | |
| 知识应用 | 在小组讨论中能准确陈述家庭与消费心理，社会阶层与消费心理，不同年龄、性别消费者群体的消费心理等相关知识 | 10 | | | | |
| | 在班级交流中能运用家庭与消费心理，社会阶层与消费心理，不同年龄、性别消费者群体的消费心理知识陈述本组观点 | 10 | | | | |
| 项目成果展示 | 能够独立完成调查任务，在调查中能主动提出问题、解决问题 | 10 | | | | |
| | “消费者群体与消费心理调查表”、消费者群体与消费心理调查报告结构新颖，撰写规范，观点正确 | 10 | | | | |
| | 消费者群体与消费心理调查实训成果汇报形式新颖，语言流畅，语速恰当，有感染力 | 10 | | | | |
| 合计 | — | 100 | | | | |

项目六 PPT

项目六教案

# 项目六
# 商品因素与消费心理

## 导入案例

### 娃哈哈的命名、商标、包装战略

今天的娃哈哈，用“妇孺皆知”一词来形容并不过分。可这样一个别出心裁而又能赢得消费者好感的商品名称的由来，却鲜为人知。

当初，工厂与有关院校合作开发儿童营养液这一冷门产品时，就取名花费了很大的精力。他们通过新闻媒介，向社会广泛征集产品名称，然后组织专家对数百个应征名称进行了市场学、心理学、传播学、社会学、语言学等多学科的研究论证。由于受传统营养液起名习惯的影响，人们的思维都在素啊、精啊、宝啊之类的名称上兜圈子，谁也没有留意源自一首新疆民歌的“娃哈哈”三字。

厂长宗庆后却独具慧眼地看中了这三个字。他的理由有三个：其一，“娃哈哈”三字中的元音“a”是孩子最早最易发的音，极易模仿且发音响亮、音韵和谐、容易记忆，因而容易被孩子所接受；其二，从字面上看，“哈哈”是各种肤色的人表达欢笑喜悦之意的发音；其三，同名儿歌以其特有的欢乐明快的音调和浓烈的民族色彩，唱遍了天山内外和大江南北，把这样一首广为流传的民族歌曲与产品商标联系起来，即为产品涂上了国色，使消费者乐于熟悉它、想起它、记住它，从而提高它的知名度。商品名称确定后，又精心设计了两个活泼可爱的娃娃形象作为商标图案，以达到商标名称与商标形象的有机融合。

俗话说，创名牌容易，护名牌难。娃哈哈在产品尚未投产的时候，便先行做了商标注册，其他厂家如果假冒，就可以通过法律手段加以制止，还可以防止别的企业抢先注册。在注册商标的同时，将包装上的主要图案也注册了，从而起到了全包装图案注册的作用，使他人难以仿冒。这样做的目的，无非是想获得在国内独家生产娃哈哈儿童营养液及其系列产品的权利。现在，这家企业已注册了一系列防御性商标“娃娃哈”“哈哈娃”“哈娃娃”，而且陆续在相关商品类别中注册“娃哈哈”和它的“兄弟姐妹”商标。这实在不失为一种有效的自我保护手段。

娃哈哈商标一经国家商标局注册，企业便利用报纸、广播、电视等大众传播媒介进行了大规模的广告宣传，以期先声夺人，占领市场。这一招果然见效，在许多地区，一些侵权或变相侵权产品始终难以打开销路，因为消费者就认“娃哈哈”。

商品包装的创意改进，也成为有效的宣传手段。为一改过去产品商标不引人注意、不便认读的特点，产品的设计者们在包装上扩大了“娃哈哈”的文字和图形，使之占据包装的大部分位置，醒目突出，让消费者在购买和饮用商品时首先认准商标，强化其对“娃哈哈”的印象。久而久之，“娃哈哈”在消费者心目中便自然取代了“儿童营养液”，甚至成为这类商品的代名词。

（资料来源：佚名．娃哈哈的商标战略．中国MBA备考网，http：//www.mbaschool.com.cn，2008－12－02.）

企业推出的新产品能否取得成功，产品的功能、名称、品牌、商标、包装等是否对消费者有足够的吸引力，关键在于新产品能否迎合消费者的心理特征，使消费者得到心理上的满足，从而认可和接受新产品。本章将就新产品的开发推广、商品的名称、商标、包装等方面的消费心理进行分析。

## 任务1 认知新产品开发推广的心理策略

### 学习目标

思政目标：通过本任务的知识学习，开展思政互动、同步案例、道德研判和任务演练等教学活动，激发同学们学习新产品开发和推广的心理策略等相关知识的兴趣和积极性，认同新产品开发和推广的心理策略等分析活动中应遵循的营销伦理和职业道德、法律法规的基本要求的内容，引导消费者合理消费。

能力目标：通过本任务的同步案例和任务演练等活动，培养同学们结合对营销中新产品的设计和推广的心理策略进行分析的能力。

知识目标：通过本任务的知识学习，能够陈述新产品的含义和分类、新产品设计开发的心理需求、新产品推广的心理策略等陈述性知识。

### 知识学习

#### 一、新产品的含义和分类

**（一）新产品的含义**

在现代营销理论中，新产品的概念是从产品整体概念的角度来理解的。所谓整体产品是指向市场提供的能满足人们某种需要的任何东西，一般包含三个层次：核心产品、形式产品、附加产品。在产品的整体概念中，任何一个层次的创新、变革或改革，都会使产品具有新的功能、新的结构、新的品种或增加新的服务，能给顾客带来某种新的满足和新的利益，都可以看作是一种新产品。

**（二）新产品的分类**

根据新产品的含义及新颖程度，新产品可划分为以下四种：

1. 全新产品

它也称新发明的产品，真正创新的产品。它是指首次采用新原理、新技术、新材料研制成的前所未有的产品。如电动汽车、电视、手机、无人驾驶飞机、计算机等产品的问世，都是全新产品的诞生。这种新产品要依赖于科学技术的重大发明，它的使用对人类的发展、社会的进步、人们的生产和生活方式会产生深远的影响。

2. 换代新产品

即革新现有产品。它是指在原有产品的基础上，部分采用新技术、新材料、新工艺，使产品的性能有显著提高的产品。如由黑白电视机到彩色电视机再到数字电视机，由单缸洗衣机到双缸洗衣机再到全自动洗衣机等，都属于换代的新产品。

3. 改进新产品

即改变现有产品。它是指对现有产品在结构、材料、性能、款式、包装等方面进行改变，由基本型派生出的改进型产品。改进后的新产品，结构更合理，功能更齐全，品质更优良，款式更美观，更受消费者的欢迎，如速溶咖啡相对于咖啡豆而言，给予消费者更加便利的感觉；在电冰箱上增加除霜装置，在电脑上增加手写、声音输入装置等，大大方便了消费者的使用。

4. 仿制新产品

它是指企业仿制国内外已经研制生产出来的新产品，但对本企业来说还是第一次生产的产品，所以也称本企业的新产品或新牌子的产品。在新产品的开发中，合理的仿制是允许的，只要有市场需求，又有生产能力，就可以借鉴现成的样品和技术来开发本企业的新产品。

## 二、新产品设计开发的心理需求

### （一）新产品开发的基本要求

1. 要有需求

满足顾客需求，是新产品的基本功能。顾客需求有两种，一种是眼前的现实需求，另一种是潜在需求，即消费者对市场上还没有出现的产品的需求。企业要开发出成功的新产品，关键是能发现市场的潜在需求。

2. 要有特色

开发的新产品要有区别于其他产品的特性，要体现一个“新”字，应具有较强的独创性、时尚性、适应性，能满足消费者新的需求和欲望。

3. 要有能力

新产品的开发要耗费大量的人力、物力和财力，是一项难度很大的工作，因此，企业应全面考虑，量力而行。

4. 要有效益

任何企业在开发研制新产品时，都需要对市场进行周密的调查，客观地分析市场，结合本企业自身的实际情况做出正确的决策，使新产品的开发能够做到效益显著，否则就失去意义。

### （二）新产品开发的心理需求

新产品的设计开发除产品构思上以消费者需求为逻辑起点外，在产品实体及附加产品和整个开发过程中也应适应消费者心理，讲究心理策略。

1. 适应消费变化

适应消费变化也就是在新产品开发过程中要适应消费习惯、消费模式、消费心理等的变动。近年来我国市场消费需求变化很大，主要表现在：

（1）消费习惯改变——改变了几十年一个样的消费习惯，出现多层次、个性化的消费趋向，使得市场上某些商品的生命周期相对较短。广大农村地区自给性消费减少，商品性消费增加，农村市场潜力很大。

（2）消费模式改变——在消费结构中，购买“用”的商品消费支出大幅度增长，用于“吃”的比重变化不大，但品质在提高，购买快餐食品、初级加工食品和熟食品增加；对于发展资料和享乐资料，如订阅报刊、音像产品等的文化消费及休假旅游的度假消费增长很快。

（3）消费心理改变——除求稳、求全、求廉、求实心理外，出现喜新、争胜、保值等心理。随着消费质量的提高，理智型购买多于情绪型购买。

（4）消费观念改变——体现为讲究个性、美观、健康、和谐，消费观念向文明、道德、审美和适度转变。

2. 适应个性特征

消费者的个性特征对其购买动机有重要影响，因此在设计开发新产品时还要考虑产品的独特个性，使新产品与众多同类产品有显著的差异。这些特点具体表现为以下几个方面。

（1）体现威望的个性。即体现消费者的社会威望或表现其个人成就，如高档手表、名牌服装、豪华轿车等。为此，设计时应选用上乘或名贵的原材料，产品款式应豪华精美，并保证一流的工艺和质量。

（2）标志社会地位的个性。某些产品是专供社会某一阶层使用的，是这一阶层成员的共同标志。使用者可以借此表明自己属于该社会阶层或集团的身份。因此，在设计新产品时，应当充分考虑特定阶层消费者的工作环境、经济收入、社会地位及消费习惯和消费心理。

（3）显示成熟的个性。在不同的年龄阶段，人们的生理与心理的成熟程度不同，在进行新产品设计时，应注意适应不同年龄阶段消费者的成熟程度，以满足其生理和心理要求。

（4）满足自尊和自我实现的个性。作为社会中的一员，消费者一方面渴望得到他人的认可和尊重，希望在社会交往中给人留下良好的印象；另一方面还要求不断提高自身的知识水平和能力，以求得事业上的成功与个人价值的实现。为此，人们会刻意寻找有助于增强自我价值实现的产品，如装饰品、珠宝首饰、美容用品、学习用品及有助于提高某方面技能的专门用品等。在设计这类产品时，应以美观协调、特色鲜明为原则。

（5）满足情感要求的个性。随着人们生活节奏的加快，消费者在强调产品实用性的同时，越来越注重情感消费。如表达友情、亲情，寄托希望、向往，追求情趣、格调等。某些产品如工艺品、玩具等，因其设计新颖、造型别致而蕴涵丰富的感情色彩，能够满足消费者的情感需要，因而受到消费者的青睐。这类产品的设计应强调新、奇、美、趣、雅等特点。

3. 讲究科学合理

设计开发新产品时，必须科学合理，充分考虑其功能效用和安全保质问题。既要符合生理要求又要遵循人体工程学的原则，使消费者获得最佳的使用效果。例如，夏衣面料必须有良好的散热性，冬装则应轻便御寒；欧美人体型高大，东方人体型略小，座椅的设计应根据人们腿部的长短确定高矮。

4. 符合审美情趣

产品除了在功能、造型、结构等方面适应消费外，还应有观赏价值。产品内在美和外在美的统一是产品使用价值和欣赏价值的和谐。符合人们的审美情趣的产品往往最容易受到消费者的垂青，例如，食品要色、香、味俱全。产品要讲究造型美、艺术美和色彩美。女性用品应纤巧雅致，儿童用品应造型活泼、色彩鲜艳，男性用品则应造型粗犷、色彩大方。迎合消费者审美心理去设计开发新产品，要根据产品的性质和特点，达到内容形式的完美统一。

5. 符合社会潮流

男女老少的用品都有其流行性，流行心理指一定时期内能引起相同行动的心理共鸣。新产品的设计开发要研究消费者追求流行的动机，善于捕捉、预测时尚现象，发现时尚规律，及时以产品大小、形状、颜色等的创新去适应社会潮流，在传递流行的同时，甚至可以创造流行、指导消费。

## 三、新产品推广的心理策略

新产品推广的过程，也即消费者广泛接受新产品的过程。如何使消费者尽快认识、承认并接受新产品，除了新产品本身的因素和社会因素外，还与消费者自身的心理因素有关。

### （一）影响新产品购买的心理因素

1. 消费者对新产品的需要

需要是消费者一切行为的基础和原动力，也是消费者是否购买新产品的决定因素。所以企业开发新产品的第一要求就是消费者对新产品的需要。因此，企业要通过深入的市场调研和科学的预测，分析消费者需要变化的趋势及对产品的品质、性能、款式、包装、品牌的要求，研究开发满足市场需求的新产品。

2. 消费者对新产品的感知

消费者只有对某一新产品的性能、用途、特点有了基本了解之后，才能进行分析和判断。当消费者确信购买新产品能够为自己带来新的利益时，就会由此激发购买欲望，进而引发购买行为。消费者感知能力的强弱直接影响其接受新产品信息的准确度和敏锐度，从而导致其购买新产品的时间差异。

**【道德研判 6－1】**

**背景资料：**

丽嘉酒店是一家以杰出的服务闻名于世的豪华酒店，公司的目标是提供一流的顾客服务。一家报纸这样报道：“这家酒店雅致、漂亮。”一位顾客说：“但更重要的是酒店的职员所体现的美丽，他们总是不断地让你感到惊喜。”他说，去年他们的儿子在该酒店生病的时候，酒店连夜送来加蜂蜜的热茶；当她的先生因有事不得不回家一天，而回来时的班机又被推迟的时候，酒店的司机在候机室里等了近一个晚上。

**问题：**

请从职业道德和营销伦理角度分析这家酒店的服务。

**讨论分析：**

个人：每位同学根据道德研判的背景资料和问题，在固定的学习本上记下自己的分析结果。

小组：每小组6位同学，1人为组长，1人记录，小组成员都要陈述自己的观点，讨论后形成小组意见，准备在班级交流。

全班：各组派1位代表陈述本组观点。

教师：记录各组陈述要点，最后做点评。

提示

3. 消费者对新产品的态度

消费者对新产品所持的态度，是影响新产品购买行为的决定性因素。消费者在感知新产品的基础上，会对新旧产品的各项指标进行比较，形成对新产品的不同态度。如果比较后确信新产品具有独创、新奇、时尚等特点，能为自己带来新的利益及心理上的满足时，消费者就会对新产品产生好感，持有积极、肯定的态度。因此，企业往往通过迎合消费者既有的态度来促进新产品的销售，有些时候在成本允许的情况下也可能去改变消费者的态度。

4. 消费者的个性特征

消费者的兴趣爱好、气质、性格、价值观等个性心理特征千差万别，这些直接影响消费者对新产品的接受程度与速度。个性外向活泼、乐于接受新事物、富有冒险和创新精神的消费者，比那些性格保守、兴趣单一、墨守成规的消费者更易于接受新产品，且接受的速度更快。

**（二）新产品推广与扩散的心理策略**

1. 消费者接受新产品的过程与市场扩散

消费者接受新产品的心理过程，一般分为五个阶段。即：

（1）知晓。获得新产品信息的初始阶段，但还缺乏了解。

（2）兴趣。在广告宣传刺激的作用下，对新产品产生兴趣，开始寻求有关新产品的信息。

（3）评价。对新产品的价值进行分析、评估，考虑是否试用这种新产品。

（4）试用。开始少量试用新产品，并根据试用的感觉来修正对新产品的评价。

（5）采用（再购买及扩散）。试用新产品感到满意后，决定正式购买，并重复使用该产品。

企业若要做好新产品的推广和扩散，就不能使目标市场的消费者长期停留在起初的三个阶段，必须采取有效的措施，重点促进消费者缩短评价到试用的时间，即促使消费者尽快地进入试用阶段。

**【思政互动6-1】**

“华为手机芯片被美国限制，如何自救需自主研发，不能完全靠西方。”请你结合目前国际国内的严峻市场形势，从营销职业道德角度谈谈你的看法。

2. 消费者对新产品的反应差异与市场扩散

新产品上市后，由于不同消费者对新产品的反应存在明显差异，推广花费的时间也就不一样。根据消费者采用新产品的态度，可以将他们划分为五种类型，即：

（1）创新采用者。这是“消费先驱”，富有个性，敢于冒险，信息灵通，经济宽裕，对新产品很敏感。这部分人在全部使用者中占2.5%左右，他们是投入新产品时的极好目标。

（2）早期采用者。一般比较年轻，经济状况良好，对新事物较敏感，他们对早期采用新产品具有一种自豪感，他们的行为对周围的消费者往往有较大的影响作用。这部分人占13.5%左右，他们是推广新产品的极好目标。

（3）中期采用者。他们较少保守思想，深思熟虑又不愿意赶“潮流”，这部分人占34%。

（4）晚期采用者。他们表现得多疑和优柔寡断，对新事物不敏感，在大多数消费者购买新产品后，才会采取行动，这部分人占34%左右。

（5）最晚采用者。一般比较保守，对新产品持怀疑态度，固守传统的消费观念，他们是最后采用新产品的人，这部分人占16%左右。

新产品能否打开市场，关键是做好前两种人的工作，要特别注意“消费先驱”和“早期消费者”的心理特征和他们通常接触的信息媒体，以便采取一定的促销手段，把有关新产品的信息传递给他们，通过他们的带头试用，使中晚期消费者模仿跟进，新产品的销路就会扩大，这几乎是新产品进入市场并获得成长与发展的一般规律。

**【同步案例6－1】**

**空气炸锅的广告语**

**背景资料：**

1. 全新空气大锅，美味随心放。

2. 无油烟，简单易操作，在家轻松做大餐。

3. 空气炸锅，可以给你带来意想不到的美食享受。

4. 空气炸锅是一种可以用空气来进行油炸的机器，主要是利用空气替代原本煎锅里的热油，让食品变熟的同时，热空气还吹走了食物表层的水分，使食材达到近似油炸的效果。

5. 让你吃得更健康，油炸食品热量高、易发胖，空气炸锅就没有这方面的烦恼，让你享受油炸的口感外还不用担心发胖哦，而且清洗方便，是大家的首选。

6. 空气炸锅可以做出更多美味的食物，可以让你吃到的食物没有任何的油脂，可以给自己带来一份低脂肪的食物，让我们享受了所有的健康。在这里可以自己做炸薯条、美味的鸡翅，享受到一种健康和低卡路里的生活状态。

**问题：**

空气炸锅这种新产品在开发市场时关注了消费者什么心理？为什么消费者愿意接受？谈谈你的看法。

**讨论分析：**

个人：每位同学认真研读本案例内容，结合本任务知识学习内容，在固定的学习本上写出你对本问题的看法。

小组：请同学们每4人为一个小组，1人为组长，1人记录，在小组讨论中每个人陈述个人看法，然后小组成员共同讨论，形成小组意见，并推荐代表准备在班级交流。

提示

全班：每个小组代表在班级陈述本组观点，班级其他同学也可以点评。

教师：教师记录各组陈述观点的要点，最后做点评。

【任务演练6－1】

## 新产品推广的心理策略调研

**实训目标：**

（1）思政目标：培养同学们积极深入企业调研，认真参与实训的态度，提升同学们积极深入企业调研新产品推广的心理策略等实际问题兴趣，培养同学们与人合作和沟通意识。

（2）能力目标：运用所学的新产品设计开发的心理需求和新产品推广的心理策略知识，熟练填写“新产品推广的心理策略调研表”（见表6－1），撰写新产品推广的心理策略调研报告的能力。

（3）知识目标：培养同学们在小组发言、小组讨论、调研分析表填写及调研分析报告撰写中，会运用新产品推广的心理策略等相关知识分析讨论问题，阐述自己的观点。

**训练内容：**

在本地市场选择产品，产品类型分别是全新产品、换代新产品、改进新产品、仿制新产品，每种类型选择一种代表性产品，就这种产品推广的心理策略进行调研。

**训练操作：**

（1）学生每4人一组，推荐一名负责人，一名记录员，明确成员分工和具体责任。

（2）利用休息日，到市场、网上、图书馆收集相关资料。

（3）小组成员商量确定调查地点，调查商品品种，深入市场组织实施调查，总结各个新产品推广的心理策略。

表6－1　新产品推广的心理策略调研表

| 新产品分类 | 产品举例 | 简述新产品推广的心理策略 |
|---|---|---|
| 全新新产品 | | |
| 换代新产品 | | |
| 改进新产品 | | |
| 仿制新产品 | | |

（4）就各个新产品推广的心理策略向商家、消费者等进行实地调查。

（5）每组选一位同学，代表本组在班级交流，最后由老师现场点评。

**成果要求：**

（1）每组填写一份“新产品推广心理策略调研表”。

（2）每组撰写一份新产品推广心理策略调研分析报告。

（3）根据每组调研表填写、调研分析报告撰写质量，小组成员在调查中的表现，小组展示交流表现，每个同学贡献度大小综合评定其实训成绩。

## 实训评价：

表 6－2　　　新产品推广的心理策略调研实训评价表

| 项目 | 评价标准 | 分值 | 小组个人自评（30%） | 小组成员互评（30%） | 教师评价（40%） | 小计 |
|---|---|---|---|---|---|---|
| 思政教育 | 能诚实守信、积极主动地参与了解消费者对新产品的广告心理，调研过程善于合作，纪律性强 | 10 | | | | |
| | 调研有计划，调研安排细致，能主动提出关于调查工作中的相关问题 | 10 | | | | |
| | 能够在企业调研中与营销人员和消费者心平气和地沟通交流 | 10 | | | | |
| 能力提升 | 能将所学的新产品开发推广的心理策略知识运用到新产品推广的心理策略调研中，学以致用 | 10 | | | | |
| | 根据实训要求实施调研，会运用信息化手段整理信息 | 10 | | | | |
| 知识应用 | 能基本理解新产品推广的心理策略等内容 | 10 | | | | |
| | 能完整陈述新产品推广的心理策略等知识 | 10 | | | | |
| 项目成果展示 | 能够独立完成实训任务，完成实训任务及时、主动，并能主动提出问题、解决问题 | 10 | | | | |
| | “新产品推广的心理策略调研表”、新产品推广的心理策略调研分析报告结构完整，选择商品符合要求，分析有特点 | 10 | | | | |
| | “新产品推广的心理策略调研表”、新产品推广的心理策略调研分析报告展示汇报形式新颖，陈述语言规范流畅，语速恰当，有感染力 | 10 | | | | |
| 合计 | — | 100 | | | | |

【任务学习自测题】

自测题 6－1

# 任务2 了解商品名称、商标设计的心理策略

## 学习目标

思政目标：通过本任务的知识学习，开展思政互动、同步案例、道德研判和任务演练等教学活动，激发同学们对学习商品命名、商标设计的心理策略相关知识的兴趣和积极性，认同商品命名的心理效应，品牌、商标设计的心理效应等分析活动中应遵循的营销伦理和营销职业道德、法律法规的基本内容。

能力目标：通过本任务的同步案例和任务演练等活动，培养同学们结合企业营销，对新产品的商品名称、商标设计的心理效应进行分析的基本能力。

知识目标：通过本任务的知识学习，能够叙述商品命名的心理效应，品牌、商标设计的心理效应等陈述性知识。

## 知识学习

### 一、商品命名的心理效应

商品名称即企业赋予商品的称谓。商品命名，就是通过消费者能够理解、便于记忆的语言文字，概括地反映商品的形状、性能、用途等特点。在现实生活中，消费者对商品的认识和记忆不仅依赖于商品的外形和商标，还要借助于商品的名称。消费者在接触商品之前，常常以自己对特定商品名称的理解来判断商品的性质、用途和品质，可见商品名称具有先声夺人的心理效应。所以一个容易记忆、寓意深刻、引发联想的商品名称能激发消费者的购买欲望。因此，有必要研究商品命名的心理特点，给商品起一个恰当的名字。

**（一）商品命名的心理需求**

1. 名实相符

名实相符，是指商品的名称要与商品的本身的特征相符合，使消费者能够通过名称迅速地概括商品的主要特征和基本效应，加速消费者认识商品、了解商品的过程。如脑白金、五粮液、雪碧、创可贴、飘柔等命名都是遵循这个原则。

2. 便于记忆

一个易读易记、言简意赅的名称会减轻记忆难度，缩短消费者的记忆过程。为此，商品命名应力求以最简洁的语言文字高度地概括商品的实体特性。为了便于消费者记忆，使用商品名称一般以3个字为宜，最好不超过5个字，如“三九”胃泰、金嗓子喉宝。此外，商品命名还要考虑商品的使用范围和相关消费者的知识水平，大众化商品的命名应通俗易懂，不宜出现难字、怪字。一个难以发音和不易读懂的商品名称，会使消费者产生畏惧心理，踌躇退缩，从而影响购买行为的发生。

3. 引人注意

引人注意是商品命名最主要的目的。商品命名应能对产品有恰当的形象描述，易使消费者产生好的印象和兴趣，同时应突出产品的特性，给人留下深刻的印象。给商品命名不能只用响亮的字眼，还应注意名字的寓意和特色，寓意好、有新意的名字能使人过目不忘，一听就印象极深。如可口可乐、王麻子剪刀、泥人张、狗不理和大宝 SOD 蜜等。

4. 正面联想

引发联想是商品命名的一项潜在功能。通过商品名称的文字和发音，使消费者产生美好的联想，进而产生对商品的认知和偏好，引起消费者的购买欲望。譬如"娃哈哈"这个名称，除了鲜明、准确的儿童定位，"哈哈"也是各种肤色的人表示欢笑喜悦的共同声音，作为商品名称，很容易唤起人们的欢乐心理，而且带有健康、吉祥如意的寓意，使人一见就高兴，一听就欢喜。

5. 避免禁忌

不同国家和地区的消费者因为民族文化、宗教信仰、风俗习惯及语言文字等方面的差异，可能会对同一商品名称的认知和联想截然不同。例如，我国的蝙蝠电扇，蝙蝠翻译成英语"Bat"却是吸血鬼的意思；美国通用汽车公司给一款车取名为 NOVA（诺娃），这是欧美许多国家妇女喜欢用的名字。但该车运到很多人讲西班牙语的拉丁美洲以后，很少有人购买。经调查后才发现"NOVA"一词在西班牙语中是"开不动"的意思，显然这种"开不动"的车唤不起消费者的购买欲望。

**（二）商品命名的心理策略**

商品命名的心理策略可以归纳为以下几种。

1. 根据商品的主要功能命名

这种命名能够直接反映商品的主要性能和用途，突出商品的本质特征，使消费者迅速了解商品的功效，以取得消费者的信任。很多工业品和药品都采用这种方法来给商品命名，如缝纫机、衣领净、感冒冲剂、牙痛安等。

2. 根据商品的主要成分命名

根据商品的主要成分命名是指所起的名称要突出商品的主要原料和主要成分，有助于消费者了解商品的使用价值和用途，多用于食品、药品和化妆品的命名，如桂圆八宝粥、人参蜂王浆、鲜橙多、芝麻糊、隆力奇蛇油膏等。

3. 根据人名命名

即以发明者、制造者或历史人物、传说人物、影视或体育明星等名字命名。这种命名将特定的人与特定的商品相联系，利用消费者对名人的仰慕心理，或者使消费者睹物思人，引发丰富的联想，从而使商品在消费者心目中留下深刻的印象。这种命名方法还可以给消费者以产品历史悠久、工艺精湛、用料考究、质量上乘等印象，以此诱发消费者的购买欲望，如张小泉剪刀、东坡肘子、杜康酒、李宁牌运动服等。

4. 根据商品的产地命名

这种命名方法是指在商品名称前冠以商品产地的名称，使人觉得产品正宗、历史悠久，具有浓郁的地方特色，一般多用于土特产品和名优产品的命名。这些产品往往是利用当地独特的原材料或传统工艺精制而成的。这样不仅可以突出地方风味和特色，而且可以迎合消费者"慕名购买"的心理，如贵州茅台、西湖龙井、青岛啤酒、北京烤鸭、金华火腿等。

5. 根据商品的外形命名

这种命名方法是指通过形象化的名称，突出产品新、奇、特、美的造型，引起消费者的注意和兴趣，从而加深消费者对商品的印象。它多用于食品、工艺品的命名，如猫耳朵、满天星等。

6. 根据商品的外文译名命名

这种命名方法多用于进口商品。直接借用商品的外文译名，既克服了翻译的困难，又满足了消费者求新、求异的消费心理，如可口可乐、三明治、阿司匹林等。“Coca Cola”译作“可口可乐”，该名称非常适合中国消费者的语言偏好，而且名称中流露出亲切和喜庆，让人联想到饮料可口，饮后会欢快喜悦。

7. 根据吉祥物或美好事物命名

根据吉祥物或美好事物命名，是一种迎合人们希望事事顺心的心理而为商品命名的方法，如龙凤水饺、福临门调和油等。

8. 根据商品的色彩命名

根据商品的色彩命名是指以商品或原材料的色彩给商品命名。以色彩命名突出了视觉效果，增强了商品的吸引力，如白加黑感冒片、黑五类芝麻糊、金丝蜜枣等。

总之，企业在为商品命名时，应将商品的名称与商品某一方面的特性联系起来，这样才能迎合消费者的某些心理规律，刺激消费者产生购买欲望，实现购买行为。

**【道德研判6-2】**

**背景资料：**

现在一些商品起名滥用谐音，越起越邪。如：“跳跳豆”“清嘴含片”被谐音成“挑逗”和“亲嘴含片”；有的方便面包装上大书“泡的就是你”；包子和奶茶被个别商家谐音成了“仁肉”包子和“二奶”茶，其理由是“仁肉”为虾仁肉，“二奶”即“牛奶+豆奶”。如果清晨出门赶着上班，原本神清气爽，可当你拿着几个“仁肉”包子，端着一杯“二奶”茶，那心里是个啥滋味呢？“吃”出的恐怕是血腥，“喝”出的无疑是恶俗。

**问题：**

你认为这样的命名符合营销道德吗？请对上述问题做出你的道德研判。

**讨论分析：**

个人：每位同学根据道德研判的背景资料和问题，在固定的学习本上记下自己的分析结果。

小组：每小组6位同学，1人为组长，1人记录，小组成员都要陈述自己的观点，讨论后形成小组意见，准备在班级交流。

全班：各组派1位代表陈述本组观点。

教师：记录各组陈述要点，最后做点评。

提示

## 二、品牌、商标设计的心理效应

### （一）品牌、商标的概念

绝大多数生产企业都为自己的产品赋予品牌与商标，它们已成为产品的一个不可缺少的组成部分。

品牌俗称牌子，是名称、符号、标记、图形或它们的组合，用于识别产品的经营者和区别竞争者的同类产品。品牌是一个集合概念，一般由以下三个部分组成：一是品牌名称，品牌中可以用语言称呼的部分。如可口可乐（饮料）、长虹（电视机）等。二是品牌标志，品牌中可以识别、辨认，但不能用语言称呼的部分，包括专门设计的符号、颜色、图案、字体等。如麦当劳金色的M标志、迪士尼乐园的米老鼠和唐老鸭图案等，它主要产生视觉效果。三是商标，经政府有关部门注册登记受法律保护的品牌或品牌的一部分，具有区域性、时间性、专用性的特点。

所以，商标就是商品的标志，是商品的生产者或经营者为了区别于其他同类竞争的产品而采取的一种标记。商标一般由文字、图形、符号、字母、颜色、线条等组成，商标经过注册登记后，具有专利并受法律的保护。

在现实生活中，品牌与商标经常被混淆使用。两者的区别主要表现在：品牌无须注册，品牌的全部或其中一部分经注册后，具有法律效力，就成为商标。两者的联系表现在：品牌与商标是整体与部分的关系，所有的商标都是品牌，但品牌不一定是商标。品牌是一个商业名称，其主要作用是宣传商品，商标是一个法律名称，可受到法律的保护。

一个企业的品牌和商标可以是相同的，也可以是不同的。品牌比商标有更广泛的内涵，品牌代表一定的文化，有一定的个性，而商标则是一个标记。人们习惯上把品牌与商标当作同义词来表述。

**（二）商标的心理功能**

商标是商品的一种特定标记。对于商家和消费者来说，它在心理方面的功能主要表现在：

1. 识别功能

商标是区别某一产品与其他产品的标志，它既具有鲜明的形象，又具有相对的稳定性。因此，它有助于消费者辨别、记忆，并在同类产品中进行比较。如果消费者使用了他认为满意的某品牌商品后，他在以后的消费行为中就会以此作为购买导向，产生重复购买并进而形成品牌忠诚。

2. 保护功能

如前所述，商标一经注册登记后，就具有了法律保护的使用专利、商标专用权，任何假冒、伪造商标的行为都要受到法律的制裁。这就可以防止其他制造商或经销商生产经营同种产品。这样不仅可以保护企业的合法权益，而且让消费者在购买使用商品时有一种安全感和信赖感，也可以使消费者免受假冒商品的损害。

3. 促销功能

商标作为某一具体商品质量、性能、价格和特点等的标志和保证，长期积累之后就成为产品的信用象征，获得消费者的认同，成为消费者选择商品的依据。特别是著名商标（名牌），由于其品牌知名度较高，企业具有完善的售后服务体系，顾客满意度较高，因而更能吸引消费者。

4. 提示和强化功能

当消费者存在某种需求时，商标的提示效应可以使消费者对商品产生偏好，从而影响消费者的购买决策，最终促成购买行为，这就是商标的提示功能。消费者使用该商品后如果反应良好，那么这种好感就会加深消费者对该商标的印象，它会使消费者在以后对这种商品的购买变成一种理性的购买或习惯性的购买。反之，一个与消费者心理不符的商标，会强化消费者对商品的摒弃心理，这就是商标的强化功能。

5. 标准统一功能

商标是产品质量和企业信誉的体现，同一商标的商品代表一定的质量标准和技术要求。消费者对商品或品牌的信赖与忠诚，正是建立在此基础上的。比如，一提起海尔电器，无论是电冰箱还是热水器，人们都会联想到高质量的产品与服务。

**【思政互动6-2】**

“自20世纪80年代，中国出口商品商标被抢注的有2000多起，造成每年约10亿元的无形资产流失。中国有不少老字号品牌如“狗不理”“北京同仁堂”“六必居”“海信”等商标在国外遭到抢注，不仅影响了老字号的声誉，还给企业走出国门设置了贸易壁垒。2005年，青岛海信集团历时6年，最终以50万欧元的价格，将被西门子公司在德国注册的“HiSense”商标赎回。腾讯公司域名被外国人抢注，最终以100万美元天价赎回。对市场上抢注商标的行为，请你从营销职业道德的角度谈谈你的看法。

### （三）商标设计的心理策略

一个读起来朗朗上口、特色鲜明的商标，无疑会更容易被消费者认知、记忆，进而获取消费者的信赖和激发消费者的购买欲望，促进企业产品的销售。进行品牌设计时，必须考虑到商品的特色和消费者的心理。

1. 造型优美，构思新颖

商标的设计要展现艺术魅力，独特别致、构思新颖、感染力强，才能满足消费者的求美心理，吸引人们的注意和给人留下深刻的印象，使顾客产生信任感，增加广告宣传的效果。如果商标设计平庸无奇或外观粗糙、抄袭，不但无法吸引消费者的注意，而且会给人一般化的感觉。

2. 能表示企业或产品的特色，不落俗套

人们通常对特别的东西记忆深刻，因此商标的设计应注意强调个性，突出特色，与众不同，切忌落入俗套。理想的商标最好是独一无二的，能很好地反映企业精神和产品的性质、特色及风格。如万里牌球鞋、珍珠美容霜、永久自行车、雪花冰箱等都较好地体现了这个要求，有利于产品推销。而三角牌轮胎、钻石牌饼干，则不利于产品的顺利销售。另外，重复使用的商标，如海燕、牡丹、熊猫等到处都用，这就使很美的名称显得俗气，既没有特色，也不便于识别。

3. 简单明了，易读、易记、易懂

消费者的注意力、记忆力难以容纳过多的要素，而简短、易读的商标更容易为人们接受和记忆。所以，商标应采用流行的色彩、明快的线条、精练的文字、抽象的图案，化繁为简，并且商标名称要朗朗上口，力求简短，让消费者易读、易记、易懂。如美国一家眼镜店用“OIS”（Oh，I See）三个字母作为品牌，就别具新意。

4. 出口商品的商标要符合异国的民俗风情

商标的设计必须考虑到各国、各地区、各民族不同的习俗和消费心理，不能使用消费者忌讳讨厌的词语、图案和符号。如在我国，“大象”一词有一种稳重、踏实、吉祥的寓意，被广泛用于商品的商标，但在英联邦国家恰恰相反，因为在英语里，“大象”还有愚蠢、笨拙的含义；再如马戏扑克以汉语拼音作为商标，而“MAXIPUKE”在英文中意为“最大限度的呕吐”，所以用这类商标的商品是不会有人问津的。另外，不同的图案、颜色、图形在不同的国家、民族，其意义也不相同，这些都是开拓国际市场的企业在进行商标设计时要特别留意的。

5. 遵守法律规定，不乱用商标

商标设计一定要严格遵守法律的有关规定。如有关国际的名称、国徽、国旗、军旗不允许用作商标，有关国际组织的旗帜、徽记、名称不允许用作商标等。要维护国家、民族、国际组织的尊严，维护社会和消费者的利益，维护生产同类产品企业平等竞争的权利，维护商标专用权人的合法权利。

**（四）商标运用的心理策略**

商标运用的心理策略就是企业如何合理地使用商标，以发挥商标的心理功能。企业在做出商标决策时，一般可以有以下几种选择。

1. 使用还是不使用商标

使用商标对大多数的产品来讲，都有积极的作用。第一，能将企业的产品与竞争者的产品区别开来，便于消费者认牌购买；第二，能够吸引具有品牌忠诚度高的顾客，建立稳定的顾客群；第三，取得的商标专用权受到法律保护，可以防范他人侵犯自己商标的行为；第四，知名品牌是企业宝贵的无形资产，能为企业带来长久的稳定的效益。因此，现在市场上绝大部分商品都使用品牌，包括一些传统上不用品牌的商品，如食盐、水果、蔬菜等。但对消费者而言，并不是所有的商品都必须采用商标，不使用商标的商品有以下情况：

（1）差异性较小的匀质产品，如电力、煤炭、钢材等；

（2）消费习惯上不是认牌购买的产品，如白纸、打火机、水果、布匹等；

（3）生产简单、没有一定的技术标准，选择性不大的产品，如小农具、针头线脑之类的小商品等；

（4）临时性或一次性生产的产品，如日食观测卡、一次性的纪念品等。

2. 使用生产商标还是销售商标

生产者使用本企业的商标称为生产商标。生产者把产品卖给中间商，使用中间商的商标，称为销售商标。一般情况下，商标是制造商加在产品上的标记，因为产品的质量特性等是由制造商决定的，所以生产企业都拥有自己的商标，在生产经营过程中力求使用自己的品牌。但是，自20世纪60年代以来，西方国家市场上，开始盛行中间商商标，即一些大型的批发商和零售商致力于开发自己的商标，如世界著名的零售商沃尔玛、家乐福、希尔斯（Sears）等都拥有自己的商标。使用销售商标，可以提高销售者的商誉，使它能宣传自己而不是生产者。

究竟使用谁的品牌，应根据消费者的心理和市场状况权衡利弊，做出抉择。

3. 使用统一商标还是个别商标

（1）个别商标策略。即企业为其各种不同的产品分别使用不同的商标。例如，宝洁公司生产的洗发水分别使用“飘柔”“海飞丝”“潘婷”等不同的商标。这种策略的优点是可以把个别产品的成败同企业声誉分开，不致因一种产品的失败而破坏企业的形象；使企业能针对不同细分市场的需要，树立各个产品的个性特征，有针对性地开展营销活动。

（2）统一商标策略。即企业所有产品都使用同一商标，例如“松下”“海尔”“力士”等系列产品。这种策略的好处是，推出新产品时可省去命名的麻烦，节省商标设计费用和广告宣传费用，壮大企业声势，有利于企业利用原有品牌的声誉推出新产品。缺点是不利于塑造各个产品的个性特征，并且某一种产品的失败，可能会影响整个品牌形象。因此，使用统一商标的企业，必须对所有产品的质量严加控制。

（3）统一和个别并用策略。它也称主品牌与副品牌策略，即企业为不同的产品分别使用不同的品牌，但每个品牌前均冠以统一的企业名称或统一品牌名称。例如，美国通用汽车公司，对它所生产的各种类型的汽车前面都加上“GM”两个字母，作为通用产品统一品牌，后面再分别加上凯迪拉克（Cakillac）、别克（Buick）、雪佛莱（Chevrolet）等不同品牌，目的是要表明这些汽车都是通用公司的产品，但它们又各有特点，如雪佛莱是普通的大众轿车，而凯迪拉克则是豪华的高级轿车。这种策略可以使新产品系统化，借助企业声誉扩大品牌影响，又可使各品牌保持相对独立性。

**【同步案例6－2】**

**金六福：根植中国“福”文化的品牌名称**

**背景资料：**

金六福在短短的三年时间里迅速崛起，年销售额已经达到十多亿元，成为中国白酒业的五强之一，业内称之为“金六福现象”。它的成功固然有很多因素，但不可否认的是，它有一个中国人喜欢的好名字。

“金六福”这一名称是金六福酒业有限公司在广泛征集创意，在花费大量的人力和物力的基础上，经过反复斟酌，在众多方案中选定的。

金六福的品牌名称的内涵是“寿、富、康、和、孝”。这是中国几千年来的传统文化的浓缩，它迎合了人们对于“福文化”的需求。因此，这个名字一经推出，立即引起了消费者的普遍爱好。

此外，金六福酒的包装设计也很独特。外盒包装以黄、红、金为主色，一至五星不同规格的产品，均采用类似的设计，突出了系列酒的特点。

五星“金六福”还在外包装上赋予“开门见福”“开门揭福”的吉祥创意，钱袋形状的酒瓶也寓意喝此酒一定会福星高照、财运亨通。其他星级的金六福酒都以不同方式，从不同角度突出了“福”字。

“金六福”系列酒的所有外包装、酒瓶标签上都有古代传说中的富贵吉祥鸟凤凰的图案，其线条流畅，极具观赏性。因此，喝金六福酒让人觉得不仅仅是在品优质的美酒，更是在品味五千年的华夏文化。可见，金六福的成功在很大程度上是托了品牌名称的福。

**问题：**

结合案例背景资料，谈谈“金六福”成功的主要原因是什么？商品名称和包装对塑造品牌形象有什么样的影响，对消费者购买心理有什么影响？

**讨论分析：**

个人：每位同学认真学习本案例内容，在固定的学习本上写出你对本案例的看法。

小组：请同学们每4人分成一个小组，1人为组长，1人记录，在小组讨论中每个人陈述个人看法，然后小组成员共同讨论，形成小组意见，并推荐代表准备在班级交流。

提示

全班：各个小组代表在班级陈述本组观点。

教师：教师记录各组陈述观点的要点，最后做点评。

**【任务演练6-2】**

**商品命名、商标设计心理策略运用调研**

**实训目标：**

（1）思政目标：培养同学们积极深入企业调研，认真参与实训的态度；提升同学们积极深入企业对商品命名、商标设计心理策略运用调查等实际问题的兴趣；培养同学们与人合作和沟通能力。

（2）能力目标：运用所学的商品名称、商标设计的心理策略知识，较准确地填写"商品命名、商标设计心理策略运用调研分析表"（见表6-3），撰写调研分析报告。

（3）知识目标：培养同学们在小组发言、小组讨论、调研分析表填写和调研分析报告撰写中，会运用商品命名、商标设计心理效应等相关知识分析讨论问题，阐述自己的观点。

**训练内容：**

选择本地有特色的五种商品，就商品命名、商标设计方面运用消费心理策略进行调查。

**训练操作：**

（1）学生每4人一组，选定1名负责人，1人记录，明确成员分工和具体责任。

（2）利用休息时间，到市场、网上、图书馆收集相关资料。

（3）选定调查商品名称，了解商品命名、商标设计的特点。

**表6-3　　商品命名、商标设计心理策略运用调研表**

| 序号 | 商品命名 | 商品命名心理效应分析 | 商标设计说明 | 商标设计心理效应分析 |
|---|---|---|---|---|
| 1 | | | | |
| 2 | | | | |
| 3 | | | | |
| 4 | | | | |
| 5 | | | | |

（4）就五种商品的命名、商标设计及心理策略运用等问题，向商家、消费者进行调查了解。在调查了解的基础上，小组成员共同讨论总结商品命名和商标设计的心理效应，并填写调研表。

（5）每个小组推荐一名代表在班级交流，其他学生可参与讨论，并由老师现场点评。

**成果要求：**

（1）每组填写一份“商品命名、商标设计心理策略运用调研表”。

（2）每组撰写一份商品命名、商标设计心理效应分析报告。

（3）根据每组调查分析表填写、调研分析报告撰写的质量，小组成员在调查中的表现，综合评定每个同学的实训成绩。

**实训评价：**

**表6-4　商品命名、商标设计心理策略运用调研实训评价表**

| 项目 | 评价标准 | 分值 | 小组个人自评（30%） | 小组成员互评（30%） | 教师评价（40%） | 小计 |
|---|---|---|---|---|---|---|
| 思政教育 | 能诚实守信，做好调研前的准备工作，在调研活动中真诚待人，团结合作，高质量完成任务 | 10 | | | | |
| | 调研有计划、安排有序、分工明确，能主动提出关于调查工作中的相关问题 | 10 | | | | |
| | 能够在企业调研中与营销人员和消费者心平气和地沟通，利用信息化手段收集资料 | 10 | | | | |
| 能力提升 | 能将所学的商品命名的心理效应、商标设计心理效应等专业知识与营销人员沟通，学以致用 | 10 | | | | |
| | 根据实训要求实施调研，会运用信息化手段整理分析信息 | 10 | | | | |
| 知识应用 | 能运用商品命名的心理效应，商标设计心理效应专业知识设计调研问题 | 10 | | | | |
| | 能结合商品命名的心理效应，商标设计心理效应等专业知识填写调研表，撰写调研分析报告 | 10 | | | | |
| 项目成果展示 | 能够独立完成调研任务，完成调研任务及时、主动，并能主动提出问题、解决问题 | 10 | | | | |
| | “商品命名、商标设计心理策略运用调研表”、商品命名、商标设计心理效应分析报告结构完整，内容观点正确 | 10 | | | | |
| | “商品命名、商标设计心理策略运用调研表”、商品命名、商标设计心理效应运用分析报告展示汇报形式新颖，陈述语言规范流畅，语速恰当，有感染力 | 10 | | | | |
| 合计 | — | 100 | | | | |

【任务学习自测题】

自测题 6－2

## 任务3　了解商品包装的心理策略

### 学习目标

思政目标：通过本任务的知识学习，开展思政互动、同步案例、道德研判和任务演练等教学活动，激发同学们学习商品包装的心理策略等相关知识的兴趣和积极性，认同商品包装的心理策略中应遵循的营销伦理和营销职业道德、法律法规的基本要求。

能力目标：通过本任务的同步案例和任务演练，会对商品包装设计的心理需求、商品包装设计的心理策略进行分析。

知识目标：通过本任务的知识学习，能准确叙述商品包装的含义和功能、商品包装设计的心理需求、商品包装设计的心理策略等陈述性知识。

### 知识学习

#### 一、商品包装的含义和功能

**（一）商品包装的含义**

包装是指设计、制作容器或包扎物，并运用容器或包扎物将商品盛装的一系列活动。按包装在商品流通中所起的不同作用，可将包装分为运输包装和销售包装。运输包装又称为工业包装、外包装，其主要作用是为了保护产品和提高运输效率；销售包装，又称内包装或小包装，是接触商品并随商品进入零售环节的包装，直接与消费者见面，其主要作用是美化商品，促进销售。

**（二）商品包装的心理功能**

包装是产品的延伸，是货架上的广告，特别是在自选购买中，商品包装正逐渐成为无声的推销员。如果包装的色彩造型能吸引消费者的眼球，包装上的宣传广告能抓住消费者的心理，包装上的说明能解答消费者的疑问，就有可能使消费者产生购买动机。由此可见，商品包装对消费者心理及购买行为有较大的影响，包装的心理功能主要表现在：

1. 识别商品

消费者在选购商品时，首先映入眼帘的不是商品的实体，而是商品的包装。商品包装可以说明商品的名称、品质和商标，介绍商品的特效和用途，展现企业的特色，是区别其他种类或品牌商品的重要标志。不同商品包装的文字、图案起到了简单说明和广告的效用，并帮助消费者辨认、比较和选择，从而加快了购买行为中心理活动的认知过程。

2. 引起兴趣

在琳琅满目、品种繁多的商品市场上，醒目的包装能够吸引和诱导消费者购买商品，一些有时代气息、艺术感和名贵感的产品包装，不仅能够紧紧地吸引消费者的视线、唤起消费者浓厚的兴趣，还能美化产品、增加产品的外观质感。更重要的是，好的产品包装能够刺激消费者的感官，诱发消费者对产品的积极情感，甚至使消费者纯粹出于对包装的喜爱而做出购买决定。

3. 便利增值

根据消费者的习惯，对产品进行合理和恰当的分装，给消费者带来便利感和安全感，起到便于使用和指导消费的作用。例如，现代小包装产品越来越受到家庭和个人消费者的欢迎。同时，良好的包装能满足消费者的某种心理需求，并将包装与质量联系起来，在一定程度上降低了消费者对价格的敏感性，使顾客愿意以较高的价格购买精美包装的商品，从而增加企业的利润。可见产品包装已逐渐成为产品增值和企业增利的手段和方式。

4. 促成购买

在一定程度上，精美的包装、适当的色彩、巧妙的图案设计往往能够促进销售，起到“无声推销员”的作用，它正在成为一种几秒钟的瞬间广告。顾客购买商品时，首先触及的是产品的包装装潢，精美的包装给人以美的享受，给消费者留下深刻的第一印象，提高顾客的视觉兴趣，激发顾客的购买欲望。“买椟还珠”的寓言故事，或许能给我们提供许多的启示。在超级市场实行顾客自我服务的情况下，更需要利用产品包装来向顾客宣传、介绍产品以吸引顾客。

## 二、商品包装设计的心理需求

商品包装要获得消费者的认同和喜爱，必须结合心理学、美学、市场营销学等基本知识，特别要充分利用包装的外观形象，满足消费者对包装及其内容的心理要求。

### （一）突出商品形象

要让消费者满足“先入为主”的心理，商品包装必须形象突出。例如，独特奇异的包装容易与常规的包装形式形成对比和反差；开窗式包装往往能满足那些急于了解商品“真面目”的消费者的求知心理和好奇心理；系列式包装的商品陈列，具有统一格调，给人以集中、完整的印象，比零星点缀的商品更能吸引消费者的注意力和唤起购买欲；用鲜明、真实的实物彩色照片做包装，以逼真形象引人入胜。

### （二）使用安全便利

包装设计必须考虑为消费者携带、使用、储存等提供方便，力求科学、合理、安全、便利。例如，提包式、折叠式包装便于携带；笨重物品在其包装上安置把手，以便于搬运；方便即食面用碗形包装，罐头使用拉环式包装，香水采用喷雾式包装，以便于使用；易燃、易挥发、易受潮等物品用密封包装；有的家用电器、药品在包装上标明保管方法、安全使用注意事项或“无毒”“无副作用”字样等，使消费者产生安全感和方便感。

### （三）富有美感和时代感

商品包装的形状、图案、色彩，力求具有欣赏价值、艺术价值，给人一种美的享受，满足消费者的求美心理。实践证明，富于艺术魅力的商品包装，可以促进潜在的消费者变为实际的消费者，甚至变为习惯性购买的消费者。在购买活动中，求新、求变、求好的心理也起着很重要的作用，其体现在商品的包装上，必须充分利用现代科学技术、制作工艺、新型材料等，赋予包装浓厚的时代特色，给消费者以新颖独特、简洁明快、时尚新潮的感觉。

**（四）诱发美好联想**

包装中不论是式样、构图、文字、数字、线条、符号、色彩的任何一项设计，都会引起消费者的不同看法，产生不同的心理联想。因此，包装设计必须高度注意这种心理现象，全面考虑消费市场的各种因素，充分掌握消费者的兴趣爱好与忌讳，力求包装的各项内容含义积极、健康、美好，符合消费者的心理愿望。

**（五）适合文化环境**

因每个地区的宗教信仰、风俗习惯、文化背景、地理环境不同，所以在产品包装上应避免出现一些禁忌。出口产品要充分考虑不同国家的禁忌，如禁忌的一些数字、图案、颜色，以免影响市场营销效果。

**【道德研判6-3】**

**背景资料：**

我们到市场上去看，会发现很多食品厂商标注了厂名、厂址、生产日期、使用有效期、产品构成成分及营养成分等，但有些企业为了掩盖自己产品的缺陷，达到推销的目的，常标识一些失真的信息，如在产品所含的营养成分中故意回避人们普遍关心的正规成分而列举大量不相干成分。一些企业的警示标志也故意不让顾客引起注意，常用很小的字体标注在不显眼的地方。

**问题：**

本例中存在哪些道德伦理问题？请对上述问题做出你的道德研判。

**讨论分析：**

个人：每位同学根据道德研判的背景资料和问题，在固定的学习本上记下自己的分析结果。

小组：每小组6位同学，1人为组长，1人记录，小组成员都要陈述自己的观点，讨论后形成小组意见，准备在班级交流。

全班：各组派1位代表陈述本组观点。

教师：记录各组陈述要点，最后做点评。

提示

## 三、商品包装设计的心理策略

商品包装的设计，应以消费者的各种心理需求为依据，通过设计使商品包装能引起消费者积极的心理效应，以刺激购买欲望。常用的包装设计心理策略主要分为以下三种。

**（一）按照消费习惯设计商品包装**

在长期的消费过程中，消费者都会形成一定的购买习惯。因此，按照消费者的消费习惯设计商品包装，是一种十分重要的心理策略。

1. 惯用包装

惯用包装是沿用消费者长期使用，已形成惯例的包装形式。这种包装比较符合消费者的传统观念或生活习惯，使消费者乐于接受，也便于消费者识别及记忆商品，易于让消费者产生信赖感。如20支装的香烟、透明的瓶装饮料、用铝盒包装的鱼肉罐头、用玻璃瓶包装的水果罐头、用纸盒包装的鞋帽等。

2. 分量包装

分量包装是按消费者的购买习惯，按照商品的重量或数量，分别设计大小不同的包装。例如，牙膏、洗衣粉等日用品，糖果、饼干等食品，都有大、中、小号不同的包装。采用这种包装，为消费者购买提供了充分的选择余地，有的商品价格高，一次购买量大，消费者难以接受，而分量少、体积小的包装能使消费者产生便宜感，也便于消费者尝试性购买，促进销售的作用十分显著。

3. 配套包装

配套包装是针对消费者的使用习惯，把消费者经常使用或同时使用的多种商品，搭配成套包在同一包装物中。如咖啡和咖啡伴侣、洗发水和护发素、餐具、茶具以及各种化妆品的混合包装等。这种包装为消费者的使用带来了方便，适应消费者的求便心理，有利于推动多种商品的连带销售，也可以节约包装费用。

4. 系列包装

系列包装是企业将用途相似、品质相近的不同商品，在包装上采用相似颜色、图案、形状、包装形式，体现出共同的特征，以便于消费者识别、记忆和选购。如市场上销售的很多饼干，采用规格相同、主体图案相同，但颜色不同以表示不同口味的系列包装。

**（二）按照消费水平设计商品包装**

由于消费者的经济收入、家庭负担和消费观念不同，因而消费水平存在一定的差异。商品包装应照顾到各类消费者，满足不同消费层次消费者的消费需求。

1. 等级包装

等级包装是对不同档次或不同质量等级的商品分别使用不同的包装，并在包装材质、装潢风格上力求与产品档次相适宜。这种包装可以满足不同消费层次的顾客在不同使用环境中的消费需求，使不同收入的消费者心理都能得到满足，而且也不至于因为某一种产品销路不畅而影响其他产品的声望。例如，高级工艺品可采用丝绸及锦盒来包装，一般工艺品可使用纸盒来包装。

2. 复用包装

这是一种能周转使用或具有双重用途的包装。当原包装的商品使用完毕后，包装可以重复使用或是移作其他用途，如当工艺品或日用品等。这种包装适应了消费者的一物多用及求新、求利等心理要求，它所具有的适用性、耐用性和艺术性，不但使消费者愿意付出较高的价格购买商品，而且客观上起到了长时间广告宣传的作用。

3. 简易包装

简易包装是一种成本低廉、构造简易的包装形式，选用廉价的、可回收利用的材料，简化包装结构从而减少包装成本。其目的一是降低销售价格，满足消费者求实、求廉的心理；二是避免“形式大于内容”的过度包装，有利于环境保护，一般用于家庭普通日用消费品的包装。

4. 礼品包装

这是一种装饰华丽、富有欢庆色彩、情感动人的包装，它符合消费者进行社交活动和希望与人沟通的心理要求。尽管礼品包装商品的价格略高，但它增加了礼品的价值感，达到了体现情感的目的，往往为消费者所乐意接受。如节日礼品通常采用喜庆的红色或金色礼盒包装。

5. 特殊包装

适应消费者的某些特殊需要，对价格昂贵、货源稀缺、工艺精良的名贵商品，一般采用具有较高价值或珍藏价值、突出商品名贵性的包装。例如，一些珍贵工艺品的包装，盒面装潢精美，盒内有丝绒衬垫，体现了工艺品的稀有名贵，身价倍增。特殊规格的包装能够满足消费者求名、求荣、求高档次等心理的需要。

**【思政互动 6－3】**

在重大节日前，市场上的一些商品过度包装屡见不鲜，对这种过度包装你怎么看？请你从营销道德和引导消费者合理消费的角度谈谈你的看法。

### （三）按照消费者性别年龄设计包装

不同性别和年龄的消费者，由于生理和心理的差异，对商品包装的观念也不同，商品包装应顺应这些差异进行设计。

1. 男性化包装

男性消费品的包装，应适应男性追求刚劲、庄重、坚毅、粗犷等心理要求，尽量采用表现力度、男性气质的设计风格和表现手法的商品包装。此外，注意包装设计的科学性和实用性。

2. 女性化包装

女性消费品的包装，要适应女性追求温柔典雅、美丽时尚的心理需求，包装要突出其流行性、时尚性和艺术性。包装的艺术魅力，是一种最优雅、最成功的促销手段。

3. 儿童用品包装

儿童用品的包装，要适应少年儿童追求新奇、生动、趣味、模仿、幻想的心理要求，迎合孩子天真活泼的天性，尽量采用形象明快、色彩鲜艳、具有知识性和趣味性的包装。

4. 青年用品包装

青年用品的包装，要适应青年人追求新颖、美观、大方、新潮、流行等心理要求，采用时尚与实用相结合，知识与情感相结合，使商品的包装富于美感和时代感。

5. 老年用品包装

老年用品包装，要适应老年人追求庄重、朴实、淳厚的心理要求和传统的消费习惯，采用传统与实用相结合，使商品包装体现方便、简朴，突出舒适、便利。

**【同步案例 6－3】**

**关于甘汁园的商品包装方面的心理策略**

**背景资料：**

甘汁园先后被评为南京市著名商标、江苏省著名商标，目前在中国的主要大中城市都建立了销售平台。甘汁园是消费者首选的食糖品牌。

一、商品命名与特点

目前甘汁园功能红糖已经拥有益母红糖、阿胶红糖、姜汁红糖、产妇红糖、女生红糖等品种。

益母红糖："千年补方，自然调理"。根据李时珍"本草纲目"、孙思邈"千金方"，以红糖为主，添加维生素王"大枣"、驱寒佳品"胡椒"。内含钙、铁、锰、锌等人体必需的微量元素及多种维生素，有温经化瘀、理气止痛的功效，还能补充随月经流失的钙、铁、锰、锌等营养素，是成年女性优选的健康食品。

姜汁红糖："越喝越暖和"，以红糖为主，添加驱寒暖热佳品"八爪姜"，热水冲喝后，再冷的冬季都感觉到身体暖洋洋的，并且可以达到预防感冒、缓解感冒不适症状的效果。内含钙、铁、锰、锌等人体必需的微量元素及多种维生素，有驱寒暖胃、增进食欲、活血化瘀、缓解腹痛、益气补血、补充微量元素和维生素的作用。在以红糖为主料的调理品中，姜汁红糖最为经典，无论民间还是医书均有流传，男女老幼均可食之。

阿胶红糖："喝出好气色"，以红糖为主，添加阿胶，充分补充女性所需的多种微量元素；补血气，养颜，从而达到由内到外的调养。内含丰富的钙、铁、锰、锌等人体所需的微量元素及维生素B1、维生素PP等成分，是女性美满生活首选的健康营养食品。

女生红糖："月喝月舒服"，跟益母红糖有异曲同工功效，适用于校园销售。女生红糖是针对现代年轻女生身体素质特别开发的健康调理食品，以老姜温中散寒，以红枣、桂圆、红糖补益身体，非常适合年轻女性调理身体。

产妇红糖："全面恢复元气"，内含钙、铁、锰、锌等产妇必需的微量元素及有机酸、维生素A、姜辣素、胡椒碱、挥发油等营养成分，功能和阿胶红糖一样，主要补充女性所需多种微量元素，从而达到全面恢复女性生产后的元气。内含钙、铁、锰、锌等人体必需的微量元素及维生素B1、维生素B2和维生素PP，是产妇"坐月子"的健康食品。

纯正红糖："原汁原味"，既可补血养气，又可做烹调调味；润色添加品。用红糖烧菜，色彩艳丽，另外营养更加丰富。本品选用优质甘蔗精加工而成，口感纯正、蔗香浓郁，内含钙、铁、锰、锌等人体必需的微量元素，是老少皆宜和居家饮用的传统食品。

二、目标消费者需求特点

我们的目标消费者主要是女性消费者。女性消费者又分为经期调养类、孕妇类、日常饮用类。

1. 经期调养类的消费者需求特点：女性在经期有腹痛、手脚冰凉、体寒等症状，她们则需要补中益气，养血生津。因为女性红糖对贫血、心悸、失眠、健忘、神经衰弱都有帮助，非常适合年轻女性调理身体。

2. 孕妇类的消费者需求特点：孕妇在怀孕期严重缺失钙、铁、锰、锌等人体必需的微量元素及维生素B1、维生素B2和维生素PP，孕妇红糖就是这类女性在孕后必备的健康食品。

3. 日常饮用类的消费者需求特点：红糖有益气、补益心脾、养血安神、润肤美容等功效，所以红糖成为年轻女性的日常饮品必备。

三、商品包装设计

1. 甘汁园的包装形象突出，使消费者一眼能看出它的销售方向和产品功效。

2. 甘汁园的包装商品陈列具有统一格调，给人以集中完美的印象，比零星点缀的商品更吸引消费者的购买力和消费欲望。用鲜明真实的彩色照片做包装，可以形象逼真，引人入胜。

3. 甘汁园力求从包装的形状、图案到色彩，浓缩欣赏价值和美感享受，以满足消费者的审美心理。

4. 甘汁园包装中的式样、构图、文字、数字、线条、符号、色彩，各项中的任何一项设计都会引起消费者的不同看法，产生不同的心理联想。

5. 甘汁园更换新 LOGO 和包装，统一 VI 视觉新形象并且明确产品定位，给消费者一个消费甘汁园的理由。

四、商品营销业绩

甘汁园年营业额已突破 1 亿元，并先后在北京、上海、西安、大连、沈阳、合肥、武汉、长沙、南昌、厦门等地设立了分公司，实力雄厚，效益极佳。公司以推广营养保健食用糖为己任，以上海科研基地为依托，在江苏南京、江苏盐城、云南昆明等地设有多家基地生产企业。

五、存在问题和改进意见

存在问题：由于红糖本身糖度过高，渗透压很大，自由水分很少，微生物也无法繁殖。甘汁园所用的包装是不可降解塑料，塑料本身会有一个老化现象。

改进意见：甘汁园的包装袋可以将塑料袋改进为玻璃罐。在两种包装的密封程度是一样的情况下，玻璃罐会比塑料袋好一点。因为塑料本身会有一个老化现象，玻璃就不会。

**问题：**

以上案例对你有何启发？

**讨论分析：**

个人：每位同学结合本案例内容，查找资料，认真思考，把思考结果写在固定的学习本上。

小组：请同学们每 4 人分为一个小组，1 人为组长，1 人记录，在小组讨论中每个人陈述个人看法，然后小组成员共同讨论，形成小组意见，并推荐 1 名代表准备在班级交流。

提示

全班：每个小组代表在班级陈述本组观点，本组其他同学可补充。

教师：教师记录各组陈述观点的要点，最后做点评。

**【任务演练 6－3】**

## 商品包装的心理策略调研

**实训目标：**

（1）思政目标：培养同学们深入企业积极调研，认真参与实训的态度；提升同学们深入企业研究商品包装的心理策略等实际问题的兴趣；培养同学们与人合作和与人沟通的能力。

（2）能力目标：运用所学的商品包装的心理策略知识，较准确地填写“商品包装的心理策略调研表”（见表 6－5），撰写调研分析报告。

（3）知识目标：培养同学们在小组发言、小组讨论、调研表填写和调研分析报告撰写中，会运用商品包装的心理策略等相关知识分析讨论问题，阐述自己的观点。

**训练内容：**

选择本地市场售卖的包装过度和绿色包装的产品各3种，就商品包装的心理策略进行调查。

**训练操作：**

（1）学生每4人一组，选定1名负责人，1人记录，明确成员分工和具体责任。

（2）利用休息日，到市场、网上、图书馆收集包装过度和绿色包装的产品的相关资料。

（3）深入企业调查，确定调查的商品包装内容，将调研收集的资料经小组成员共同讨论，形成小组意见后填入调研表（见表6－5）。

**表6－5　商品包装的心理策略调研表**

| 分类 | 商品包装实例说明 | 心理策略分析说明 |
| --- | --- | --- |
| 包装过度（1） | | |
| 包装过度（2） | | |
| 包装过度（3） | | |
| 绿色包装（1） | | |
| 绿色包装（2） | | |
| 绿色包装（3） | | |

（4）就该商品包装的特点及心理策略运用，向商家、消费者等进行了解，收集撰写调研报告的资料（调研报告可附照片和说明）。

（5）每组推荐一位同学在班级交流本组调研表和调研分报告的内容，学生可参与讨论，由老师现场点评。

**成果要求：**

（1）每组填写一份“商品包装的心理策略调研表”。

（2）每组撰写一份商品包装的心理策略调研分析报告。

（3）根据每组调研表和调研分析报告完成的质量，小组成员在调查中的表现，每个同学的贡献度大小，综合评定每个同学的实训成绩。

**实训评价：**

**表6－6　商品包装的心理策略调研实训评价表**

| 项目 | 评价标准 | 分值 | 小组个人自评（30%） | 小组成员互评（30%） | 教师评价（40%） | 小计 |
| --- | --- | --- | --- | --- | --- | --- |
| 思政教育 | 能诚实守信、积极主动地做好调研前的准备工作，在调研活动中真诚待人，团结合作，按时完成任务 | 10 | | | | |
| | 养成做事有计划的工作作风，能主动提出关于调查工作中的相关问题 | 10 | | | | |
| | 能够在企业调研中与营销人员和消费者心平气和地沟通 | 10 | | | | |

续表

| 项目 | 评价标准 | 分值 | 小组个人自评（30%） | 小组成员互评（30%） | 教师评价（40%） | 小计 |
|---|---|---|---|---|---|---|
| 能力提升 | 能将所学的商品包装的心理策略知识运用到商品包装的心理策略调研中，学以致用 | 10 | | | | |
| | 根据实训要求实施调研，会运用信息化手段整理信息 | 10 | | | | |
| 知识应用 | 能基本理解商品包装的心理功能，商品包装设计的心理需求，商品包装设计的心理策略等内容 | 10 | | | | |
| | 能完整陈述商品包装和心理功能，商品包装设计的心理需求，商品包装设计的心理策略等知识 | 10 | | | | |
| 项目成果展示 | 能够独立完成实训任务，完成实训任务及时、主动，并能主动提出问题、解决问题 | 10 | | | | |
| | “商品包装的心理策略调研表”、商品包装的心理策略调研分析报告结构完整，内容观点正确 | 10 | | | | |
| | “商品包装的心理策略调研表”、商品包装的心理策略调研分析报告展示汇报形式新颖，陈述语言规范流畅，语速恰当，有感染力 | 10 | | | | |
| 合计 | — | 100 | | | | |

【任务学习自测题】

自测题 6－3

## 本项目知识脉络

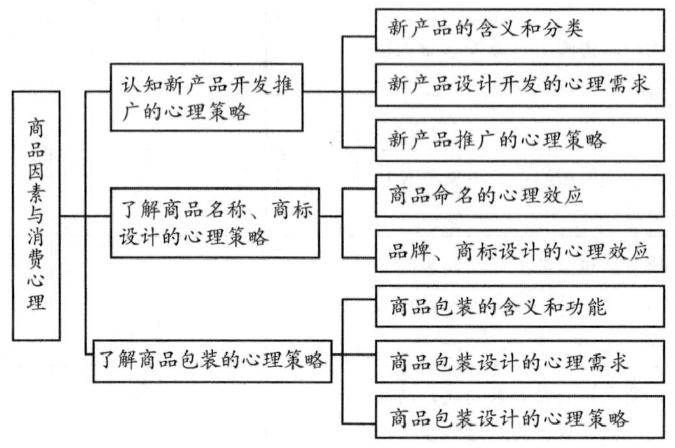


## 本项目综合实训

### 商品因素与消费心理调查

**背景与情境：**

你学习了商品因素与消费心理内容以后，已经知道了新产品开发推广的心理策略，商品名称、商标设计的心理策略，商品包装的心理策略，你还很想深入实际了解一下，市场上许多新产品的商品命名、商标设计、商品包装的心理策略在实际营销中是如何应用的。请你在吃、穿、用、行中各选择一种商品，对其商品命名、商标设计、商品包装的心理策略进行调查分析。

**实训目标：**

（1）思政目标：会运用新产品开发推广的心理策略，商品名称、商标设计的心理策略，商品包装的心理策略等专业知识与企业营销人员进行沟通，并能友好地与调查中的营销人员处理相关问题，顺利完成调研任务。具有践行营销伦理和道德的意识，保护商业秘密的意识。

（2）能力目标：会运用新产品开发推广的心理策略，商品名称、商标设计的心理策略，商品包装的心理策略等专业知识，对商品因素与消费心理调查中的问题进行分析的能力。

（3）知识目标：通过商品因素与消费心理调查，加深对新产品开发推广的心理策略，商品名称、商标设计的心理策略，商品包装的心理策略等陈述性知识的理解。

**实训步骤：**

（1）每4人一组，其中1人为组长，1人负责记录，由组长组织讨论并明确小组成员的分工，共同讨论调研思路，按分工各负其责，随时沟通，积极配合，共同完成本实训任务。

（2）每组在本地市场上选择商品（在吃、穿、用、行中各选择一种新产品），仔细了解每个新产品的商品命名、商标设计、商品包装的心理策略。

（3）实际调查前要从网上、图书馆搜集商品命名、商标设计、商品包装的心理策略等资料。

**实训成果及要求：**

（1）每组要认真填写每一个新产品商品命名、商标设计、商品包装的心理策略调查表（填查表样式自定），调查表要能把每一个新产品商品命名、商标设计、商品包装的心理策略的特征展示清楚。

（2）每组撰写一份调查报告（调查报告体例自定）。调查报告要详细说明调查时间、调查地点、调查目的、调查对象、调查方法、调查内容、调查结论、对企业营销的建议等内容。报告不少于1500字。

**实训时间：**

调查活动和报告撰写利用课余时间，班级展示2课时。实训时间的安排，在学生学习本项目内容开始时，即可给学生布置本实训任务，利用课余时间去进行调查，并积极填写调查表，调查完成后学生撰写调查报告，老师利用业余时间指导学生修改报告。在学生学习完本项目内容后，用2课时让各小组展示交流本组调研成果，其他组同学可点评，最后由老师点评并评定各小组成绩，各小组依据每位同学在本次调查中的贡献度大小评定个人成绩。经过展示交流后，依据老师和学生点评意见，各组再次修改完善实训报告，并把修改后的报告在班级微信平台展示交流。

**实训评价：**

**表6-7　商品因素与消费心理调查实训评价表**

| 项目 | 评价标准 | 分值 | 小组个人自评（30%） | 小组成员互评（30%） | 教师评价（40%） | 小计 |
|---|---|---|---|---|---|---|
| 思政教育 | 能诚实守信、积极主动地参与商品因素与消费心理的相关调查活动，态度端正，善于合作，纪律性强 | 10 | | | | |
| | 调查过程中表现出细致、严谨的工作作风，能主动提出关于完善商品因素与消费心理调查的相关问题 | 10 | | | | |
| | 在商品因素与消费心理调查中具有保护商业秘密的意识 | 10 | | | | |
| 能力提升 | 能将所学的新产品开发推广的心理策略，商品名称、商标设计的心理策略，商品包装的心理策略等知识运用到实训调查中，学以致用 | 10 | | | | |
| | 结合实际会运用新产品开发推广的心理策略，商品名称、商标设计的心理策略，商品包装的心理策略知识对调查表内容进行汇总、分析的能力 | 10 | | | | |

续表

| 项目 | 评价标准 | 分值 | 小组个人自评（30%） | 小组成员互评（30%） | 教师评价（40%） | 小计 |
|---|---|---|---|---|---|---|
| 知识应用 | 在小组讨论中能准确运用新产品开发推广的心理策略，商品名称、商标设计的心理策略，商品包装的心理策略等相关知识进行陈述 | 10 | | | | |
| | 在班级交流中能运用新产品开发推广的心理策略，商品名称、商标设计的心理策略，商品包装的心理策略知识陈述本组观点 | 10 | | | | |
| 项目成果展示 | 能够独立完成调查任务，在调查中能主动提出问题、解决问题 | 10 | | | | |
| | "商品因素与消费心理调查表"、商品因素与消费心理调查报告结构新颖，撰写规范，观点正确 | 10 | | | | |
| | 商品因素与消费心理调查实训成果汇报形式新颖，语言流畅，语速恰当，有感染力 | 10 | | | | |
| 合计 | — | 100 | | | | |

项目七 PPT

项目七教案

# 项目七
# 商品价格与消费心理

导入案例

**我们是全市最低价**

当你到了家电零售现场，只要在某个品牌产品面前多站上半分钟，马上就有推销员来到你身边告诉你："该产品十分畅销，昨天刚到的货，而且卖不了几天……"如果你对价格犹豫不决，推销员会接着对你说："我们是厂家直销，是全市最低价，已经很实惠了。"如果你还犹豫不决，他会主动提出请示经理，看看能否为你争取更优惠的价格。通常的结果是，几分钟后他会满面春风地告诉你，经过他的努力，他为你争取到迄今为止的最低价。

（资料来源：贾妍，陈国胜．消费心理应用［M］.北京：北京大学出版社，2010：148.）

现实生活中，每一位消费者的购买行为都可以说是诸多因素共同作用的结果，而这诸多因素中，被选择商品的质量与价格因素均可视为至关重要的一环。在购买过程中消费者是如何看待商品价格的？商品价格又从哪些方面影响消费者的购买心理及其行为？企业在决定商品价格时应考虑哪些心理因素，采用什么定价方法最能适合消费者的一般购买行为？价格的波动会对消费者行为有什么影响？消费者对于灵活的市场价格会有哪些规律性的心理与行为反应呢？这些都是本项目要学习的内容。

## 任务1　认知消费者的价格心理

学习目标

思政目标：通过本任务的知识学习，开展思政互动、同步案例、道德研判和任务演练等教学活动，激发同学们学习消费者的价格心理，喜欢探讨消费者的价格心理，并能以正确的消费价格心理引导消费者合理消费。

能力目标：通过本任务的同步案例和任务演练等活动，培养同学们分析商品价格的心理功能、消费者的价格心理特征的基本能力。

知识目标：通过本任务的知识学习，能够陈述商品价格的心理功能、消费者的价格心理特征、影响消费者价格心理的社会因素等陈述性知识。

## 知识学习

### 一、商品价格的心理功能

现代社会，商品有成千上万种，各种商品的质量、用途、款式不尽相同，价格也千差万别。商品价格的高低，直接关系着买卖双方的切身利益，也直接影响着消费者对某些商品是否愿意购买以及购买数量的多少。所以，商品价格是消费者购买心理中最敏感的因素。

在实际营销活动中，同一种商品标上不同的价格，会导致完全不同的心理反应。如果价格昂贵，消费者会将商品视为高品质和高社会地位的象征；如果价格低廉，则被认为品质低下或属低档商品。同一种价格，有些消费者认为可以接受，有些消费者却感到难以接受；一种在理论上合理的价格，在消费者心理上不一定能够接受；一种在理论上不合理的价格，在消费者心理上却能够接受。这主要是由于许多消费者对于商品的价值和品质的认识过程的快慢不同、知觉程度的深浅不同，再加上经济条件和消费能力的差别，对商品价格就产生了不同的心理反应。可见，商品价格是具有某些心理功能的，并在一定程度上影响着消费者的购买动机和购买行为。

#### （一）商品价值的认识功能

在日常的市场营销和消费者购买活动中，通常把商品的价格看成衡量商品价值和商品品质的重要标准，认为价格昂贵的商品，其内在价值和商品质量也相对较高；反之，价格低廉的商品，其内在价值和商品质量也相对较低。所谓“一分价钱，一分货”“好货不便宜，便宜没好货”等，就是这种心态的反映。由于受这种心态的驱使，在日常购物行为中，我们很容易发现，对于内在价值与质量完全相同的商品，只是外在的包装装潢上显示出简易与豪华两种不同形式，价格随之相差甚多（去除包装价格因素），消费者一般认为豪华包装的商品一定好于简单包装的商品。如同样品质的两件羊毛衫，款式也相差无几，如果一件用彩色纸盒包装，包装精致，标价1500元，另一件用透明的塑料袋包装，标价500元，消费者的第一反应就是1500元的那件品质好、价值高，而500元的那件相对品质较差，价值就低。消费者这一价格心理现象与价格构成的基本理论是一致的。从价格构成理论看，一切商品的价值都是由生产该产品所耗费的社会必要劳动时间决定的。在以货币为媒介的情况下，产品的价值只能以货币来表示，并借助货币来衡量产品的价值。所以产品价格的差别所反映的是以货币所代表的商品价值不同。随着社会主义市场经济的发展，科学技术突飞猛进，产品品种越来越多，新的产品不断出现，一般的消费者仅靠传统经验从商品的使用价值角度去判断商品价值和商品品质变得越来越困难了，从而转向越来越多地依靠商品价格来评判商品价值与品质，尤其在耐用消费品、高科技产品的销售中表现更为突出。当然，消费者可以通过多种渠道收集信息，通过比较分析来判断销售者销售的商品的价格是否合理，是否物有所值。

因此，市场营销人员要正确认识和理解这一功能，制定合理的适应消费者心理和行为的价格，将会给企业带来巨大的经济利益。

### （二）自我意识的比拟功能

商品价格本来是商品价值的货币表现，其作用在于有利于商品的交换。商品价格不仅被消费者用于比较产品价值和产品品质，还能使消费者产生自我意识比拟的心理功能。消费者在购买产品的过程中，通过联想和想象等心理活动，把产品价格与个人的偏好、情趣、个性心理特征等联系起来。通过价格的比拟来满足社会心理需要和自尊心理需要，这就是商品价格的自我意识比拟功能。

1. 社会经济地位比拟

在现实生活中，有些人在社会上具有一定地位，购买商品只愿到高档大型百货商店或专卖店购买“名、特、优、新”产品，他们率先拥有高价的私人汽车、豪宅以显示自己的社会地位和经济实力，并获得一种心理的满足。也有一些人在消费活动中总是喜欢选购廉价商品或打折商品，这也是消费者将自己的经济地位与商品价格联系起来的具体表现。

2. 文化修养比拟

有些人喜欢购置、收集、储藏古董物品作为家居摆设，希望通过昂贵的古董来显示自己崇尚古人的风雅，并乐在其中。有些消费者尽管对书法字画缺乏鉴赏能力，却要花费大笔支出购买名人字画挂在家中，希望借此来显示自己具有很高的文化修养，得到心理上的慰藉。也有一些消费者既没有看书的习惯，又没有藏书的爱好，却购置一些豪华精装的书籍，放在书架里以显示自己博学和文化修养。

3. 生活情趣比拟

有些消费者以具有高雅的生活情趣为荣，即使不会弹钢琴，也要居室里摆放一台钢琴，以期得到别人“生活情趣高雅”的评价；即使不十分喜爱音乐，也要购置高档的音响器材，获得心理上的满足。

4. 观念更新比拟

一些消费者总要用大笔的钱不停地更新电脑、手机或办公设备，希望能够以此获得“与时代同步发展”的心理安慰。也有一些人受广告影响，经常萌发追赶科技潮流的冲动，购买一些并无多大实际用处的商品，其潜在心理是树立自己观念前卫的形象。

自我比拟心理功能因人而异、各不相同，与个人的观念、态度、个性心理特征有关，并在日常购物中有意无意地显露出来，但有一个共同点，就是从满足社会需求和自尊需求出发，更多地重视产品价格的社会价值象征意义。

### （三）调节需求的功能

商品价值的认识功能和自我意识的比拟功能，是对商品既定价格而言的，是一种静态分析。从动态来分析，商品价格是经常变化的，通常在其他条件不变的情况下，当市场上某种商品价格下降时，其消费需求量会增加；反之，价格上涨，需求量会减少，具体来说有以下两种心理。

1. 价格需求弹性心理

商品价格的高低对供求关系有调节作用，特别是对于需求弹性大的商品，商品价格上涨时，顾客会认为购买商品会导致利益受损，而减少购买；商品价格下降时，顾客会认为购买商品会获得更多的利益，而增加购买。

2. 追涨等跌心理

这就是人们通常所说的“买涨不买跌”的心理，即当商品价格上涨时，人们认为今后可能还要上涨，并因担心价格持续上涨而积极购买甚至抢购；当商品价格下跌时，人们预期价格可能还要持续下跌，并期望跌到一定程度再购买，反而持币待购。

## 二、消费者的价格心理特征

消费者价格心理是消费者在购买活动中对价格认识的心理现象，它既反映出消费者对价格的知觉程度，也反映出消费者个性心理、消费者价格心理特征，主要有以下几个方面。

### （一）消费者对价格的感受性

价格的感受性是指消费者对商品价格最低的感知程度。消费者对产品价格大体上是有一个标准的，这种想象中的价格标准是人们在长期的购买活动中，由于意识、想象、习惯以及对产品品质的体验而形成的。具体讲一般通过三种途径获得：第一，根据与市场同类商品的价格进行比较；第二，通过与购买商品现场的不同种类商品的价格相比较；第三，通过商品本身的外观、质感、重量、大小、包装、使用特点、环境气氛进行判断。

一般来说，购买者对产品的昂贵与便宜的判断，除了考虑定价本身的因素影响外，还经常受消费者对商品需求的紧迫程度的主观因素的影响和商品出售过程中的环境气氛、销售方式以及商品本身等客观因素的影响，往往会出现错觉，如在现实市场营销活动中常常会出现这种情况：同样价格的产品，放在出售高档品的柜台中可能滞销；放在廉价商品柜台或低系列价格柜台中，因消费者认为比较便宜而畅销，如一瓶红葡萄酒在商场价格50多元，而在豪华酒店里饮用，定价可能几百元，就是因为豪华优雅的环境和气氛影响了消费者对价格的感受性。

消费者对价格的感受性心理是商品销售过程中的普遍现象，市场营销者应重视这种心理现象。在组织商品销售过程中，可以用优质的产品、优良的服务、优美的装潢、优雅的环境来影响消费者的心理活动，以获得较好的销售效果。

**【道德研判7-1】**

**背景资料：**

客户说："我觉得你们的报价还有一定空间，其实你们的竞争对手也来向我们报过价，他们的价格更具有竞争力。"客户往往把这种心理游戏用于议价阶段，通过挑拨离间这种心理游戏作为自己的议价筹码，以期获得更优惠的价格。越是在高度同质化的市场和信息不对称的市场中，挑拨离间就越能起到作用。甚至很多商家在争取客户的过程中，往往会自动降价，以价格杠杆来争取客户的青睐。

**问题：**

你认为企业面对把这种心理游戏用于议价阶段的客户，应该怎样做才符合营销职业道德？

**讨论分析：**

个人：每位同学根据道德研判的背景资料和问题，在固定的学习本上记下自己的分析结果。

小组：每小组6位同学，1人为组长，1人记录，小组成员都要陈述自己的观点，讨论后形成小组意见，准备在班级交流。

提示

全班：各组派1位代表陈述本组观点。

教师：记录各组陈述要点，最后做点评。

**（二）消费者对价格的敏感性**

消费者对价格的敏感性是指消费者对商品价格变动在心理上的反应程度和速度。由于商品价格直接关系到消费者的生活水平，所以消费者对价格变动具有极强的敏感性。消费者对价格变动的敏感心理既有一定的客观标准，又有经过多年购买实践形成的一种心理价格尺度，因此具有一定的主观随意性。消费者对价格的敏感性是因商品而异的，对那些与消费者生活关系密切的商品价格，由于购买频度较高，消费者的敏感性较高，如日用百货、食品、蔬菜、水、煤气、电等商品，这些商品价格略有提高，消费者马上会做出强烈的反应；而一些耐用消费品，如电脑、音响、高档家具，由于其购买频率较低，即使价格比原有价格高出几十元、上百元，甚至更多，人们也不太计较，即消费者对这类商品价格敏感性较低。

在日常生活中，消费者对价格变动敏感心理的反应强度，会随着价格变动的习惯性适应而降低。因此，企业在给那些价格敏感程度较高的商品提价时，除了做好必要的宣传工作以外，应该采取渐进式、缓慢的提价方式，如可以通过提高商品质量、改进商品性能、改进商品包装等形式提高商品的价格，以使消费者逐渐形成对价格的习惯心理。

**（三）消费者对价格的习惯性**

消费者对价格的习惯性是指消费者根据自己以往的购买经验，对某些商品的价格反复感知，从而决定是否购买的习惯性反应。由于消费者长期、多次购买某些商品以及对价格的反复感知，形成了消费者对某些商品价格的习惯心理，这种习惯心理一旦形成，就会直接影响消费者的购买行为。这是因为在现代市场营销中，由于各种因素的影响，消费者很难对商品的价格等客观标准了解清楚，而只能以逐步形成的价格习惯作为判断所购商品价格合理与否的标准。如果某一商品的价格在消费者认定合理的范围内，他们就会接受；超出了这一范围，则难以接受。企业一定要认识到消费者价格的习惯心理对购买行为的影响，在制定和调整商品价格时，对那些超出消费者习惯性价格范围之外的商品要慎重行事，一定要弄清这类商品的价格在消费者心目中的价格上限和下限的幅度。对于超出习惯性价格的商品调价时，要慎而又慎；必须调整时，要把调整幅度限定在消费者可以接受的范围内，同时要做好宣传解释工作，以使消费者尽快接受并习惯新的价格。

**【教学互动7-1】**

**互动问题：**

（1）有一个著名的连锁杂货店的故事。在某个地区对顾客进行问卷调查，问题是："是否感觉这家店铺便宜"，结果顾客大多认为这家店最便宜。然而，通过实施以基本商品为中心的市场价格调查后，却发现该店铺并不是最便宜的。结合相关知识，说明为什么顾客会形成这种感觉？

（2）有人说，顾客并不只是想买便宜的商品或寻找便宜的卖场，而是希望买价格较高的高附加值商品，希望在"感觉便宜"的卖场享受购物。你同意这种说法吗？

**要求：**同教学互动1－1。

**（四）消费者对价格的倾向性**

消费者对商品价格选择的倾向性心理是指消费者在购买商品过程中对商品价格的高低进行比较后选择商品的倾向，是消费者对同类商品价格水平档次的偏好性。商品价格有高、中、低档的区别，它们分别标志着商品不同的品质与质量标准。一般来说，当消费者对同类产品进行比较时，如果没有发现明显的差别，往往选择价格较低的产品。对各种不同类商品的价格，消费者在比较时的倾向性也是不同的。对日常生活用品、短期时令商品，消费者倾向于选择价格较低的；对耐用消费品、奢侈品，消费者则倾向于选择价格较高的。消费者价格倾向心理一旦形成就具有相对稳定性。

当前，随着社会经济的发展，人们的消费呈现出多元化特征，既有追求高档名贵的求“名”心理，又有追求实惠的求“廉”心理，也有追求价格适中、功能适中的求“中”心理，满足情感、文化需要的求“情”、求“乐”、求“知”心理。消费者价格倾向心理由于受社会地位、经济收入、文化水平、个性特点的影响，他们会根据自己的不同需求特点做出不同的价格选择。企业在制定营销决策时，要充分考虑不同层次消费者的不同需要，经营高、中、低档系列产品，采用合适的心理定价策略，满足消费者对价格的倾向性需求。

**三、影响消费者心理价格的社会因素**

分析消费者价格心理现象，目的在于准确把握消费者的价格心理，制定相应的营销策略。在目前市场经济条件下，为了提高企业制定营销策略的有效性，企业经营者还必须要了解影响消费者心理价格的社会因素。

**（一）价格预期心理**

价格预期心理是指在经济运行过程中，消费者群体或消费者个人对未来一定时期内价格水平变动趋势和变动幅度的一种心理主观估测。它是以现实社会经济状况和价格水平为前提的推断和预想。如果形成一种消费者群体的价格预期心理趋势，就会较大地影响市场某种商品现实价格和预期价格的变动水平。

特别要注意的是，消费者对通货膨胀预期心理将会导致对现实商品大规模地超前购买，以至于出现抢购风潮。同时，也会给企业生产和经营者传递销售过旺的错误信息，致使企业生产者盲目扩大规模，经营中表现为惜售、囤积等不规范的营销行为，甚至加剧经济运行的不均衡与不协调，这是企业价格决策中必须考虑的重要心理因素。

**【思政互动7－1】**

“少与客户谈价格，多与客户谈价值，价值让高价不可阻挡。”请你从营销道德和引导消费者合理消费的角度谈谈你的看法。

**（二）价格攀比心理**

价格攀比心理通常表现为不同消费者之间的攀比和营销者之间的攀比。消费者之间的攀比心理会导致盲目争购、超前消费，乃至诱发和加重消费膨胀态势，成为推动价格上涨的重要因素。不同营销者之间的价格攀比会直接导致价格的盲目跌涨，进而冲击消费者的消费判断能力，使市场出现盲目的波动。

### (三) 价格观望心理

价格观望心理是指消费者对价格水平变动趋势和变动量的观察等待，当其达到自己期望的水平时，才采取购买行动，从而取得较为理想的现价与期望价格之间的差额。价格观望心理一般产生于市场行为比较活跃的时期，在耐用消费品及不动产的消费方面表现得较为明显。消费者往往会根据自身的生活经验和自我判断及社会群体的行为表现来确定等待的观望期。消费者观望心理对企业经营活动的影响大多表现为隐形的，当这种心态形成社会消费者的群体意识后，会对企业以及社会造成很大的压力，可表现出社会性的购买高潮和社会性的拒绝购买两种极端行为。因此，企业在确定价格策略和广告策略时，应注意增加经济信息的透明度，注意信息传播的广泛性，以减少观望心理带来的盲目性。

### (四) 倾斜心理与补偿心理

倾斜心理在心理学中反映了某种心理状态的不平衡，补偿心理则反映掩盖某种不足的一种心理防御机制。两者都是一种不对称的心理状态的反应。这种心理状态来自利益主体对自身利益的强烈追求。在日常生活中，许多人都可以被认为既是营销者又是消费者。作为营销者而言，这种心理状态可导致价格决策中的心理矛盾和选择错误，他们总希望自己产品的价格卖得越高越好，而他人产品的价格则卖得越低越好；购买商品的价格越低越好，而销售价格越高越好。作为消费者而言，总希望自己的收入越多越好，而市场上商品价格越低越好。在消费者购买商品时，在讨价还价中，总希望以自己给出的最低价成交，如果消费者购买某种商品时其价格未达到最低价格预期，则他希望能够在购买其他商品时得到补偿，前者为价格倾斜心理反应，后者是价格补偿心理显现。这种不平衡、不对称的心理态势如果在社会群体中不断强化，就会产生一种社会的冲动，在法治意识不健全的情况下，这种冲动将演变为市场上的假冒伪劣、低质高价、以次充好、缺斤短两等不正当经营行为，扰乱多年来消费者心中形成的价格心理标准，使消费者失去对商品价格和质量的信任感。

**【同步案例 7－1】**

**背景资料：**

某商场销售太阳镜，有两种眼镜可供选择：A 眼镜 2580 元；B 眼镜 3580 元。销售结果显示，各有 50% 的人选择了 A 和 B。该商场后来又新开发了一种眼镜，新开发的 C 眼镜 4580 元。此时，选择 B 的人数大大增加，大约有 70% 的人选择了 B 眼镜。

**问题：**

商场在有两种价格的眼镜情况下，每种价格的购买者大约各占一半；在有 3 种价格的眼镜情况下，购买中间价格的购买者大约占 70%。为什么消费者是这样的选择？谈谈你的看法。

**讨论分析：**

个人：每位同学认真研读本案例内容，结合本任务知识学习内容，在固定的学习本上写出你对本问题的看法。

小组：请同学们每4人为一个小组，1人为组长，1人记录，在小组讨论中每个人陈述个人看法，然后小组成员共同讨论，形成小组意见，并推荐代表准备在班级交流。

提示

全班：每个小组代表在班级陈述本组观点，班级其他同学也可以点评。

教师：教师记录各组陈述观点的要点，最后做点评。

【任务演练7－1】

## 消费者对价格敏感吗？

**实训目标：**

（1）思政目标：通过实训培养同学们诚实守信，客观公道地参与对消费者对价格敏感性的调研活动，调研态度端正，积极合作，共同完成调研任务。

（2）能力目标：运用所学的消费者价格心理等知识，分析企业商品定价策略。

（3）知识目标：培养同学们在小组发言、小组讨论、实训报告撰写中，会运用消费者的价格心理等相关知识分析讨论问题，阐述自己的观点。

**训练内容：**

到某一超市实地观察，现场了解商品打折销售情况，从而分析研判消费者对价格的敏感性。

**训练操作：**

（1）将学生每4人分为一组，并选出1名小组负责人。

（2）小组负责人与其他同学共同制定实施计划，明确分工，落实任务。

（3）每组详细记录两种商品打折销售情况和消费者的一些购买行为。

（4）询问几位现场购物的消费者的购物心情或感受。

（5）每组撰写一份关于消费者价格敏感性的分析报告。

**成果要求：**

（1）每组撰写的关于消费者价格敏感性问题的分析报告，包括观察的商场、销售商品、价格变动幅度、消费者购买的行为及动机、分析结论等内容。

（2）各小组的分析报告在班级交流，老师做点评。

（3）实训成绩由学生完成任务情况、资料记录情况和调研分析报告完成质量及交流成绩综合评定。

**实训评价：**

表7－1　消费者价格敏感性调查实训评价表

| 项目 | 评价标准 | 分值 | 小组个人自评（30%） | 小组成员互评（30%） | 教师评价（40%） | 小计 |
|---|---|---|---|---|---|---|
| 思政教育 | 能诚实守信、客观公正地参与对消费者对价格敏感性的调研，态度端正，善于合作，纪律性强 | 10 | | | | |

续表

| 项目 | 评价标准 | 分值 | 小组个人自评（30%） | 小组成员互评（30%） | 教师评价（40%） | 小计 |
|---|---|---|---|---|---|---|
| 思政教育 | 养成细致、严谨的工作作风，小组讨论积极踊跃，能主动参与调查计划制定，提出实训中应注意的问题 | 10 | | | | |
| | 能够结合消费者价格敏感性实训认识研究消费者价格心理学习的价值 | 10 | | | | |
| 能力提升 | 能将所学的消费者价格心理知识运用到实训任务中，学以致用 | 10 | | | | |
| | 正确分析消费者价格敏感性实训活动内容，实训活动安排有序 | 10 | | | | |
| 知识应用 | 在实训报告撰写中正确运用消费者的价格心理等相关知识分析说明自己的观点 | 10 | | | | |
| | 每个人在发言和小组讨论中能准确陈述商品价格的心理功能，消费者的价格心理特征等与实训任务相关的知识 | 10 | | | | |
| 项目成果展示 | 小组能够独立完成实训任务，完成实训任务及时、主动，并能主动提出问题、解决问题 | 10 | | | | |
| | 消费者价格敏感性训练报告结构完整，报告无错别字，观点正确 | 10 | | | | |
| | 消费者价格敏感性训练报告展示汇报形式新颖，语速恰当，陈述语言规范流畅，有感染力 | 10 | | | | |
| 合计 | — | 100 | | | | |

【任务学习自测题】

自测题 7－1

# 任务2 了解商品定价的心理策略

## 学习目标

思政目标：通过本任务的知识学习，开展思政互动、同步案例、道德研判和任务演练等教学活动，激发同学们学习商品定价的心理策略，认同商品定价心理策略中应该遵循的职业道德观念，并能以正确的消费观念引导消费者合理消费。

能力目标：通过本任务的同步案例和任务演练，会对商品定价的一般心理策略、新产品定价心理策略进行分析。

知识目标：通过本任务的知识学习，能准确陈述商品定价的一般心理策略、新产品定价的心理策略等陈述性知识。

## 知识学习

制定合理的价格，是产品成功地走向市场、满足顾客需要的重要前提。在对产品定价时，企业除了要考虑商品的成本、需求和竞争因素外，还必须考虑消费者的心理。深入探求消费者的价格心理表现，得到消费者心理上的认可和接受，才能称之为成功的定价。商品定价的心理策略是指企业以市场、产品特征为基础，根据消费者的某些特殊心理因素，以灵活多变的方式对商品予以巧妙的定价，达到诱导购买的定价目的。

### 一、商品定价的一般心理策略

企业对于那些已经进入市场的处于成长期、成熟期和衰退期的商品，要考虑它们的价格在消费者心目中的变化情况，运用适当的定价心理策略，来开展这些商品的销售活动。

#### （一）非整数定价心理策略

非整数定价是一种典型的心理定价策略，是运用消费者对价格的感觉、知觉的不同而刺激其购买欲望的策略。一般情况下，多数消费者在购买日用商品时，比较愿意接受零头价格，特别是对于购买次数频繁的日用品，求廉心理促使消费者更偏爱零头价格。例如，5元一包的饼干，若定为4.95元，虽然只减少了5分钱，但消费者认为这是属于4元范围的开支，符合一般消费水平，从而激起消费者的购买欲望，使商品销售量增加。

目前，非整数定价技巧是国际上广为流行的一种零售商品的定价技巧。但由于世界各地的消费者有着不同的风俗习惯和消费习惯，所以，不同国家和地区运用这种定价技巧时存在着一些差别，其关键在于零头部分的设计上。在美国，习惯上以奇数为尾数的价格中以9为最多。如对5美元以下的商品，零头为9最受欢迎，而5美元以上的商品，价格的零头部分为95的，销售效果最佳。在我国，人们喜欢偶数，认为偶数给人以稳定、安全的感觉，在商品价格尾数中尤以偶数8更受欢迎。

非整数定价的心理策略有以下几个方面的心理作用：一是给消费者以定价准确的心理信息。一种产品定价有整有零，连角和分都计算得清清楚楚，消费者就会认为企业定价准确合理，企业商品价格是可信的。二是给消费者以价格偏低的心理信息。消费者总希望能买到物美价廉的商品，非整数定价正是利用了这种心理倾向。如一件商品定价为98.5元与定价100元，虽然只差了1.50元，但给消费者心理上造成的差距远不止1.50元。三是给消费者以数字合意的心理信息。

非整数定价心理策略给人以价格计算精确、价格已达到最低限度的感觉，深受广大消费者欢迎。

**【道德研判7-2】**

**背景资料：**

一个比整数稍低的价格，在销售中叫作“魔力价格”，比如999.00元、98.00元、9.98元这样的价格，在心理上更容易被客户接受。

**问题：**

你认为这样的定价考虑了消费者什么样的消费心理？这样的定价符合营销道德吗？面对这样的情况你怎样给顾客说明企业的定价意图？

**讨论分析：**

个人：每位同学根据道德研判的背景资料和问题，在固定的学习本上记下自己的分析结果。

小组：每小组6位同学，1人为组长，1人记录，小组成员都要陈述自己的观点，讨论后形成小组意见，准备在班级交流。

全班：各组派1位代表陈述本组观点。

教师：记录各组陈述要点，最后做点评。

提示

### （二）习惯价格心理策略

习惯价格心理策略，是指消费者对经常消费的产品，经过多次购买之后，对原有价格有了固定认识，形成了对这种产品价格在心理承受上的习惯性。由于在长期的消费实践中，消费者对一些生活日用品、便利品及服务类商品价格，在其心目中已经形成了一个习惯性的计价方式和价格标准，例如，鲜牛奶一袋多少钱等。企业在确定这些商品价格时要尽量去适应这些消费习惯，一般不应轻易改变，以免消费者拒绝购买。采取这种定价的特点使商品的质量和零售价格具有稳定性。这些商品因消费者经常使用，对商品的性能、质量、替代品等方面的情况有详细的了解，形成了自己的购买经验、消费习惯和主观评价，从而在心理上对商品价格有了一个既定的价格标准。即使商品的生产成本略有升降，也不应过快地变动销售价格，否则容易引起消费者的逆反心理。

采用习惯价格心理策略，可以给消费者以价格合理的感觉和价格稳定的印象。而对消费者的这种价格心理，企业要提高商品的价格，必须注意方式方法。比如，采取提高产品质量、增加产品功能、改变产品型号或改换商标和包装等措施，要给产品以新的形象。然后再利用新的价格代替原有价格，由此逐渐形成消费者新的习惯价格。

### （三）整数定价的心理策略

整数定价心理策略指企业把商品价格定在整数上的一种定价技巧。这种定价技巧实质上利用了消费者的“一分钱、一分货”的心理和炫耀心理，它主要适用于对名、优、特或高档耐用消费品的定价。将这类商品价格定得稍高一些，而且是一个整数，可以在消费者心目中树立价高质优的产品形象，给人以可靠性高的心理感受。

运用整数定价心理策略能起到加强消费者对产品的记忆和提高产品形象的作用，并能使消费者产生一种高质量的炫耀感，还可以方便价款找零。在实际营销活动中对价值较低的一些商品也选择这种定价策略，如一些小食品、小的日用品价格定为1元、2元，也有利于吸引消费者购买，起到促进销售的作用。

### （四）折让价格心理策略

折让价格心理策略是指企业在一定的市场范围内，以目标价格为标准，为维持和扩大市场占有率而采取的减价求销的价格策略。如经常见到的“全场商品七折起”“六一儿童节儿童用品打折”“一件商品60元，两件100元”等，均为企业在促销中利用消费者的折扣心理而常用的手法。其心理功能是利用消费者追求“实惠”，抓住“机会”的心理，利用优惠价格来刺激和鼓励消费者大量购买和重复购买。

折让价格的形式很多，但一般都有特定的优惠对象。例如，对购买的金额或数量达到规定限度的顾客给予一定幅度的折扣优惠；对经常购买某种产品的顾客、对在产品试销期间带头购买的顾客、对在销售淡季购买商品的顾客、对促进产品销售有贡献的顾客等都给予优惠。

折让定价是一种竞争力较强、弹性较大、买卖双方都愿意接受的价格策略。折让价格的心理作用是直接而显著的，是一种行之有效的促销手段。企业必须根据市场供求、竞争状况、消费者心理及企业的经济利益，合理确定折让的幅度，把握好折让的时机，才能增强企业商品在市场上的竞争力，扩大销量，节约流通费用，以取得较高的经济效益。

### （五）声望定价心理策略

声望定价心理策略是指商品经营者利用消费者追逐名牌商品的心理，利用自己在长期经营与服务中在消费者心目中树立的声望，通过制定较高的商品价格来满足消费者崇尚名牌商品、名牌商场的心理而采用的一种定价策略。消费者的求名心理通常表现为对名牌产品的追求，对高档购物地点的追求，对某种特定服务的追求等。所以，这种定价策略又适用于高档名牌商品、奢侈品及有特色服务的商场或特定地点等。消费者在得到某种特定服务或购买到某种名牌商品时心理上会感到自己的声望、地位也随之提高了，这样求名心理和炫耀心理同时得到了满足，往往认为支付高价也值得。

实际经营中，采用声望定价心理策略一定要慎重，切忌随便滥用。如果商品知名度不高，又是日常生活用品，盲目采用声望定价心理策略制定高价，反而会引起消费者的反感，给商品销售造成不可挽回的损失。

### （六）分档定价心理策略

分档定价心理策略是指企业根据市场细分理论，对不同档次的商品采取差别定价的技巧，即企业在出售商品时，将不同厂家生产的同一类产品或同一厂家生产的不同产品按品牌、规格、花色、型号和质量等标准划分为若干个档次，对每一个档次的商品制定一个价格，以适应不同消费者的不同心理需要。如冬季商场里出售的羽绒服，经常按品牌分为几个档次，每个档次之间都存在着差价，使消费者很容易相信这是由质量差别原因形成的。这种定价策略既便于消费者购买合适的商品，也便于简化交易手续，通过制定不同档次的商品价格，来反映不同商品品质水平，从而满足不同消费者的消费心理、消费习惯和消费水平。

## 二、新产品定价的心理策略

随着科学技术的不断进步，生产工艺的不断提高，新产品的不断涌现，企业也面临着一个新的课题，即如何为新产品定价。在市场营销活动中，给新产品定价是最复杂、最困难的一个环节。由于新产品投入市场初期，消费者对产品的质量、性能、先进性和适用性等了解甚少，又特别朦胧，只有价格是实实在在的，消费者最易了解。价格的高低决定了消费者对新产品的最初认识，关系到新产品能否顺利进入市场并站稳脚跟，能否取得较好的经济效益以实现预期目标。所以，新产品的价格合理与否，是消费者对新产品做出主观判断的至关重要的影响因素。因此，根据新产品的具体特点，制定合理的价格，关键在于选择合理的新产品定价心理策略。

### （一）撇脂定价策略

撇脂定价又称高价策略，这种定价策略利用消费者的求新、猎奇和追求时尚的心理，在新产品进入市场初期，将价格定得很高，大大超出商品的实际价值，以便在短期内尽快收回投资，减少经营风险。当市场上该产品的销量下降时，或者产品竞争者纷纷出现时，企业就会逐步降低价格，以吸引对价格敏感的新顾客。

撇脂定价适合的社会条件：从产品本身来讲拥有专利技术，没有竞争者；新产品比老产品有明显的、突出的优点；从消费层面看，市场上需求者较多，而且该产品的消费者认为高价代表高档次、高品质的商品。

**【思政互动 7-2】**

在高端消费品市场上，表现为产品带给消费者的心理成分远远超过实用的成分。正是这种炫耀心理，高端市场往往会把价格定得很高。请你从营销道德和引导消费者合理消费的角度分析，这种做法合理吗？谈谈你的看法。

### （二）渗透定价策略

渗透定价又称低价策略，这种定价策略利用消费者求实惠、求价廉的心理，先采取低价出售，借以迅速打开销路，扩大市场份额，然后逐步渗透，逐步提高，最后把价格涨到一定高度的策略。

渗透定价适用于生活日用品，人们消费量大、购买频繁的商品，特别是食品类、家庭日常用品等需求弹性较大的新产品。

### （三）满意定价策略

满意定价策略是介于撇脂定价策略与渗透定价策略之间的一种定价策略，即根据消费者对该种新产品所期望的支付价格，将其定在高价与低价之间，兼顾消费者和生产者的利益，使两者均满意的价格策略，它主要考虑了消费者的购买能力和购买心理，能较大程度地适应消费者的需要，增强消费者的购买信心。国内外对新产品的定价采用这种策略者较多。这种策略适用于那些生活日用品和技术要求不高的新产品。

【同步案例7-2】

### 先标高价格，后打折

**背景资料：**

一家超市为了扩大销售、回笼资金，在中秋节搞促销的前几天，将其准备打折的商品的标价都标高了1倍。超市中秋节开始搞促销时，标出“实惠加优惠，回馈又酬宾”，所有商品7折销售。由于折扣比较大，对顾客有一定的诱惑，招徕了一些顾客。

**问题：**

谈谈你对该超市为促销先标高价格后打折的做法的评价。

**讨论分析：**

个人：每位同学认真学习本案例内容，在固定的学习本上写出你对“先标高价后打折”的看法。

小组：请同学们每4人分为一个小组，1人为组长，1人记录，在小组讨论中每个人陈述个人看法，然后小组成员共同讨论，形成小组意见，并推荐代表准备在班级交流。

提示

全班：各个小组代表在班级陈述本组观点。

教师：教师记录各组陈述观点的要点，最后做点评。

【任务演练7-2】

### 非整数定价的认知实训

**实训目标：**

（1）思政目标：通过非整数定价调研实训，培养同学们诚实公道地参与对商场的调研，态度端正，且积极参加调研活动。

（2）能力目标：运用所学的企业商品定价的一般心理策略和新产品定价心理策略知识，分析非整数定价方法中的心理策略问题。

（3）知识目标：培养同学们在小组发言、小组讨论、实训报告撰写中，会运用商品定价的心理策略等相关知识分析讨论问题，阐述自己的观点。

**训练内容：**

到某一商场或超市调查了解哪些类别的商品采用非整数定价策略。

**训练操作：**

（1）将学生每4人分为一组，并选出1名小组负责人。

（2）小组负责人与其他同学共同制定调查计划，明确任务，合理分工。

（3）走访两家以上的商场或超市，详细记录8种以上商品的非整数定价情况。

（4）现场询问商家非整数定价的原因，询问消费者的感受。

（5）详细记录相关资料和消费者对非整数定价商品的购买行为等资料。

（6）每组写一份非整数定价方法认知实习报告。

**成果要求：**

（1）小组撰写关于非整数定价方法认知实训报告，要求包括调查的商场，列举出8种商品非整数定价情况、商家非整数定价的理由、消费者对非整数定价的感受以及小组成员的共同体会等内容。

（2）各小组的分析报告在班级交流，老师要做点评。

（3）学生实训成绩由学生完成调查任务情况、资料记录情况和小组报告交流成绩综合评定。

**实训评价：**

表7－2　　非整数定价方法实训评价表

| 项目 | 评价标准 | 分值 | 小组个人自评（30%） | 小组成员互评（30%） | 教师评价（40%） | 小计 |
|---|---|---|---|---|---|---|
| 思政教育 | 能诚实守信，依据企业产品实际定价收集信息，在调研活动中真诚待人，努力合作，客观真实地整理数据，高质量完成任务 | 10 | | | | |
| | 养成细致、严谨的工作作风，小组讨论积极踊跃，能主动参与实训计划制定，提出关于实训中应注意的相关问题 | 10 | | | | |
| | 能够结合非整数定价方法的实训认识商品定价的心理策略学习的价值 | 10 | | | | |
| 能力提升 | 能将所学的商品定价的心理策略知识运用到认知实训任务中，学以致用 | 10 | | | | |
| | 正确分析非整数定价方法认知实训活动内容，实训活动安排有序 | 10 | | | | |
| 知识应用 | 实训报告撰写中能正确运用商品定价的心理策略相关知识分析说明自己的观点 | 10 | | | | |
| | 在个人发言和小组讨论中能准确陈述商品定价的心理策略相关知识 | 10 | | | | |
| 项目成果展示 | 能够独立完成实训任务，完成实训任务及时、主动，并能主动提出问题、解决问题 | 10 | | | | |
| | 非整数定价方法认知实训报告结构完整，报告无错别字，观点正确 | 10 | | | | |
| | 非整数定价方法认知实训报告展示汇报形式新颖，陈述语言规范流畅，语速恰当，有感染力 | 10 | | | | |
| 合计 | — | 100 | | | | |

【任务学习自测题】

自测题7－2

## 任务3　了解商品调价的心理策略

### 学习目标

思政目标：通过本任务的知识学习，开展思政互动、同步案例、道德研判和任务演练等教学活动，激发同学们学习商品调价的心理策略，认同商品调价心理策略中应该遵循的职业道德观念，并能以正确的消费观念引导消费者理性消费。

能力目标：通过本任务的同步案例和任务演练，会对企业商品提价的心理策略、企业商品降价的心理策略进行分析。

知识目标：通过本任务的知识学习，能准确叙述商品提价和降价的心理策略等陈述性知识。

### 知识学习

在市场经济条件下，随着市场营销环境的变化，企业产品制定出的价格不会一成不变，价格的调整与变动是经常发生的。企业调价的原因是多方面的，除企业自身原因外，还有商品的供求关系变化、市场竞争等原因。营销企业在商品调价和制定商品调价心理策略时，既要考虑上述因素对商品价格的影响，又要考虑消费者对商品价格调整的心理要求，使调整后的价格既实现企业利润目标，又符合消费者要求。

**【教学互动7－2】**

**互动问题：**

（1）一张POP上写着某种商品9折，另一张POP上写着折扣10%，还有一张POP上写着直降100元，你感觉哪一个价值最大？为什么？

（2）一张POP上写着折扣50%，另一张POP上写着只售半价，你感觉哪个有价值？说明理由。

**要求：**同教学互动1－1。

#### 一、商品降价的心理策略

企业在组织商品销售的活动中，由于多种原因会采取降价策略。面对企业的降价行为，消费者的认识与了解非常关键。

### （一）消费者对企业商品降价的心理反应

消费者对企业商品降价做出的反应是多种多样的：有的消费者对企业商品降价行为做出的是积极的有利反应，如认为企业的生产成本降低了，或企业让利于消费者；有的消费者会做出与其相反的各种心理和行为反应，如有的认为“便宜没好货”才降价，有的认为买便宜货有失身份，有损自尊心和满足感，有的认为是由于企业新产品问世而进行的老产品的降价处理，老产品马上会被淘汰，后期维修会得不到保障，有的认为可能是过期产品，库存积压产品，质量不好，实用价值降低，有的认为该产品出现了供过于求，已经开始降价，可能会继续降价，消费者最终会“持币待购”或“越降越不买”。

**【思政互动 7－3】**

客户同销售人员抱怨说：“都是你害的，现在我要退货，你们的产品有问题：虽然调低了价格，但质量很不好。”当客户做出这种抱怨时，他的负面情绪往往十分高涨。如果处理不当，客户可能在更大范围内进行抱怨，甚至产生对商品的负面影响。请你从营销道德和如何引导消费者理性消费的角度谈谈你的处理办法。

### （二）企业商品降价应具备的基本条件

企业商品降价是有条件的，只有消费者具有下述心理才适合采取降价策略：第一，市场竞争激烈，商品的市场份额下降，不得不降价促销，以提升市场占有率；第二，企业生产成本和经营费用低于竞争对手，通过主动降价来应对竞争，提高市场份额；第三，消费者注重该产品的实际性能与质量，商品的社会象征意义不明显；第四，消费者对产品的质量和性能非常熟悉，如某些日用品和食品，降价后仍对产品保持足够的信任度；第五，消费者在企业充分说明商品降价的理由后，感到能够接受降价商品，如企业搬迁或内部装潢等。

### （三）企业商品降价的操作技巧

1. 选好降价时机

企业在选择商品降价时机时，通常要综合考虑企业实力、商品在市场生命周期所处的阶段、销售季节、消费者对商品的态度等因素。营销企业若能恰当地选择降价时机，则会起到非常显著的促销效果。通常情况下，企业商品降价的时机有：时尚新潮商品进入流行高潮普及的后期阶段；重大节假日的降价优惠促销；季节性商品即将过季或是换季商品的降价销售；一般商品进入成熟期就应降价；企业庆典活动降价回馈消费者；市场领导品牌率先降价，作为竞争对手采取降价跟进策略。其他特殊情景下的降价：国家有关商品或消费政策法规出台；国内外市场突然发生变化；厂商改变经营方向，或拆迁改建等。

2. 把握降价幅度

企业商品降价应贯彻“一步到位”的原则，不能过于频繁地降价，否则会使消费者对商品产生不信任心理，或者等待继续降价的观望心理。降价时，降价幅度要适宜，以引起消费者的关注，使之动心，刺激消费者产生购买行为的目的。实践证明，降价幅度在10%以下时，不能激发消费者的购买欲望，达不到促销的效果，降价幅度在15%～30%或以上才会产生明显的促销效果。但降价幅度超过50%时，必须说明大幅度降价的充分理由，否则消费者会怀疑这是假冒伪劣商品，反而不敢购买。

3. 商品降价的组合技巧

企业在执行降价策略时，全部商品都较大幅度地降价，企业承受不起；降价幅度过小，不起作用。经验表明，一个企业少数几种商品大幅度降价，比很多商品小幅度降价促销效果好；知名度高、市场占有率高的商品降价的促销效果好；知名度低、市场占有率低的商品降价促销效果差。因此，企业要制定一个科学的商品降价组合，即采取少数商品大幅度降价，多数商品小幅度降价，既有轰动效应，也能把利润损失控制在合理范围。

4. 做好商品降价的信息传播工作

企业无论采取何种降价措施，都要努力做好宣传工作，尽可能让消费者了解降价的真实原因，打消他们对降价的疑虑。向消费者传递降价信息有多种办法，如要在降价广告或降价标签上，注明降价前后两种价格，或标明降价金额、幅度；也有的商家会把前后两种价格标签挂在商品上，以证明降价的真实性、可信性，增强降价信息在视觉上、心理上的冲击力。

**【道德研判7－3】**

**背景资料：**

低价促销是一些商家重要的销售手段之一，但有些促销价格并非真正的低价。市场监管机构在价格监管过程中发现，有的商店销售的七匹狼男士全棉横条时尚内衣套装价签标示原价每套169元、促销价每套50.7元，经查实原价应为每套119元；有的商场销售的正林特供香瓜子价签标示原价每袋14.8元、售价每袋6.9元，经查实原价为每袋7.4元。

**问题：**

本案例中在调价时存在哪些营销伦理和职业道德问题？

**讨论分析：**

个人：结合已经学习的内容和收集的资料，试对本案例中的问题依据营销职业道德做出你的研判，并说明依据。

小组：同学们每4人分为一个小组进行讨论，1人记录，形成小组意见，准备在班级交流。

全班：各小组推选1位代表陈述本小组观点。

教师：记录各小组陈述要点，进行点评。

提示

## 二、商品提价的心理策略

在社会主义市场经济条件下，价格上涨是一种正常的经济现象，但商品涨价对消费者而言总是不利的，会引起消费者和中间商的不满心理。企业迫于各种原因不得不提价时应充分考虑消费者的购买力和心理承受能力，认真分析和研究提价后消费者可能产生的心理反应，并采取相应的心理策略。

### （一）消费者对企业商品提价的心理反应

当企业商品提价时，特别是当某些商品价格上涨幅度比较大时，消费者心理与行为会做出各种反映。如有的认为：商品提价可能是因其具有某些特殊的使用价值，或具有更优越的性能；商品提价，说明是热门货，属于畅销紧缺产品，应尽快购买；商品提价可能是限量发行，有升值空间。有的消费者认为商品已经提价，可能还会继续上涨，认为现在不买，以后要花更多的钱才能买到，应尽快抢购，以防将来购买吃亏；商品提价是通货膨胀造成的恶果，于是减少储蓄，大量抢购，觉得存钱不如存货保险。

### （二）企业商品提价应具备的基本条件

企业商品提价是有条件的，只有具备了下面一些条件才适合采取提价策略：第一，消费者对该品牌忠诚度很高，是品牌的偏好者，一般不因价格上涨而轻易改变购买习惯；第二，消费者坚信产品具有特殊的使用价值，或具有更优越的性能，或有其他产品不能替代的特殊因素；第三，市场上同类产品少，而且替代品也少，企业具有行业优势，资金比较充足；第四，消费者有求新、猎奇、追求名望、好胜攀比的心理，愿为自己喜欢的产品支付高价；第五，消费者已理解价格上涨的原因，并能从心理上接受价格上涨的幅度。

### （三）企业商品提价的心理策略

1. 选择好的提价时机

通常情况下，商品提价是有时机的，因为只要提价，消费者都会表现出一时的不适应，甚至会激发出不满情绪。因此，商品提价必须掌握时机，要在条件具备的情况下进行，以避免消费者不良心理现象的产生。商品提价的时机是：企业商品在市场竞争中占据优势地位时；商品进入成长期，销售行情持续上涨；季节性商品达到销售旺季，或一般商品处于销售旺季；主要竞争对手的商品提价，本企业有条件采取同样的策略，并维护产品形象。总之，企业商品提价要掌握好时机，提价后的一段时间，可能出现销售量下跌的现象，有的消费者将转向其他品牌，给竞争者抢占市场提供了机会。这时，企业要努力搞好全方位的服务，提高服务质量，热情周到地为消费者服务，以取得消费者理解。消费者对提价适应后，销售量自然会回升。

2. 把握提价的幅度

商品提价要充分考虑消费者心理要求，提价幅度应与消费者对商品觉察价值基本相符，只有这样，商品提价才会被消费者所接受且不影响销售。一般来讲，企业商品提价幅度不应过大，但具体提价幅度，并没有统一的标准。一般来说，要视消费者对价格的心理敏感而定。国外研究认为，以5%为提价的上限，认为这样不容易引起消费者的注意，也符合消费者的心理承受能力。总之，商品提价要遵循幅度宜小不宜大，速度宜慢不宜快，要循序渐进，边提边看，谨慎行事。

3. 把握好商品提价的心理策略

企业在提高商品价格时，要注意采用一些心理策略，合理运用商品提价技巧。一是宜被动提价，不宜主动提价，消费者对企业的主动提价和被动提价会产生两种不同的心理反应。所谓主动提价，从某种意义上说，就是在同行业中率先提价。一个企业先于其他企业给商品提价，会极大地影响消费者对该企业产品的消费。由此造成的后果是消费者购买数量减少，并影响企业的经济效益，甚至影响到企业形象。被动提价是企业在竞争对手提价后采取的提价策略，好处是容易使消费者理解和接受，巩固了老顾客，还有可能吸引来新顾客，而且对于以后的被动提价，消费者也是可以理解和接受的，也不会损及企业的形象和利益。二是宜间接提价，不宜直接提价。直接提价是指企业随着生产成本的增加和市场因素的变化而直接提高商品的价格。普通商品直接提价时应注意幅度一般不宜过大，幅度过大会损失大批消费者，有时也会对企业形象造成一定的影响。间接提价是指企业维持原产品价格不动，只是采取减少有关费用开支的方法来达到经济效益的提高。间接提价又有两种方法：一种方法是通过变化产品的名称、型号、包装等因素，变相提高价格，其实产品并没有什么改变；另一种方法是表面上不改变商品的价格，但实际上通过减少数量或一些不必要的附加功能，变相提价。间接提价是利用消费者渴求物价稳定的价格心理来刺激购买。间接提价往往可以达到拓宽市场、增加销售，提高经济效益和占据市场竞争有利地位的目的。

4. 商品提价的注意事项

企业采用价格心理策略要注意的首要问题是不能违反有关法律，不能涉嫌欺诈。2015年6月15日国家发展改革委关于《禁止价格欺诈行为的规定》的有关条款解释的通知，对2001年《禁止价格欺诈行为的规定》作出了新的解释。首先，经营者必须依法经营，认真维护消费者的合法权益。其次，企业商品提价时应采取各种渠道向消费者说明提价的原因，做好宣传解释工作，以取得消费者理解。最后，认真做好服务工作，如改变销售环境，提高服务质量，增加服务项目，以求得消费者的谅解和支持，维护企业形象，提高消费者信心，刺激消费者的购买需求和购买行为，从而达到企业商品提价的预期效果。

**【同步案例7-3】**

**“双十一”乱象，先涨价后调价**

**背景资料：**

一名网友在微博上爆料，称自己在天猫一家箱包旗舰店看中一款双肩皮包，当时卖298元，10月9日调价到539元，“双十一”当天售价又降为485元。这款背包为什么在短短几天内就有这么大的价格波动？记者电话联系到这家旗舰店了解原因，而电话里卖家并不愿意对先涨价后降价的事情做出解释，而是问记者看中的是哪一款包，可以之前200多元的价格卖给记者，并表示如果有其他消费者发现这个包之前为200多元，而现在在“双十一”期间花400多元买的也可以给退差价。

**问题：**

商家的这种行为算不算是对消费者的一种欺诈呢？

**讨论分析：**

个人：每位同学根据道德研判的背景资料和问题，在固定的学习本上记下自己的分析结果。

小组：每小组6位同学，1人为组长，1人记录，小组成员都要陈述自己的观点，讨论后形成小组意见，准备在班级交流。

全班：各组派1位代表陈述本组观点。

教师：记录各组陈述要点，最后做点评。

提示

【任务演练 7－3】

## 商品调价认知实训

**实训目标：**

（1）思政目标：通过商品调价实训，培养同学们诚实公道地参与商场调研、认真负责的调研态度以及互相配合的工作作风。

（2）能力目标：运用所学的企业商品调价的心理策略知识，分析商品调价中的心理策略问题。

（3）知识目标：培养同学们在小组发言、小组讨论、实训报告撰写中，会运用商品调价的心理策略等相关知识分析讨论问题，阐述自己的观点。

**训练内容：**

到某一商场或超市调查了解商场商品调价的心理策略。

**训练操作：**

（1）将学生每 4 人分为一组，并选出 1 名小组负责人。

（2）小组负责人与其他同学共同制定调查计划，明确任务，合理分工。

（3）走访两家以上的商场或超市，详细记录 8 种以上商品的调价情况。

（4）现场询问商家商品调价的原因，询问消费者对调价的感受。

（5）详细记录相关资料和消费者对商品调价后的购买行为等资料。

（6）每组写一份商品调价认知实习报告。

**成果要求：**

（1）小组撰写商品调价认知实训报告，要包括调查的商场，列举出 8 种商品调价的情况，商家调价的理由，消费者对商品调价的感受以及小组成员的共同体会等内容。

（2）就各组的分析报告在班级交流，老师要做点评。

（3）学生实训成绩由学生完成调查任务情况、资料记录情况和小组报告交流成绩综合评定。

**实训评价：**

表 7－3　　商品调价认知实训评价表

| 项目 | 评价标准 | 分值 | 小组个人自评（30%） | 小组成员互评（30%） | 教师评价（40%） | 小计 |
|---|---|---|---|---|---|---|
| 思政教育 | 能客观公正地了解企业产品调价，在调研活动中真诚待人，互相合作，客观真实地整理调价数据，高质量完成调价调研实训任务 | 10 | | | | |
| | 养成细致、严谨的工作作风，小组讨论积极踊跃，能主动参与实训计划制定，提出关于实训中应注意的相关问题 | 10 | | | | |
| | 能够结合商品调价的认知实训，认识商品调价的心理策略学习的价值 | 10 | | | | |

续表

| 项目 | 评价标准 | 分值 | 小组个人自评（30%） | 小组成员互评（30%） | 教师评价（40%） | 小计 |
|---|---|---|---|---|---|---|
| 能力提升 | 能将所学的商品调价的心理策略知识运用到认知实训任务中，学以致用 | 10 | | | | |
| | 正确分析商品调价认知实训活动内容，实训活动安排有序 | 10 | | | | |
| 知识应用 | 实训报告撰写中能正确运用商品调价的心理策略相关知识分析说明自己的观点 | 10 | | | | |
| | 在个人发言和小组讨论中能准确陈述商品调价的心理策略相关知识 | 10 | | | | |
| 项目成果展示 | 能够独立完成认知实训任务，完成实训任务及时、主动，并能主动提出问题、解决问题 | 10 | | | | |
| | 商品调价认知实训报告结构完整，报告无错别字，观点正确 | 10 | | | | |
| | 商品调价认知实训报告展示汇报形式新颖，陈述语言规范流畅，语速恰当，有感染力 | 10 | | | | |
| 合计 | — | 100 | | | | |

【任务学习自测题】

自测题7－3

## 本项目知识脉络

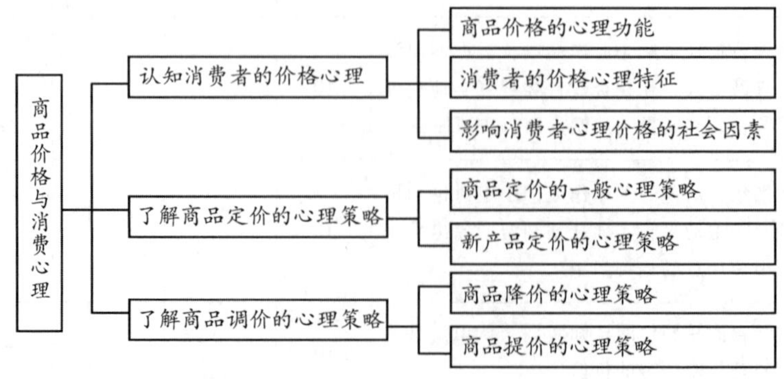

## 本项目综合实训

### 商品定价、调价的心理策略调研

**背景与情境：**

你学习了商品价格与消费心理的内容以后，已经知道了消费者的价格心理，企业定价、调价的心理策略，你还很想了解一下，企业经营那么多的产品，经营者是怎样运用定价的心理策略给自己经营的商品定价的？根据市场供求关系变化又是怎样运用调价的心理策略对商品进行调价的？

**实训目标：**

（1）思政目标：通过商品定价、调价的心理策略调研实训，培养同学们诚实公道地参与定价、调价的心理策略调研实训，培养认真的调研态度、互相配合的团队合作精神。

（2）能力目标：结合商品与企业实际定价的心理策略等知识，提升对企业定价和调价的心理策略运用技巧和原因进行分析的能力。

（3）知识目标：通过企业定价、调价心理策略运用实际调研，深入理解商品定价、调价心理策略等陈述性知识。

**实训步骤：**

（1）每组4人，其中1人为组长，由组长组织讨论小组成员的分工，明确调研思路，按分工各负其责，相互沟通，积极配合，共同完成本实训任务。

（2）每组选择两种供求情况不同且定价、调价心理策略不同的商品，详细了解两种商品的定价、调价目标，定价、调价心理策略和定价、调价技巧的具体应用。

（3）实际调查前要从网上、图书馆搜集商品定价、调价心理策略的相关资料。

**实训成果及要求：**

（1）每组撰写一份调查报告，报告要详细说明调查什么企业、什么商品，该商品的定价目标、定价心理策略和定价技巧，简要说明为什么这样定价，并了解根据市场供求关系变化和调价心理策略怎样进行调价，调价时机和调价技巧的选择，说明调价的理由。

（2）报告呈现形式各组自定，报告不少于1500字。

**实训时间：**

调查和报告撰写利用课余时间，班级展示2课时。

**实训评价：**

表7－4　定价、调价心理策略调研实训评价表

| 项目 | 评价标准 | 分值 | 小组个人自评（30%） | 小组成员互评（30%） | 教师评价（40%） | 小计 |
|---|---|---|---|---|---|---|
| 思政教育 | 能客观公正地了解企业产品定价、调价采用的心理策略，在调研活动中能真诚待人，互相合作，客观真实地整理调研数据，高质量完成调价实训任务 | 10 | | | | |

续表

| 项目 | 评价标准 | 分值 | 小组个人自评（30%） | 小组成员互评（30%） | 教师评价（40%） | 小计 |
| --- | --- | --- | --- | --- | --- | --- |
| 思政教育 | 实训过程中表现出细致、严谨的工作作风，能主动提出关于定价、调价心理策略实训的相关问题 | 10 | | | | |
| | 能够结合实训认定调价心理策略在商品定价、调价活动中的重要性，商业秘密保密意识强 | 10 | | | | |
| 能力提升 | 能将所学的定价、调价心理策略知识运用到实训任务中，学以致用 | 10 | | | | |
| | 结合企业的实际，运用定价、调价心理策略相关知识对企业商品定价、调价活动进行分析的能力 | 10 | | | | |
| 知识应用 | 在小组讨论中能准确陈述定价、调价目标，定价、调价心理策略等相关知识 | 10 | | | | |
| | 在班级陈述中能正确运用商品定价、调价心理策略知识陈述本组观点 | 10 | | | | |
| 项目成果展示 | 能够独立完成调研任务，在调研中能主动提出问题、解决问题 | 10 | | | | |
| | 商品定价、调价心理策略调研报告结构新颖，撰写规范，观点正确，无错别字 | 10 | | | | |
| | 商品定价、调价心理策略调研报告汇报形式新颖，语言流畅，语速恰当，有感染力 | 10 | | | | |
| 合计 | — | 100 | | | | |

项目八 PPT

项目八教案

# 项目八
# 营销信息传播与消费心理

导入案例

**“史上最牛的团购交易”**

2010年9月6日，淘宝网的奔驰团购迷你站上线，上线不到24小时就吸引了30万名访问者，在各大网络论坛引起了轰动。此次团购的是奔驰smart硬顶版，市场售价17.6万元。而团购规定当意向人数达到30人便可团购，单车价格降为16.7万元；达到200人满团数量时，就可享受到13.5万元的最低价，相当于原价的7.7折。众多团购爱好者蓄势待发，不仅打算自己团购，还说服亲友加入这场疯狂的“抢购”中。团购上线3小时28分钟后，最后一辆奔驰车被买家拍走，通过网上团购的人数已经达到205人。原定20天的团购活动不得不在当天4小时内结束，网友们因此称之为“史上最牛的团购交易”。

广告与企业的市场营销活动总是息息相关的。在市场竞争的条件下，了解和掌握广告与消费心理的关系，对于企业开展市场营销活动具有重要的现实意义。

## 任务1　认知广告信息传播与消费心理

学习目标

思政目标：通过本任务的知识学习，开展思政互动、同步案例、道德研判和任务演练等教学活动，激发同学们学习广告创意在传播产品信息与消费心理相关知识方面的兴趣，并能以正确的广告创意心理引导消费者合理消费。

能力目标：通过本任务的同步案例和任务演练等活动，培养同学们从消费者心理层面出发分析产品的广告创意与策划，并能够树立相应的思维模式。

知识目标：通过本任务的知识学习能够叙述广告传播的心理过程、心理原理、心理策略等陈述性知识。

知识学习

## 一、广告传播的心理过程

成功的广告，能迅速吸引消费者的注意，引发其兴趣，使消费者正确地理解广告中的信息，从而影响其情感和态度，激发其购买欲望，并使消费者在有意或无意中进行记忆，最终在强烈的购买动机驱使下完成购买。这一过程就是广告传播的心理过程。

人们从接触广告到采取行为的一般心理过程，可以归纳为AIDAR模式，即注意（Attention）、兴趣（Interest）、欲望（Desire）、行动（Action）、再次购买（Repurchase），如图8-1所示。

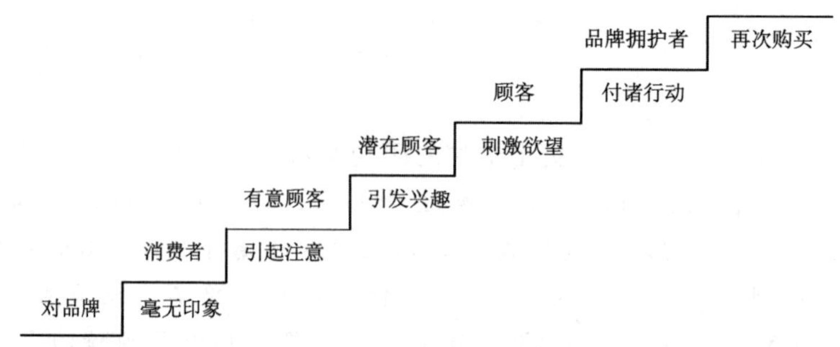


图8-1 AIDAR模式

在广告界流传着这样一句话："一则广告只要引起人们的注意，就已经成功了一半。"引起注意是广告传播的开始，也是广告产生效用的前提。而广告注意的产生与维持则依赖于广告的内容、广告表现形式等是否能刺激消费者的兴趣和欲望，适应消费者的心理需要。广告的有效传播还应使人们从单纯的无意注意过渡到有意注意及对传播内容的必要记忆。因此，上述广告传播一般心理过程的每一个环节都必不可少。要进行成功的广告传播，就必须深入研究广告信息传播的心理特点，以提高传播的效果。

## 二、广告传播的心理原理

广告的传播者都希望自己的广告能深入人心、打动人心，这就必须研究广告心理，采用正确的广告信息传播策略。在广告传播的内容、形式和媒体选择上，必须符合广告传播的心理准则。

### （一）注意原理

人们把意识集中到特定的物体或概念上，就是所谓的"注意"。在消费者购买行动中，注意是一个心理准备阶段，亦即广告发挥作用的第一步。根据注意的集中和指向定律，一般认为，版面所占面积大、位置独立而突出、画面动感强烈或声音富有变化的广告最易引起消费者注意。具体手段如下：

1. 增大刺激物的强度

如通过加大版面、明艳色彩或增加美妙图案、特殊音乐甚至香味等来有意识地增大广告对消费者的感觉刺激。

2. 增大刺激物之间的对比

对比可以产生强烈反差，使消费者对刺激物形成很显著的条件反射。加强静动、明暗、浓淡、疏密等的对比度，使消费者在心理上处于一种积极、兴奋的状态，对广告的印象自然就深刻。例如，摆放在粗沙石粒上的精美手表的广告画面，一粗一精的强烈对比，使消费者充分注意到手表的精致和华美；在霓虹灯广告中，闪动的部分往往成为注意的焦点。

3. 提高刺激物的感染力

刺激物的强度和对比固然吸引消费者的注意，但缺乏感染力则无法维持和深化注意。只有提高刺激物的感染力，激发消费者的情感体验，才能留住有效注意。例如，采用新奇有趣的构思、富于艺术性的形式等方法，能够使广告有更强的感召力和推动力。

4. 善于利用口号和警句

利用相对不变的口号和警句，概括地、艺术地反映商品的特点，往往醒目易记、朗朗上口，使人耳目一新。例如，飞亚达手表广告中的“一旦拥有，别无所求”，瑞士手表广告中的“领导世界新潮流”等。美国可口可乐在固定口号“喝可口可乐吧”的基础上每年还有一个推销口号，如“可口可乐添欢笑”“挡不住的感觉”等，而雀巢咖啡广告的一句“味道好极了”，更是效果极佳。利用口号和警句要简单明了，既富有特色又符合商品特性，还要和消费者的利益、情感相联系，以唤起共鸣。

**（二）说服原理**

说服就是以某种刺激给予接受者一个理由，使其改变态度或意见并依照说服者的预定意图采取行动。广告是说服大众购买商品和劳务的手段。它利用生动的形式和真实的承诺引起消费者的关心和信任，产生思想共鸣，并依照广告的劝导采取购买行动。广告对消费者的说服有诉诸于理智和诉诸于情感两种。一般来说，对于市场上需求十分迫切的商品和劳务的广告，多诉诸于理智；对于需求不旺的产品，多诉诸于情感。在说服中应阐明理由，并根据消费者的个性特点提出说服重点，运用威胁性说服、反复说服等技巧。例如，一种新的感冒药广告指出，“感冒虽是小病，却能引起许多严重病症，如不及时治愈，等于把自己置于危险的境地”；而另一则化妆品广告则警告消费者“岁月催人老，青春难永驻”，然后分别推出自己的产品，承诺使用该产品可免除这些威胁。这种威胁性说服如果由权威人士来宣讲，往往更容易令消费者接受。

**【道德研判8－1】**

**背景资料：**

某市某公司，未经工商部门登记，擅自在公园、商场等地发布由其经销的“沙枣茶”的印刷品广告。在广告中宣传其功能“具有润肠清积，调整排泄；生血降脂、清热解毒；促进消费、改善睡眠；清糖平压，平衡内分泌和抑制诱导癌细胞自杀的作用”，适应范围为“糖尿病、高血压、高血脂等”。该公司对产品的功能、适应范围、成分做引人误解的虚假的宣传被该地工商分局查获。该地工商分局对其作出责令停止发布，消除影响，罚款1.5万元的处罚。

**问题：**

你认为该公司的“沙枣茶”宣传符合营销道德吗？请结合背景资料谈谈你的看法。

**讨论分析：**

个人：每位同学根据道德研判的背景资料和问题，在固定的学习本上记下自己的分析结果。

小组：每小组6位同学，1人为组长，1人记录，小组成员都要陈述自己的观点，讨论后形成小组意见，准备在班级交流。

全班：各组派1位代表陈述本组观点。

教师：记录各组陈述要点，最后做点评。

提示

**（三）个性原理**

不同的商品和劳务有着不同的性能和特点，不同的消费者有着不同的个性心理特征。个性原理要求广告传播在内容、形式和媒体上适应目标消费者的个性。

**（四）记忆原理**

记忆是将过去的经验存储在印象中，必要时再浮现出来。对于广告信息的记忆，是消费者思考问题、做出购买决策时不可缺少的条件。广告必须让人容易记忆，因为在消费者获得广告信息后，一般不会立即实施购买。如果广告的视觉、听觉元素难以记忆，在消费者要采取购买行动时，广告效果就几乎为零。记忆原理要求增强广告的记忆性，具体可以采用以下方法：

（1）适当减少记忆材料的数量，广告信息简单明晰；

（2）充分利用视觉形象的记忆优势，用直观形象的实务或模拟增强知觉度；

（3）设置鲜明特征或具有明显韵律，以便于记忆、回忆和追忆；

（4）适当地重复；

（5）引导人们使用特殊的记忆方法，如上海巴士公司用63848484（绿色巴士、巴士巴士）的电话号码来增强人们对公司的记忆。

**（五）暗示原理**

暗示就是应用含蓄、间接的方法，对消费者的心理状态产生影响。广告先是以语言或动作的暗示刺激，使被暗示者产生某种概念，然后促使其基于该概念而采取行动。暗示有直接暗示，如“开业酬宾两天，所有商品九折优惠”，言下之意就是如不来购买将错失良机；还有间接暗示，如“爱美的我，当然用力士”，含蓄地暗示假如你要美丽，就快选用力士产品吧。消费者很难抗拒暗示的力量，而且一般不以为自己是被动地接受劝告，而认为是自己的本意。广告如果善用此原理，就能够成功地影响消费者的购买决策。

## 三、广告与消费心理的互动关系

**（一）消费需求是广告产生的直接原因**

当一个人正常生活的某种缺乏（需要）被意识到后，整个身体能量就会被调动起来，有选择地指向可满足需要的外界对象，从而引发消费。例如，一个人正口干舌燥，这时体内就会产生对水的强烈需要，当他突然看到销售饮料的摊点时，马上会激起购买饮料的强烈动机。饮料品种如此之多，买哪种好呢？购买动机的多样性，促成了满足不同需求层次的广告。由此可见，广告是卖主针对消费者多样、复杂的消费心理，为更好地满足消费需求而采取的一种行之有效的商业手段。其直接的目的就是借助于一定的传播媒体，使消费者接受他的观点和所宣传的商品。也就是说，广告是通过一定的媒体显现出的事物，反映在人脑中并引起一系列的心理活动及导致某种行为；而心理是客观事物以及它们之间的联系在人脑中的反映。这样，就是广告与消费者心理产生了一种互为影响的关系。

**（二）广告是满足消费需求的重要途径**

1. 广告唤起消费者的潜在需要

美国一家商场的实地调查发现，72%的购买行为是在消费者只有朦胧欲望的情况下实现的；真正具有明确购买计划的购买行为，才占购买行为的28%。这说明，在现实的购买活动中，每天都会涌现出无数的新产品，有些产品不但见所未见、闻所未闻，而且连想都没想过，却突然呈现在我们面前，让我们来试用，满足我们潜在的需要。许多购买者在事先并不一定有明确的购买意图和目的的情况下，还是把东西给买下来。而唤起他们这种潜在的需要，诱发他们的购买愿望，进而产生购买动机的重要因素便是广告。

2. 广告引导消费

消费者有了一定的需要并注意于某种物品之后，便产生了如何来满足自己需要的问题，这时便进入了获得信息的阶段。一般来说，消费者首先是回忆自身的经验，从记忆中获取了有关商品的信息。但是，记忆中的经验和知识毕竟有限，特别是对于大件物品的知识，更有求于各种信息源，广告便是提供商品信息的重要途径。消费者通过信息的收集，完成其对商品或劳务的认识与了解，这有助于促成购买行为的实现。大量广告信息的反复传递，形成消费者潜意识中的丰厚积存，并逐步表现为对消费生活的指导作用。而面对广告所提出的倡导与号召以及提供的相关信息，消费者并不一定就会下定决心购买，还得依靠广告采取进一步的有效措施来说服他们，引导他们接受产品甚至是广告所倡导出的观念，以此来吸引住消费群，树立产品及企业的长期信誉。

**（三）消费心理贯穿于广告活动的全过程**

广告实际上是一种有计划的活动，它不仅涉及一系列通过媒介传播的相关广告作品的创作，还包含对企业市场营销情况和传播情况进行分析，制定广告目标，作出战略决策并加以实施。我们知道，广告是为更好地满足消费者的各种需求而产生的，因此，不管广告活动的哪个阶段都应该是以消费心理为基础而进行的。

1. 广告定位的立足点是消费心理

任何广告都要选择对象，市场就是广告的对象。市场是由那些具有待满足的需要、购买能力和购买愿望的消费者，也就是买主、顾客构成的。由于年龄、性别、收入、文化程度、地理环境、心理等因素的影响，不同的消费者通常有不同的欲望和需求，因而，不同的消费者也就会有不同的购买行为和购买习惯。企业主只有充分地认识市场、研究市场、看准市场这个对象，才能做好广告；否则不看对象的广告，再精彩也是徒劳无益的。市场调查与分析的主要任务就是了解市场的变化动向，使广告的对象能够具体而形象起来，在有了这些调研资料之后，企业主就可以结合企业的营销目标及广告目标，进行广告定位。

2. 广告创意与表现形式是针对特定消费群的消费心理来实施的

广告创意及其表现形式总是针对特定消费群体的消费心理来制作的，在不同的市场领域，由于地理变数的影响，消费者对产品和营销组合的需求不同，广告创意也必须针对特定的市场区域采用特定的创意表现，以达到诉求的效果。所以说如果同一个产品有不同的目标市场区域，那么所做的广告创意形式也应是多样化的。在广告创意表现之前，必须事先对目标市场的心理做认真细致的考察，找出最佳诉求点，然后围绕这一点展开具体的广告创意。

3. 广告策略与消费心理

任何商品都是能够满足消费者某方面的需要的，不能满足一定需要的商品是卖不出去的。而人的需求是多方面的，这便决定了消费动机的多样性。不过，诸多需要中经常会有一种优势的需要。能否满足这种优势需要，将直接影响到消费者对该商品的态度和购买行为。从商品本身来说，一种商品是具有多种属性的，究竟突出哪种或哪些属性作为该商品的广告的主题，这是广告决策中的重要问题。科学和经验证明，对准消费者的优势需要作出相应的广告策略是取得成功的重要前提。例如，国外有一家制鞋商，以为消费者对鞋的属性，其关心顺序首先是式样，然后依次是价格、质地及小饰件。于是，把广告的主题对准了鞋的式样，但销路平平。后来，该公司进行了一些实地调查，询问了五千多位顾客对鞋的关心点。结果发现：其中42%的顾客表示“穿着舒服”；32%的顾客反映是“耐穿”；16%的顾客认为“样式好看”，9%的顾客认为“价格合理”。根据所得到的这个调查结果，鞋商果断地改变了广告主题，由原来注重鞋的样式转变为穿着舒适、经久耐穿，之后的收效当然在意料之中。

总体来说，广告自产生以及整个活动过程都是围绕消费心理来进行的。无论成功广告的诉求形式是如何的多样化，其最根本的核心都是立足于取得消费者的信任和顺应消费者的心理。

## 四、广告传播的心理策略

广告要达到预期的效果，就必须在计划、设计、制作和播出的全过程中重视对消费者心理活动规律与特点的研究，巧妙地运用心理学原理，增强广告的表现力、吸引力、感染力和诱导力。广告信息首先作用于消费者的听觉、视觉等感觉器官，并在消费者的大脑中引起不同程度的反应，从而形成一系列复杂的心理活动过程，导致需求的产生和购买行动的实现。广告可以采用下列手段引发消费者心理反应，促使购买行为的发生。

### （一）引起注意策略

注意是心理活动对一定事物的指向和集中。它反映人的意识对客观事物的感觉性与选择性。注意主要由两种因素引起：一是刺激的深刻性，指外界刺激的强度及刺激物的突然变化；二是主体的意向性，指因主体的需要或兴趣而自觉地将意识集中于某一事物。由于引起注意的因素不同，人的意识反映特点和反映时序也不同，从而形成了三种既有联系又有区别的注意：有意注意、无意注意及有意后注意。

根据注意的引发因素和形式不同，广告可以采取多种心理策略来引起消费者注意。

1. 加大刺激的强度

刺激达到一定的强度，即刺激量要大于人的感觉阈限制，才能引起人的注意。而且在一定的范围内，刺激物的强度越大，人对这种刺激物的注意就越集中。不仅刺激物的绝对强度有这种作用，相对强度也有这种作用。比如广告色彩艳丽，文字醒目优美，音乐悠扬悦耳，画面清新脱俗，表现方式别出心裁等，都能较好地引起消费者的注意。在广告设计中，应该特别注重对色彩或光线、字体或图案以及音响效果的合理综合运用，以达到强化信息的影响程度、引起高度注意的效果。

2. 加大刺激元素间的对比

刺激物各元素间显著的对比也容易引起人们的注意。在一定限度内，广告中刺激物各组成部分的对比度越大，人们对刺激物所形成的条件反射就越明显。因此，在广告设计中，可以有意识地处理各种刺激物的对比关系和差别。例如，在画面布局上采用动静对比与黑白对比，图案的大小对比与色彩对比，色彩和光线的明暗对比与强弱对比，音响和语调的节奏对比与高低对比，文字语句的长短对比与轻重对比等。除了广告本身各元素的对比外，还有与周围环境的对比，使色彩相映、浓淡相同、大小对照、高低错落、轻重有别，目的是形成产品的独特形象，增大广告的易听、易视、易读、易记效果。

3. 利用刺激物的运动变化

运动着的事物、变化中的刺激更容易引起人们的注意，动画片的效果胜过幻灯片就是一个显著的例子。诸如影视广告、大屏幕的自动化广告中忽明忽暗的光线，户外不断闪烁变化的霓虹灯，忽隐忽现往返移动的图案，播音员声音的抑扬顿挫等，都是常用的运动刺激手段。

4. 力求刺激的新奇

相同或相似的刺激接受过多，消费者会慢慢变得迟钝起来。罕见的、奇异的、一反常态的事物，却能给人以较强的刺激力度。广告刺激的新异性通常还表现在其形式和内容的更新上。一个颇有经验的广告商在宣传产品时，往往不是集产品的各种性能或特点于一幅广告中长期不变。相反，他总是在相继推出的广告中不断变化地介绍其产品的不同特性，以期达到保持广告新异性的目的。

5. 增强广告的感染力

在广告中，厂商应该有意识地增大广告各个组成部分的感染力，采取多种艺术手段，激发消费者对广告的兴趣，以保持他们对广告和产品的持续注意。

**【思政互动 8-1】**

山东胖东来超市不鼓励顾客大手大脚地花钱，而是倡导理性消费。近年来它减少甚至几乎停止了各种促销活动，以免顾客盲目购买打折物品。在胖东来的珠宝柜台上方有一则温馨提示——理性消费更幸福，柜台下方用小字注明："胖东来提醒大家根据自己的经济情况理性选择，不要承担不必要的经济负担，把钱用在更实用的地方。"请你从营销道德和引导消费者合理消费的角度谈谈你的看法。

### （二）启发联想

联想是一种由当前感知的事物回忆过去的另一事物，或者由所想起的某一事物联想起其他事物的一种神经联系。事物之间存在着的共性和人对事物认识上的关联性构成了联想的客观和主观基础。在广告宣传中，充分利用事物之间的联系，启发消费者的联想，无疑能起到消费者回忆、提高记忆效果、刺激消费需求的心理作用。启发联想的方法有以下几种：

1. 形象法

利用消费者熟知的某些形象，来比喻和提高广告商品的形象。明星广告就是典型的例子。

2. 暗示法

也称暗喻，即通过语言或画面创造出一种耐人寻味的意境，给消费者留下宽广的联想空间。如某皮鞋广告，画面出现两个妙龄女郎正在赤足涉水过小溪，每人手中提一双皮鞋，字幕与画外音："宁失礼不湿鞋"，暗喻了皮鞋的珍贵，给人以回味的余地。

3. 反衬法

即广告商品不直接对准传播对象，而以其他形式来表现广告商品，以此影响真正的传播对象。如麦当劳公司在我国中央电视台播放了一则电视广告：一个婴儿坐在摇椅上面，面向窗外一上一下地摇动，看到窗外时隐时现的麦当劳广告标志，一会儿笑，一会儿哭。最终妈妈过来才发现，婴儿看到麦当劳的标志时就笑，看不到时便哭。广告从婴儿的情感变化反映出人们对麦当劳的喜爱。

4. 讲述法

即利用文字或画外音述说一个传说和典故，来显示所宣传商品的名贵和历史悠久。不少传统名酒即采用此种广告手法。

5. 比喻法

即利用某些恰到好处的比喻来宣传商品或服务，如某眼镜广告写道："眼睛是心灵的窗户，为保护您的心灵，请给您的'窗户'安上玻璃吧。"

**（三）增进情感**

消费者的情感状态直接影响着他们的购买行为导向。积极的情感体验，如满意、愉快、喜爱等，能够增进消费者的购买欲望，促进购买行为；而厌烦、冷漠、恐惧等消极的情感体验则会抑制消费者的购买行为。一则好的广告，应该有助于促进消费者形成以下积极的情感：

1. 信任感

广告通过自身的媒介行为激发起消费者对所宣传商品的信赖心理。消费者对广告的信任，是产生购买欲望的前提条件。如果不存在值得信任的宣传的内容，则无从谈起要购买广告宣传的产品。实事求是、客观公正的广告，往往能达到增加消费者信任感的目的。

2. 安全感

消除消费者对商品的不安全心理，增强心理安全感是广告宣传的重要内容。某些家用电器、药品、食品等广告宣传应增强顾客对商品的安全信心，消除顾客对商品存在不安全因素的心理疑虑。

3. 亲切感

广告宣传要设身处地为消费者着想，表现出对消费者的关心、爱护，或者创造出一种温馨的意境，从而给人以亲切感，使消费者加深记忆，达到增加信任的目的。

4. 美感

爱美是人类的天性，美好的事物总能使人心情舒畅、赏心悦目。追求美也是丰富人们生活内容的重要途径。广告策划中，实现满足人们的求美心理是广告成功的一个重要因素。因此，广告设计中应巧妙地运用画面构思、色彩与光线的艺术以及新颖、亮丽、奇特的美学表现手法，使广告画面给受众以美感冲击，有效地吸引消费者的注意，大大强化宣传效果。

### （四）增强记忆

记忆是人脑对过去感知过的事物的反映，是对经历过的事物和感受由记到忆的一种心理活动过程。对广告信息的记忆是消费者认知、判断、评价商品以及作出购买决策的重要条件。因此在广告的设计与传播中，有意识地增强消费者的记忆是非常必要的。经常采用的增强消费者记忆的策略有如下几种：

1. 减少材料数量

记忆的效果与广告材料的数量有一定的依存关系。在同样的时间内，材料越少，记忆水平越高。所以，广告的文案应力求扼要、精炼，尤其是广告标题要短小精悍，有一鸣惊人的效果。

2. 适当加以重复

重复是加深记忆的重要手段。人们对事物的记忆往往不是一次就能完成的，而需要经历多次重复的过程。广告可以对有关信息中关键的部分加以重复，可以在同一传播媒介上反复播放同一广告，还可以在不同媒介重复同一广告，以达到强化消费者记忆的目的。

3. 增进理解

理解是记忆的前提。通常人们对于理解的事物才能深刻记忆，所以广告要根据消费者记忆的特点，善于化抽象的事物为具体的形象，尽量发挥形象记忆的优势。同时通过深入浅出的说明解释，来增进消费者的理解和记忆。

4. 运用多种艺术形式

广告中适当运用各种艺术表现形式，也能够帮助人们加深记忆。例如，将广告词写成诗歌、顺口溜、对联等形式，可以使人朗朗上口；使用成语、双关语、谐音等，巧妙地说明商品的特性，可以做到语意双关、引人入胜；运用相声、漫画、卡通等形式，使用幽默、夸张等表现手法，会令人忍俊不禁、会心一笑。这些形式可使消费者对广告内容经久难忘。

**【同步案例 8－1】**

**公益广告——爱的表达式（Family）**

**背景资料：**

“爱的表达式”是首条央视广告经济管理中心面向社会大众征集的公益广告，并且荣获了 2011 年度公益广告创意大奖。首先，将广告内容具体介绍如下：Family 就是“家”的意思，广告从字面意思出发首先阐述了家的含义。F 代表了 father 爸爸，M 代表了 mother 妈妈，I 则代表了自己。广告分为 3 个阶段阐述：当“我”还是一个婴儿的时候，爸爸便开始撑起家，为整个家遮风挡雨，撑出一片天。妈妈在舒适美好的环境下，哺育孩子，哄孩子入睡。字母延伸变化形象地表现了完整家庭的美好与和谐；当“我”渐渐长大，我开始有自己的想法，这些想法是那样幼稚而不成熟，开始厌烦了爸妈的束缚和管教，开始一次次地让爸妈生气、失望。在我一次次的叛逆下，我渐渐长大，开始明白生活的心酸。这个时候才发现父母已经没有了往日的容颜，开始白发苍苍、弯腰驼背。我才明白我肩上的责任，开始为父母捶肩膀，让他们依靠，开始为整个家遮风挡雨。广告到这儿也就进入了高潮。背景音乐逐渐温暖，又进入一家人风雨过后的温馨时光，触动心，触动爱。短短几分钟的广告却体现了一个人的一生，有爱就有责任，有责任才会让家更加充满爱，阐释了 Family = father + mother + Love + you。

**问题：**

这则广告是如何引起大众情感共鸣、被大众所记住的？谈谈你的看法。

**讨论分析：**

个人：每位同学认真研读本案例内容，结合任务1知识学习内容，在固定的学习本上写出你对本问题的看法。

小组：请同学们每4人分为一个小组，1人为组长，1人记录，在小组讨论中每个人陈述个人看法，然后小组成员共同讨论，形成小组意见，并推荐代表准备在班级交流。

提示

全班：每个小组代表在班级陈述本组观点，班级其他同学也可以点评。

教师：教师记录各组陈述观点的要点，最后做点评。

**【任务演练8-1】**

## 深入了解消费者广告心理

**实训目标：**

(1) 思政目标：培养同学们欣赏优秀广告的热情，激发分析优秀广告创意的兴趣。

(2) 能力目标：能够对具体产品的广告从消费者心理层面出发，分析其创意。

(3) 知识目标：培养同学们在小组发言、小组讨论、实训报告撰写中，会运用广告信息传播与消费心理等相关知识分析讨论问题，阐述自己的观点。

**训练内容：**

由学生对自己感兴趣的视频广告进行分析，重点分析该广告是如何抓住目标消费群体心理特征的，并通过何种方式诉求与传播的。

**训练操作：**

(1) 将学生分组，每4人一组，并选出1名小组负责人。

(2) 每位同学先选自己感兴趣的广告，在组内进行口头分享广告的创意。

(3) 根据每位同学的分享情况，小组内推选一位分享同学所选择的广告，在组内进一步讨论对该广告创意的理解。

(4) 指定一位同学记录大家对该广告创意的心理感受与理解。

(5) 下载该视频广告，在班内与大家分享该广告的创意以及小组同学的心理感受。

**成果要求：**

(1) 每组撰写优秀视频广告创意与心理感受报告。

(2) 就各组的分析报告在班级交流，老师要做点评。

(3) 学生实训成绩由学生完成任务情况、资料记录情况和报告及交流成绩综合评定。

实训评价：

表 8－1 深入了解消费者广告心理实训评价表

| 项目 | 评价标准 | 分值 | 小组个人自评（30%） | 小组成员互评（30%） | 教师评价（40%） | 小计 |
| --- | --- | --- | --- | --- | --- | --- |
| 思政教育 | 能诚实守信、符合社会公德地参与了解消费者广告心理，态度端正，善于合作，纪律性强 | 10 | | | | |
| | 养成细致、严谨的工作作风，小组讨论积极踊跃，能主动分析消费者广告心理，提出实训中应注意的问题 | 10 | | | | |
| | 能够结合消费者广告心理实训，认识广告创意与消费者心理研究的重要性 | 10 | | | | |
| 能力提升 | 能将所学的广告信息传播与消费心理运用到实训任务中，学以致用 | 10 | | | | |
| | 正确分析消费者广告实训活动内容，实训活动安排有序 | 10 | | | | |
| 知识应用 | 在实训报告撰写中正确运用广告信息传播与消费心理等相关知识分析说明自己的观点 | 10 | | | | |
| | 每个人在发言和小组讨论中能准确陈述广告创意、广告策划与消费心理关系等与实训任务相关的知识 | 10 | | | | |
| 项目成果展示 | 小组能够独立完成实训任务，完成实训任务及时、主动，并能主动提出问题、解决问题 | 10 | | | | |
| | 优秀视频广告创意与心理感受报告结构完整，报告无错别字，观点正确 | 10 | | | | |
| | 优秀视频广告创意与心理感受报告展示汇报形式新颖，语速恰当，陈述语言规范流畅，有感染力 | 10 | | | | |
| 合计 | — | 100 | | | | |

【任务学习自测题】

自测题 8－1

# 任务2　了解人员推销过程中的心理策略

## 学习目标

思政目标：通过本任务的知识学习，开展思政互动、同步案例、道德研判和任务演练等教学活动，知晓作为一名推销员在推销前、推销中、推销后各环节应具备的业务素质，激发同学们利用业余时间锻炼推销技能的热情，培养吃苦耐劳的精神。

能力目标：通过本任务的同步案例和任务演练，能针对某一具体产品进行推销顾客心理分析，并能利用业余时间尝试现场推销，锻炼自己的推销技能。

知识目标：通过本任务的知识学习，能准确叙述人员推销过程中的心理效应、顾客心理分析以及推销各环节的心理策略等陈述性知识。

## 知识学习

### 一、人员推销过程中的心理效应

在商品销售活动中，推销人员所承担的商品销售工作，是在与顾客的双向沟通中完成的，这是营销活动的关键部分。因为在顾客眼中，推销人员是生产企业的代表，是销售企业的窗口和形象的化身，推销员的主体形象对消费者的行为和心理将产生一定的影响。这种影响作用所产生的心理效应主要表现在以下几个方面：

#### （一）首因效应

首因效应又称优先效应，是指在某个行为过程中，最先接触到的事物给人留下的印象和强烈影响，也称第一印象，是先入为主的效应。首因效应对人们后来形成的总印象具有较大的决定力和影响力。在现实生活中，先入为主的首因效应是普遍存在的。例如，消费者第一次和某位推销员接触，总有一种新鲜感，都很注意对方的仪表、语言、动作、表情、气质等，并喜欢在首次接触的瞬间对一个人做出判断，得出第一印象。如果这种印象是积极的，会产生正面效应；反之，则会产生负面效应。良好的第一印象为营销沟通和消费行为的实现创造了条件；反之，则会使消费者产生消极的情绪，影响消费者购买行为的进行。消费者许多重要的购买决策和购买行为，都与对推销人员的第一印象有关。

#### （二）近因效应

近因效应是指在某一行为过程中，最后接触到的事物给人留下的印象和影响。消费者完成购买过程的最后阶段的感受，离开推销人员之前的所见所闻和印象及评价，最近一次购买行为的因果等都可能产生近因效应。与首因效应类似，近因效应也有正向与负向之分，对下次购买行为也会产生积极或消极的影响。优质的服务所产生的近因效应是促使顾客经常光顾的动因。

#### （三）晕轮效应

晕轮效应也称为光环效应或印象扩散效应，是指人们在观察事物时，由于事物所具有的某些特征从观察者的角度来看非常突出，使他们产生了清晰、明显的知觉，由此掩盖了对该事物其他特征的知觉，从而产生了美化和丑化的印象。晕轮效应发生在消费者身上，表现为消费者根据对推销人员某一方面的突出知觉作出了对整个人的判断。如推销员对售后服务的承诺兑现程度如何、接待顾客投诉的态度及处理方式是否认真负责等，这些都会使消费者产生晕轮效应，使之形成对推销员的总体形象的知觉偏差。

**（四）定势效应**

定势效应是指人们在社会知觉中，常受以前经验模式的影响，产生一种不自觉的心理活动的准备状态，并在其头脑中形成固定、僵化、刻板的印象。消费者对不同的推销人员的个体形象及其评价也有一些概念化的判断标准。这种印象若与消费者心目中的“定势”吻合，将会引起消费者的心理及行为的变化。例如，仪态大方、举止稳重的推销人员，给消费者最直观的感受是真诚、可信赖，若与消费者的心理定势相吻合，消费者则愿意与其接近，征询他们的意见和接受他们的指导，容易促成交易。反之，消费者对于闪烁其词、解答问题含糊不清、急于成交的推销人员的最直观感受是不可信赖，若与消费者的心理定势不相吻合，消费者则会产生警觉、疑虑、厌恶的情绪并拒绝购买。

## 二、人员推销过程中的心理策略

### （一）推销前的心理策略

1. 推销前顾客消费心理分析

顾客由于需要产生购买动机，这种购买动机受时空、情境等因素的制约，有着各种各样的心理取向。

（1）顾客认知商品的欲望。商品销售以前，顾客最关注的是有关商品的信息。他们需要了解商品的品质、规格、性能、价格、使用方法以及售后服务等内容。这是决定是否购买的基础。

（2）顾客的价值取向和审美的情趣。随着社会经济的发展，人们的价值取向和审美情趣往往表现出社区消费趋向的现象。所以，通过市场调研了解社区顾客的价值取向和审美情趣，并以此作为标准来细分市场。

（3）顾客的期望值。顾客在购买以前，往往对自己要购买的商品有所估量。这种估量可能是品牌，可能是价格，可能是性能，也可能是其他因素。这种估量就是所谓的期望值。随着时代的发展，人们对产品的要求越来越高，企业生产与销售产品，一方面要满足顾客的物质需要，另一方面要满足顾客的心理需要。顾客的购买从生理需求占主导地位正逐渐变为心理需求占主导地位，心理需求往往比物质需求更为重要。因此，推销服务中除了要考虑产品的质量等各项功能外，还要考虑人们的引申需求。推销员在售前服务中应根据顾客的心理特征，有效地把握顾客的期望值。

（4）顾客的自我意识。自我意识并非与生俱来，它是个体在社会生活过程中与他人相互作用、相互交往逐渐发展所形成的。所以，要了解顾客的自我意识，为进一步开展推销活动奠定基础。

2. 推销前的心理策略

（1）了解自己推销的产品。了解自己推销的产品，对于推销工作具有两方面的意义：①只有了解自己推销的产品，才可能帮助顾客。推销是一件帮助别人解决困难的高尚工作，前提是自己有能力帮助顾客解决困难。试想，如果连自己所推销产品的性能、使用方法都不了解，怎么去帮助别人？推销员只有了解、熟悉自己推销的产品，才能详细地向顾客说明产品能带给顾客什么利益，产品能满足顾客哪些需要，由产品的质量、功能所决定，自己推销的产品在满足顾客需求上能达到什么程度。

②只有了解自己推销的产品，才能说服顾客。顾客不是专家，因此，推销员要充当优秀顾问的角色，要用自己对产品的了解，帮助顾客理解并接受产品，挖掘出顾客内心的需求。推销员只有了解自己推销的产品，才能圆满地回答顾客提出的疑问，从而消除顾客的异议；只有了解自己推销的产品，才能指导顾客如何更好地使用、保管产品，以使顾客能够重复购买。推销员应掌握的产品知识包括：产品能给顾客带来什么好处；产品的生产方法；产品的用途和使用方法；产品的市场状况；企业的交易条件；售后服务规定；财务结算知识等。

（2）信赖自己推销的产品。首先，要相信产品在特定情景下对特定顾客有帮助。“信赖自己推销的产品”并不意味着你推销的产品是世界上最优秀的产品。在营销理论看来，世界上没有所谓“最好的产品”，只有最能满足特定顾客在特定时间内的特定需要的产品。也许你推销的产品不是同类产品中质量最好的，不是品牌知名度最高的，不是功能最全的，不是外观最美的，但是只要你推销的产品是顾客最需要的产品，你就可以“信赖自己推销的产品”。你信赖的不仅是产品本身，还包括你的服务以及服务的时机，包括你为顾客提供的便利性。只要产品的让渡价值足够大，你的产品就值得你信赖。因此，“信赖自己的产品”必须做到以下几点：一是找到需要产品的目标顾客。没有一种产品是所有顾客都喜欢的，只要你推销的产品没有危害性，而且性价比合理，相信总会有市场。你的任务是找到真正需要产品的人。二是找准推销产品的合适时机。顾客需求强烈，而寻找产品需要付出更多努力时，是产品推销的最好时机。如果你总是在顾客可能轻易获取更好的同类产品的时间或地点推销产品，你当然不会信赖自己推销的产品。其次，要让顾客喜欢你推销的产品，首先得说服自己喜欢该产品。试想一下，如果你对自己推销的产品都没有信心，那你在说服顾客的过程中就不可能真诚地去打动顾客，因为你的语言、声调、眼神、动作都会透出你的心虚与不真诚。人们总是强调推销的技巧，但如果你推销的是一件你自己都不喜欢的商品，那么，一切技巧都只能是用来骗取顾客信任的伎俩。“相信自己推销的产品”应当是发自内心的、真诚的。推销就是说服顾客的过程，推销员必须使顾客相信自己推销的产品能够给顾客带来利益。要说服顾客，必须先说服自己真心地相信所推销的产品能够给顾客带来利益。你对产品充满自信，认为顾客购买产品是幸运，而不购买产品则是损失，这样你才能打动顾客。欧美的推销员提出：“你买它，然后再卖它。”这就是说，你要说服顾客喜欢，首先得说服自己喜欢；你要说服顾客购买，首先得说服自己购买。

（3）消费教育。以上几点知识是传统的售前服务内容，真正的售前服务还应该更加超前，应该体现在消费教育上，引导消费观念，挖掘潜在消费需求，从而创造现实消费需求。在竞争异常激烈的今天，推销人员可以在售前服务中引入消费教育的服务理念，向顾客传达新的消费知识和消费观念，引导消费，从而实现企业的销售目的。

**（二）推销中的心理策略**

1. 推销过程中顾客心理分析

顾客在接受服务的过程中，大致有以下期望希望得到满足：

（1）希望获得详尽的商品信息。顾客希望推销人员能对自己所选购的商品提供尽可能详细的信息，使自己准确了解商品，解决选购的疑惑与困难。期望主要表现在：推销人员提供的信息是真实可靠的，不能为了推销而搞虚假信息；提供的信息够用、具体、易于掌握。

（2）希望寻求决策帮助。当顾客选购商品时，推销人员是他们进行决策的重要咨询和参与者。特别是在顾客拿不定主意时，非常希望推销人员能提供参谋建议，帮助顾客做出正确的购买决策。期望主要表现在：推销人员能站在顾客的角度，从维护消费者利益的立场出发帮助其做出决策；能提供令顾客信服的决策分析；能有针对性地解决顾客的疑虑与难题。

2. 推销中的心理策略

在推销过程中，要满腔热情地投入推销工作。推销工作并不能仅仅依靠技巧，而必须依靠心灵沟通，用热情去感染对方。为此，在推销的过程中要注意以下顺序：推销自己——推销利益——推销产品——推销服务。

（1）推销自己。现代推销强调的一个基本原则是推销自己。所谓推销自己，就是让顾客喜欢你，信任你，尊重你，接受你。简言之，就是要让顾客对你抱有好感。

在推销活动中，人和产品同等重要。顾客购买产品时，不仅看产品是否合适，而且深受推销员的诚意、热情和勤奋精神的影响。如果顾客喜欢你推销的产品但不喜欢你这个人，推销就很难成功。因此，推销员必须首先把自己推销给顾客，让顾客乐意与自己接触，愿意听自己介绍，这样才会有推销产品的机会。推销自己可以从以下两个方面努力。

①向顾客推销你的人品。推销员的个人品质，会使顾客产生好恶等不同的心理反应，从而潜在地影响着交易的成败。向顾客推销你的人品，是指推销员要按照社会的道德规范和价值观念行事，要表现出良好品德，如诚实、热情、勤奋、自信、有毅力、富有同情心、谦虚、自尊、自信等，其中最重要的是向顾客推销你的诚实。首先，介绍产品要实事求是，不能为了推销而搞虚假信息。其次，要遵守诺言。需要注意的是，推销员在不妨碍推销工作的前提下，不要做过多的承诺，同时要考虑自己的诺言是否符合公司的方针政策，不要开空头支票。推销员一旦许下诺言，就要不折不扣地履行诺言，否则会失去客户的信赖。

②向顾客推销你的形象。推销人员的外在形象即仪表，包括人的容貌、姿态、衣着、修饰、风度和举止等各方面。心理学认为，客观事物给人的视觉的第一印象是形式感。人们总是从感知事物的外部形态开始，再逐渐认识其本质的。人们在初次接触中，仪表是一个重要的吸引因素，就是我们前面所说的“首因效应”，它影响了人们之间以后的相互关系的发展。推销员为给顾客留下良好的第一印象，推销员应从服饰、谈吐、礼节等方面加强修养。

**【道德研判 8－2】**

**背景资料：**

2020 年 4 月的一天，一名客户结伴一名女性来到某地工行的一支行，到网点后，客服经理随即上前询问办理何种业务，该名男性客户说这名女性为其办理了一台 POS 机，结果在没有密码的情况下，刷走其卡上399元。

该名客户对此表示质疑，遂将该名女性带到工行网点，现场客服经理发现这名女性并不是该行银行员工，并询问其是哪里来的，该名女性自称是来自该市工行。此时客服经理注意到，其胸前挂的牌子上有着中国工商银行logo和一个推荐办理信用卡的二维码。客服经理顿时联想到近日也有一例冒充本行员工推荐办理POS机的案例，于是客服经理警觉起来，提醒客户不要让该名女性离开，随后立即通知网点负责人，网点负责人在了解情况后马上报警，并上报支行保卫部门。

经警方调查，发现该女性并不是银行员工，而是某公司POS机推广员，其公司为了推广其POS机，冒充银行员工进行虚假宣传，其宣称免费办理POS机，同时以激活费为借口，刷走客户卡上的399元。

**问题：**

你认为POS机厂家推广员的做法符合营销道德吗？你赞成该银行客户经理的做法吗？

**讨论分析：**

个人：每位同学根据道德研判的背景资料和问题，在固定的学习本上记下自己的分析结果。

小组：每小组6位同学，1人为组长，1人记录，小组成员都要陈述自己的观点，讨论后形成小组意见，准备在班级交流。

全班：各组派1位代表陈述本组观点。

教师：记录各组陈述要点，最后做点评。

提示

（2）推销利益。顾客在购买产品或服务时，购买的不是产品功能，而是产品或服务能够带给他们的利益。但是，在实际推销过程中，许多推销员更愿意畅谈自己产品或服务的特色，认为客户自己能透过产品特色认识到产品利益。但是，很少有准客户能做到这一点。

①利益与特色的概念。利益是指顾客从某一特定产品中获得的具体好处或者避免的损失。而特色是指某产品的突出或明显的品质或性质。在向顾客介绍时应该透过特色阐述利益。利益从范围上分，可分为产品利益、企业利益和差别利益。产品利益，即由产品性能、特点所产生的利益。企业利益，即从提供该产品的企业所获取的利益。顾客一旦购买了公司产品，他就同公司建立了联系。企业需要在企业形象、实力、销售政策、交通条件、售后服务、结算方式等方面强调顾客购买产品后能给顾客解除哪些后顾之忧，顾客能从公司获取哪些利益。差别利益即由本企业提供的、竞争对手所没有提供的利益，如独到的服务、独有的便利条件、独特的货源及加工方法等。这种比竞争对手更有优势的差别利益能够使推销员处于主动地位。

②利益推销的步骤。首先，要鉴别产品利益，即要分析自己推销的产品可能给顾客带来哪些利益。其次，要了解顾客的利益需要，对顾客具有最大吸引力的利益是什么。可以把握以下几点：一是顾客需求的心理是不同的，不同类型的顾客对利益的要求是不同的，即使人们购买同一产品，但可能出自不同的购买动机。因此，推销员要敏锐地觉察顾客的需求心理。二是一种产品包含的利益是多方面的，推销员不能面面俱到，应抓住顾客最感兴趣的利益作重点介绍。最后，要把特色转化为顾客利益。转化的基本方法是FABE说明

术，其中：F代表产品特征；A代表优点；B代表利益；E代表证据，包括技术报告、实验报告、报刊报道、用户来信、用户反映等。简单地说，推销员要找出顾客最感兴趣的各种特征，分析每一个特征所产生的优点，找出每种优点能带给顾客的利益，最后提出证据证实该产品确实给一些用户带来很大的利益。

（3）推销产品。在推销产品时，推销员要根据不同顾客的需求特性和主导欲望，有针对性地进行重点说服，以消除顾客提出的异议。

（4）推销服务。推销服务是指生产企业或零售企业为已购商品的顾客提供的服务。在市场经济条件下，商品到达顾客手中，进入消费领域以后，企业必须继续提供一定的服务。因为这样可以有效地沟通与顾客的感情，获得顾客宝贵的意见，以顾客亲身感受的事实来扩大企业的影响。

**【思政互动8－2】**

有人说推销产品就是推销自己。请你从营销道德和引导消费者合理消费的角度谈谈你的看法。

### （三）推销成功后的心理策略

1. 推销成功后顾客心理分析

顾客在进行购买以后，无论是要求退换商品，还是咨询商品的使用方法，或是要求对商品进行维修等，他们的心理活动是各不相同的，其心理状态表现为以下几个方面：

（1）评价心理。顾客在购买商品后，会自觉不自觉地进行关于购买商品的评价，即对所购商品是否满意进行评估，进而获得满意或后悔等心理体验。

（2）试探心理。由于主观和客观的多种因素，顾客对所购商品的评价在购买的初期可能会出现不知是否合适的阶段，尤其以大件和新产品居多，甚至有些顾客希望退换商品。但他们提出要求指出商品的问题时，往往具有试探的心理状态。

（3）求助心理。顾客在要求送货安装、维修商品、询问使用方法和要求退换商品的时候，多会表现出请求推销员给予帮助的心理状态。

（4）退换心理。当购买的商品被顾客确定为购买失误或因产品质量出现问题时，顾客会产生要求退换商品或进行商品维修的心理状态。

2. 推销成功后心理策略

（1）真正的销售始于售后。销售是一个连续的活动过程，只有起点，没有终点。成交并非推销活动的结束，而恰恰是下次推销活动的开始，在成交之后，推销员要向顾客提供服务，以努力维持和吸引顾客。大批忠诚的顾客是推销员最重要的财富。

（2）要保持与顾客的定期联系。优秀的推销员应当坚持与顾客保持有计划的联系，详细地记录每位顾客所订购的商品名称、交货日期以及何时会缺货等项目。货物发出后，要询问顾客是否收到货物以及产品是否正常使用；在产品保修期满之前通知顾客带着产品做最后一次检查，外出推销时前去拜访买过产品的顾客等。

（3）正确处理顾客抱怨。顾客抱怨是每个推销员都会遇到的事情，产品再好，也会受到挑剔的顾客的抱怨。不要粗鲁地对待顾客的抱怨，能够抱怨的顾客才是企业产品永久的买主。所以，倾听顾客的不满，是推销工作的一部分，并且这一工作能够增加推销员的利益。对顾客的抱怨不加理睬或对顾客的抱怨错误处理，将会使推销员失去顾客。面对顾客的抱怨，推销员应该采取的正确态度是：

①感谢顾客的抱怨。顾客的抱怨使你有机会知道他的不满，并设法将问题予以解决。这样做不仅可以赢得一个顾客，而且可以避免他向亲友诉说，造成更大的伤害。

②仔细倾听，找出抱怨所在。尽量让顾客畅所欲言，把所有的怨愤发泄出来。这样，既可以使顾客心理得到平衡，又可以知道问题所在。

③收集资料，找出事实。要站在客观的立场上，找出事实的真相，公平处理。

④征求顾客的意见。投诉大都属于情绪上的不满，由于你的重视、同情与了解，不满就会得到充分宣泄，这时顾客就可以毫无所求，而可能仅仅是象征性地要一点补偿，棘手的抱怨问题就可圆满解决。

⑤迅速采取补偿行动。拖延处理会导致顾客产生新的抱怨。

（4）向顾客提供服务。推销是一种服务，优质服务就是良好的销售。只要推销员乐于帮助顾客，就会与顾客和睦相处，为顾客做一些有益的事，就会造成非常友好的气氛，而这种气氛是任何推销工作顺利开展所必需的。

【同步案例8－2】

**大型平价药店的如此服务**

**背景资料：**

一位老太太想买强力枇杷露，来到小区附近的一家大型平价药店。这家药店是自选购药，药店环境很好，但药品不好找。于是老太太向身边的营业员A求助，想知道咳嗽药摆放在什么位置，营业员A用手指了指。老太太按照她指引的方向找，好不容易才找到要买的强力枇杷露。老太太又向身边的营业员B询问强力枇杷露的使用方法、注意事项等，营业员B拿过药看了一会儿，看到营业员C在附近，就让老太太去问营业员C。营业员C看了看药，结结巴巴、含含糊糊地解释。老太太非常生气，将药品放回了货架，头也不回地离开了药店。

**问题：**

请分析该大型平价药店中这几位营业员的服务，谈谈这种服务对消费者的影响。

**讨论分析：**

个人：每位同学认真学习本案例内容，在固定的学习本上写出你的看法。

小组：请同学们每4人分为一个小组，1人为组长，1人记录，在小组讨论中每个人陈述个人看法，然后小组成员共同讨论，形成小组意见，并推荐代表准备在班级交流。

提示

全班：各个小组代表在班级陈述本组观点。

教师：教师记录各组陈述观点的要点，最后做点评。

【任务演练 8－2】

## 推销实践

**实训目标：**

（1）思政目标：激发同学们参与推销实战的激情，强化推销实战的心理素质，在实践中感受客户的消费心理，同时培养同学们吃苦耐劳的精神。

（2）能力目标：能针对某一产品进行现场实战推销，并能根据顾客的消费心理，有针对性地调整自己的推销策略。

（3）知识目标：培养同学们在小组发言、小组讨论、实训报告撰写中会运用人员推销过程中的心理策略等相关知识分析讨论问题，阐述自己的观点。

**训练内容：**

到某一商场或超市进行一次推销兼职体验，或选择某一消费品向校园里的陌生同学进行推销。

**训练操作：**

（1）将学生每 4 人分为一组，并选出一名小组负责人。

（2）每组内的学生独立进行。

（3）利用节假日或课余时间，参加一次商品推销实践。

（4）实践结束后，总结客户对人员推销的心理反应以及自己所采取的心理对策与策略，并写成报告。

（5）每组挑选一名优秀推销实践代表，报告在班级交流。

**成果要求：**

（1）每位同学撰写关于某产品推销实践实训报告，要包括顾客在各阶段的心理反应、自己的心理感受和相应的推销策略以及技巧的采用等内容。

（2）就各组的分析报告在班级交流，老师要做点评。

（3）学生实训成绩由学生完成调查任务情况、资料记录情况和小组报告交流成绩综合评定。

**实训评价：**

表 8－2　推销实践实训评价表

| 项目 | 评价标准 | 分值 | 小组个人自评（30%） | 小组成员互评（30%） | 教师评价（40%） | 小计 |
|---|---|---|---|---|---|---|
| 思政教育 | 能诚实守信，做好推销前的准备工作，在推销实践活动中真诚待人，团结合作，高质量完成任务 | 10 | | | | |
| | 养成细致、严谨的工作作风，小组讨论积极踊跃，能主动参与实训计划制定，提出关于实训中应注意的相关问题 | 10 | | | | |
| | 能够结合推销实践的实训认识人员推销心理策略在市场营销中的价值 | 10 | | | | |

续表

| 项目 | 评价标准 | 分值 | 小组个人自评（30%） | 小组成员互评（30%） | 教师评价（40%） | 小计 |
| --- | --- | --- | --- | --- | --- | --- |
| 能力提升 | 能将所学的人员推销心理策略知识运用到认知实训任务中，学以致用 | 10 | | | | |
| | 正确分析推销实践认知实训活动内容，实训活动安排有序 | 10 | | | | |
| 知识应用 | 实训报告撰写中能正确运用人员推销心理策略等相关知识分析说明自己的观点 | 10 | | | | |
| | 在个人发言和小组讨论中能准确陈述人员推销心理策略相关知识 | 10 | | | | |
| 项目成果展示 | 能够独立完成实训任务，完成实训任务及时、主动，并能主动提出问题、解决问题 | 10 | | | | |
| | 某产品推销实践实训报告结构完整，报告无错别字，观点正确 | 10 | | | | |
| | 某产品推销实践实训报告展示汇报形式新颖，陈述语言规范流畅，语速恰当，有感染力 | 10 | | | | |
| 合计 | — | 100 | | | | |

【任务学习自测题】

自测题 8－2

## 本项目知识脉络

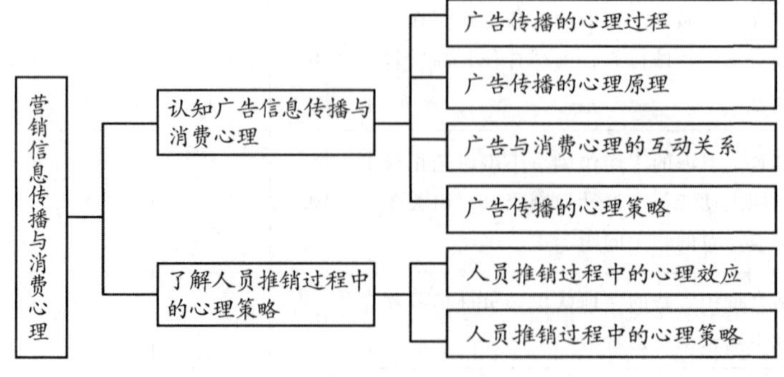

## 本项目综合实训

### 某产品不同阶段的广告心理策略分析

**背景与情境：**

当你学习了营销信息传播与消费心理内容以后，已经知道了消费者广告传播心理策略和人员推销过程心理策略，你还很想了解一下，为什么有的企业同一产品在不同阶段采用不同的广告创意来宣传产品，结合实际产品和企业做进一步分析。

**实训目标：**

（1）思政目标：通过产品广告心理策略实训，培养同学们了解同一产品不同阶段的广告创意与消费心理的关系，培养同学们认真的调研态度、互相配合的团队合作精神。

（2）能力目标：结合广告信息传播与消费心理策略等知识，对同一产品不同时间段的广告与消费心理策略进行分析。

（3）知识目标：通过不同产品不同阶段广告心理策略分析，深入理解广告心理策略等陈述性知识。

**实训步骤：**

（1）每组4人，其中1人为组长，由组长组织讨论小组成员的分工，明确调研分析思路，按分工各负其责，相互沟通，积极配合，共同完成本实训任务。

（2）每组选择一个熟悉的产品，所选的产品在不同的阶段有不同的广告策划视频宣传，搜集至少两个阶段的视频广告，分析各阶段的消费心理策略。

（3）通过上网或图书馆杂志等途径查找该产品广告的创意说明资料，搜集相关信息。

**实训成果及要求：**

（1）每组撰写一份分析报告，报告要详细说明选择的什么产品，至少两个阶段的广告创意说明以及每个阶段的消费心理策略分析。

（2）报告呈现形式各组自定，报告不少于1500字。

**实训时间：**

调查和报告撰写利用课余时间，班级展示2课时。

**实训评价：**

**表8－3　　某产品不同阶段的广告心理策略分析调研实训评价表**

| 项目 | 评价标准 | 分值 | 小组个人自评（30%） | 小组成员互评（30%） | 教师评价（40%） | 小计 |
| --- | --- | --- | --- | --- | --- | --- |
| 思政教育 | 能诚实守信、符合社会公德地参与了解消费者广告心理，态度端正，善于合作，纪律性强 | 10 | | | | |
| | 实训过程中表现出细致、严谨的工作作风，能主动提出关于某产品不同阶段广告心理策略实训的相关问题 | 10 | | | | |
| | 能够结合实训认识广告创意在满足不同时期消费心理策略的重要性 | 10 | | | | |

续表

| 项目 | 评价标准 | 分值 | 小组个人自评（30%） | 小组成员互评（30%） | 教师评价（40%） | 小计 |
|---|---|---|---|---|---|---|
| 能力提升 | 能将所学的广告心理策略知识运用到实训任务中，学以致用 | 10 | | | | |
| | 结合广告信息传播与消费心理策略等知识，对同一产品不同时间段的广告与消费心理策略进行分析 | 10 | | | | |
| 知识应用 | 在小组讨论中能准确陈述广告传播的心理策略等相关知识 | 10 | | | | |
| | 在班级陈述中能正确运用广告传播心理策略等知识陈述本组观点 | 10 | | | | |
| 项目成果展示 | 能够独立完成调研任务，在调研中能主动提出问题、解决问题 | 10 | | | | |
| | 某产品不同阶段的广告心理策略分析报告结构新颖，撰写规范，观点正确，无错别字 | 10 | | | | |
| | 某产品不同阶段的广告心理策略分析报告汇报形式新颖，语言流畅，语速恰当，有感染力 | 10 | | | | |
| 合计 | — | 100 | | | | |

项目九 PPT

项目九教案

# 项目九
# 营销环境与消费心理

导入案例

**"昨天的电视真有趣……"**

一天，笔者和朋友一起去某购物广场买衣服，朋友看上一件衣服要求试穿，连喊几声，该柜台的营业小姐都没有反应。原来这位促销员正和邻居柜台的一个促销员聊得火热："唉，昨天的电视你看了吗？……"，"服务员，服务员……"，朋友又喊了几遍。"唉，知道了。"促销小姐懒洋洋地答应了一声，随手把衣服递给了顾客，然后又开心地继续聊起来："唉，我告诉你呀，后来啊……"。朋友试穿完衣服后觉得不满意，想再换一件，但回头早已不见了促销员的影子，朋友便不打算再换了，便拿着试穿过没有折叠好的衣服大声喊："服务员，这衣服放在哪里呀？""知道了，你放在那里吧"，隔着很远的另一边柜台传来了一声遥远的回答。等我们离开柜台时，远远看见刚才那位促销员正在隔壁的另一个柜台里和一位同事继续聊得津津有味："唉，你知道吗？后来，那个人走了……"，朋友边走出商场边暗自纳闷："昨晚的电视真那么好看吗?!"

消费者通常在一定的购物环境中实现购买行为，购物环境的优劣对消费者的购买过程中的心理感受具有多方面的影响。从心理学的角度看，人们对事物的认识是由表及里，由感性到理性，逐步认识其本质的过程。在营销活动中，一个好的购物环境会给消费者留下美好的第一印象，引起消费者的购买欲望，进而影响其购买行为。因此，研究购物环境及其对消费心理的影响是非常必要的。

## 任务1　了解商店外部环境设计的心理功能

学习目标

思政目标：通过本任务的知识学习，开展思政互动、同步案例、道德研判和任务演练等教学活动，启发学生联想与思考营销外部环境和消费心理的关系，引导消费者合理消费。

能力目标：通过本任务的同步案例和任务演练等活动，让学生明白营销的外部环境是如何影响消费者心理以及进而影响购买行为的。

知识目标：通过本任务的知识学习能够知晓外部环境中的选址、招牌、标志、橱窗设计与消费心理的关系等陈述性知识。

## 知识学习

### 一、商店选址与消费者购买心理

商店选址，就是对商店建筑应处的地理位置的选择。商店选址是从市场营销的角度出发，权衡顾客需求与商业利益的商业布局安排。它与消费者的购买心理密切相关，直接关系到经营能否成功。要实现企业的经营目标，商场选址要综合考虑所选定区域、经营商品种类、商场类型及消费者的需求心理等诸多因素，并兼顾现在与未来的发展趋势。

#### （一）区域与选址心理

商场选址要综合考虑所在城市的区域人口因素、地理因素、地段因素，并掌握与此相关的顾客心理。

1. 商场区域聚焦心理

商场选址首先应了解区域内人口是否密集，顾客人数是否足以形成市场，是否具有一定数量的目标消费群体。在城市中被大家所认可的商业中心，由于商家聚集，成为本市或旅游者购物和休闲的必经之地，会形成一个规模巨大、高密度的顾客群，形成商业经营中的“马太效应”。即消费者在一处营业环境中购买和消费时，他们可能同时会在附近的营业场所游览、观光或消费，并可能产生购买行为。一般消费者都有从众心理，商店越密集、单位时间的人流量越多，越容易引起消费者的购买兴趣，越容易形成购买行为。所以，城市区域内传统的商业街，因人口密集，商家聚集，从而满足商场选址的理想条件。但是由于这些地段都属于一个城市的“黄金地段”，因而企业经营成本比较高，适合以销售中高档的产品为主的专卖店和大型的购物商场进入。

2. 交通便捷心理

影响消费者购物心理的一个重要的条件就是购物的便捷性，因此公共交通条件是影响营业环境的最重要的外部因素。交通条件越方便，消费者购买商品的心理体验越愉悦，消费者购买的积极性越高。所以选址要选择交通比较便捷、进出道路比较畅通、商品运输安全省时、主要顾客购买路程不远或乘坐公共汽车站数不多且不必换车的地方。

3. 最佳位置心理

在一条商业街内不同的位置会给消费者以不同的心理效应，企业在商业区域选址时，切不可盲目设店，如果有意识地按照以下几点选址，也许可以达到事半功倍的效果。

（1）寻找商眼。每个商业街都有“黄金漩涡点”。这个商眼是消费者在街上不自觉地停留的地方，是这条商业街上最宝贵的地段。商眼的位置一般不在商业街的中心位置，而是在商业街全长约2/3的地方，即商业街全长的“黄金分割点”。

(2) 寻找方位。我们国家的人在交通规则中习惯靠右走，因而在商业街中大家也是不自觉地按照这一点先去右侧的购物场所购物。在商业街的主入口的右侧一般客流量要远远高于左侧。所以确定商业街的主入口，尽量选取右边的方向会对商场地址的选择有帮助。

(3) 排列规律。在一般商业街，商店的排布有明显的特点，在商业街入口的地方一般是一些小的专卖店，100 米之后规模渐次扩展，到了接近 1/2 处的地方出现中型商铺，而真正的热销区域在全街总长的“黄金分割点”，这里一般是大型购物商场。企业应根据自身特点按照商业街不同的距离和位置进行选址。

**（二）商品与选址心理**

商场选址除考虑地理区域等因素之外，还要分析商品性质、顾客的消费习惯等特点，准确选择面向目标区域顾客的商品门类或商品价格定位。

1. 商品性质与消费心理

商品性质与人们的消费心理有非常密切的关系。如销售日常生活用品的超市应设在靠近居民区中间的地段，以满足居民日常购物消费的需要；黄金饰品、钢琴等贵重物品应设在与高档商店相毗邻的地段，以适应顾客购买高档物品时对商场档次、商场信誉、外部环境的心理要求。

2. 商品价格与消费心理

商品价格的高低与其周围居民的消费品位、消费水平有直接的联系，应根据顾客对商品价格的需求心理选择店址。高档文化艺术类商品、高档生活消费品的商场应设在高收入顾客群生活地段或商业街。

3. 消费习俗与消费心理

不同地区、不同民族的人们消费习惯各不相同。商场选址要根据商品的特性，考虑人们消费习俗的不同，因地而异。如北方毛皮商店兴盛，南方则不宜开设；西部地区的贵州、四川等地广设辣味专营店，而在其他地区则不宜多设。

**（三）商场类型与选址心理**

在商业发达的地区，顾客购物除考虑商品因素外，商场类型往往是重要的选择因素，可从以下几个方面进行分析：

1. 业态分布与消费心理

业态是指商业服务于某一顾客群或某种顾客需求的店铺经营形态。目前中国的零售业态主要有百货商店、超市、便利店、仓储商店、折扣店、专业商店等多种类型，顾客对不同业态的店址需求心理有差别。如标准食品超市应贴近居民区，以居民区的常住居民为主要顾客群，并与大型超市保持一定距离；大型综合超市应选在城乡接合部、住宅区、交通要道；便利店应在居民住宅区、主干线公路边以及车站医院、娱乐场所、机关团体企事业单位所在地；百货商场选在城市繁华区、交通要道上。

2. 竞争环境与消费心理

商场周围竞争环境是影响顾客心理的重要因素，是商场选址心理的重要组成部分。商场选址要考虑业种、业态分布，或与其周围的其他商品类型相协调，或能起到互补作用，或有鲜明特色。同类小型专业化商家接壤设店，可形成特色街，吸引人气。这可以满足顾客到特定商业街购物时怀有的特定心理预期。如果一家珠宝玉器商店孤零零地开在汽车配件一条街中，则谁也不会相信它能够招徕购买玉器的顾客。

3. 配套场所与消费心理

顾客在商场购物中要求获得配套服务，因此商场在选址中要同时考虑配套场所。比如，仓储式会员店一般停车场面积与营业面积之比为1∶1，以方便频繁地进货与顾客大批量购物后的用车停放；以低廉价格销售商品的大卖场可设在市郊结合部，以便在配备与营业面积相适应的宽敞的停车场的同时，享受较低的价格。尽管路远一些，但它可以低价取胜，满足顾客的求廉心理。

**【思政互动9-1】**

很多人一谈到“体验式消费”，就会觉得是要把最好的环境、最好的产品（服务）给到顾客。请你从营销道德和引导消费者合理消费的角度谈谈你的看法。

## 二、商店招牌与消费者购买心理

### （一）门面与消费者购买心理

1. 店门

商店的门面是一个商店的“面孔”及构成商店形象的关键部分。它的设计风格对消费者最初主观地判断商店的新旧、优劣、大小等有很大影响。具有新颖独特风格的门面，可以吸引消费者进店，哪怕是不购买产品，也要进店来欣赏一番。店门设计应注意以下几个方面：

（1）设计风格。店门的设计风格不同，给消费者的心理感受也不同。例如，新颖独特风格的店门会给消费者一种与众不同的心理感受，简洁明快风格的店门会给消费者一种现代气息的心理感受，古老庄重风格的店门会给消费者一种古朴典雅的心理感受，民族特色风格的店门会给消费者一种地方情调的心理感受。因此，商店应根据自己的经营特色或产品特点等因素来设计店门。

（2）店门的开放度。店门的开放度与商店的经营品种直接相关，经营品种不同，店门的开放度也有所不同。一般来讲有以下几种开放形式：

①封闭型。一些专业性强的商店，如经营宝石、玉器、金银首饰、名人字画、古董工艺品的商店，在保护这些贵重产品不受店外空气尘埃污染的同时，也创造了一种幽静、舒适、典雅的环境，以便顾客在不被打扰的环境中精心选购。

②半开放型。一些经营服装、化妆品、布料、手表的商店以及大中型百货商店或商场，为了提高空调效果，隔音防尘使室内安静、舒适、时髦、显贵，需要将店门设计成半开放型。

③全开型。一些经营食品、水果蔬菜、大众百货的商店为了让消费者不用进到店里就可对店内商品一览无余，以此引发消费者的消费需求，或者为了让消费者进出方便，无约束感，而将店门设计成完全开放型，并且不设橱窗。

④通道型。一些日杂商场、菜场、农贸市场将商店两头的店门全部开放，以便顾客以及小型非机动车辆通行，同时形成方便、自由的感受。

（3）颜色。店门是消费者进入商店的必经之路，整个门面装饰配以什么色调，直接影响到消费者的心理感受，进而影响到消费者是否进店的抉择。因此，商店门面装饰颜色的配置应注意：与商店建筑风格相一致，与周围环境相协调，与消费者心理要求相符合，与经营特色相匹配，冷暖色对比搭配要和谐。

2. 对联

商店张贴或悬挂对联，在我国已有悠久的历史。一副构思精巧、意境深远、语词凝练的对联，再配上精湛的书法或其他别具特色的工艺美术（如镶嵌、表饰等），不仅能引起消费者的浓厚兴趣而驻足观赏，还能提高商店的名气和声誉。

（1）能帮助消费者认识商店。有不少商业对联都是根据本店的经营特色来写的，消费者在驻足欣赏的过程中，便可知道该店的经营范围和基本宗旨。例如，“客上天然居，居然天上客”，“天然居”是北京海淀区的一个餐馆。消费者一看对联便可大体知道该店的经营范围和经营宗旨。

（2）能博得消费者的好感。情真意切的商业对联能给人一种亲切感。例如，“但愿世间人无病，哪怕架上药生尘”，药店不是为赚钱而卖药，而是为了人们身体健康而卖药。像这样的对联，不仅能博得消费者的好感，而且还能达到招徕顾客的目的。

（3）能给消费者以美感。对联是中华民族文化的精华，被誉为“诗中诗”。如“美味招来云外客，清香引出洞中仙”（餐馆）、“茶香高山云雾质，水甜幽泉霜雪魂”（茶馆）。这些对联的构思精巧，意境深远，音韵和谐，文字巧美瑰丽，读者心旷神怡，令人赏心悦目，给人以美的享受。

**（二）招牌与消费者购买心理**

招牌是商店的名称，它是用以识别商店、招徕生意的标记。消费者在购买商品时，总是先寻找招牌，再实现自己的购买行为。一块设计出色的招牌，往往能激发消费者美好的联想和想象。所以，具有高度概括力与吸引力的商店招牌，对消费者在购买活动中的视觉刺激和心理活动的影响是十分明显的。

1. 招牌设计和命名的心理方法

目前，招牌命名的方法多种多样，设计的形式各具春秋，广告化、立体化和艺术化的招牌也不断涌现。然而，要使招牌充分发挥其心理作用，除了讲究形式、用料、构图、造型、色彩等方面能给消费者以良好的心理感受外，更重要的是在命名方面多下工夫，要力求言简意赅，清新不俗，易读易记，具有较强的吸引力。为了达到这一效果，招牌的命名一般可采用以下几种心理方法：

（1）与经营特色或主营产品属性相联系。这种命名方法能起到引导和方便消费者的作用，能反映商店的经营范围和特点，能使消费者易于识别购物的去处，达到招徕顾客的目的。如“光明眼镜店”“亨得利钟表店”“红袖服装店”等。这种命名很直观，让人一目了然，消费者可以直接根据招牌命名作出购买商品和购买地点的选择。这样的招牌具有引导消费者购买的作用，可以满足消费者求速、求便的心理需求。

（2）与服务精神或经商格言相联系。用这种方法命名，除了能反映商店文明经商、讲究信誉、诚心诚意为消费者服务的商业道德外，还能使消费者产生信任和可靠的心理感觉。例如：“薄利饭店”反映了经营者实行薄利经营的服务宗旨；“一分钟照相馆”反映了经营者服务迅速、方便顾客的经营理念。

（3）与名人、名牌商标或象征高贵事物的词语相联系。追求高级、华贵、高雅是某些消费者特有的心理倾向。随着收入水平的提高，现代消费者不仅追求“名牌商品”，同时也追求“名牌商店”。例如专营名人字画的“荣宝斋”，其店给人的感觉是温文尔雅，容易诱发消费者的购买动机，对求名、求奢心理强烈的消费者具有极大的吸引力。

（4）与享受意境或美好愿望相联系。这种命名方法通常能反映经营者乐意为消费者的生活增添乐趣，同时包含对消费者的良好祝愿，引起消费者有益的联想，从而对经营者产生亲切感。如“陶陶居”，寓意来这里定能沉醉于乐陶陶的环境中。又如“经典咖啡馆”，寓意来此品尝咖啡的情侣们获得经典的爱情。

（5）激发消费者的兴趣或好奇心理。情感动机是一种重要的购买动机，好奇心能引起兴趣、渴望、快乐、喜欢、满足等情感，容易诱发消费者购买商品的欲望。如浙江宁波开明街人民电影院附近有一家小店的招牌上画一只小缸、一只白鸭和一条黄狗，来往行人看了无不好奇，进店方知是家汤团店。因原店主名叫江阿狗，经营有方，创出名牌老店，现在的招牌是依原主人名字的谐音而画的。如此新鲜有趣的招牌，常使小店顾客盈门，远近闻名。香港一百货店老板用自己的巨幅照片作招牌，也引来顾客纷纷进店以一睹其真面目为快。

**【道德研判9－1】**

**背景资料：**

2021年3月15日，福州电视台曝光了大型网红连锁品牌曼玲粥店不为人知的幕后神操作。该粥店单单在福州市就有几十家店，有些门店每天外卖出餐高达1000多单，但在外卖平台经常有很多问题评论，于是记者就去这家被称为“培训店”“标杆店”的福州曼玲粥店宝龙店卧底。记者没有健康证，直接上岗，被安排煮粥。记者看见全店工作人员都没有佩戴口罩，问店长，店长直接回答“口罩戴了痛”；煮完粥之后，徒手配菜，完全没有手套，这个配菜是直接入我们口的那种，荤素混搭，手完全不洗，前面刚刚拿完马蹄和花生，后面马上拿肉类。粥里有杂质怎么办？直接上手拿！超级不卫生。还有更恶心的，一把硬塑铲子，刚在地上铲完污垢，然后直接盖到了熬制的粥上，完全没有任何的清洗。难道你在自己家煮粥都这么随意么？这是把食客当成什么？还有更意想不到的一幕，当晚员工餐是萝卜排骨汤，员工吃剩下的排骨渣不扔，一开始记者以为这位员工要打包回家，没想到她竟然直接简单清洗了一下，把这些沾染着员工口水的剩余排骨和肉直接卖给消费者!!! 没错，就是那个网红粥品“山药排骨粥”，用的是员工吃过吃剩下的排骨。这些都是记者的真实记录。更多的黑幕被揭露，网红甜品粥竟然都是直接用罐头调配，几块钱可以买到的罐头粥，所谓的“熬粥八十分钟”其实就是简单地把罐头粥加热一下而已，号称“小圆米现熬自然稠”都是幌子。记者提出疑问之后，店员还觉得记者大惊小怪，说现在哪里有“现熬的粥”。网红腊八粥其实就是红豆加八宝粥，这个利润可想而知，2块钱的罐头卖出10元的价格。

**问题：**

你认为这家网红粥店的经营之道是否符合营销道德？依据背景资料谈谈你的看法。

**讨论分析：**

个人：每位同学根据道德研判的背景资料和问题，在固定的学习本上记下自己的分析结果。

小组：每小组6位同学，1人为组长，1人记录，小组成员都要陈述自己的观点，讨论后形成小组意见，准备在班级交流。

全班：各组派1位代表陈述本组观点。

教师：记录各组陈述要点，最后做点评。

提示

2. 商店招牌设计的艺术表现形式

有了良好的商店招牌命名后，还需配以良好的艺术表现形式。艺术表现形式较之命名给消费者的视觉感受更为强烈，因而是招牌设计中不可忽视的重要问题。招牌倘若在构图、用料、造型、色彩、书写、格调等方面设计别致，表现完美，具有艺术性，就可以给消费者赏心悦目、品味高雅、别具一格、亲切自然等心理感受，从而与良好的命名相得益彰，取得良好的心理效果。招牌的艺术表现形式多种多样，常见的有以下三种。

（1）请名人或书法家题写店名。名人题字可以提高商店的知名度，书法家题写店名可以增加艺术效果。

（2）采用立体化的艺术造型。采用立体化的艺术造型可使字体与背景的色彩对比鲜明、醒目。

（3）使用霓虹灯、灯箱、电子显示牌等新型材料。这样的艺术表现形式容易吸引消费者的目光，且很有时代感。

## 三、商店标志与消费者购买心理

### （一）标志的心理功能

所谓标志，是以独特造型的物体或设计的色彩附设于商店的建筑上而形成的一种特别载体。在现代商店外观设计中，标志具有多方面的心理功能。

1. 标志是商店的主要识别物

由于标志通常设计独特，个性鲜明，为一家商店或企业所独有，因而成为商店的主要识别物。消费者仅从标志上即可对各种商店加以辨认和区别。尤其在由多家商店组成的连锁经营方式中，标志更成为连锁组织的统一代表物。

2. 标志是商店或企业形象的物化象征

现代商店标志往往具有丰富的内涵，是商店或公司经营宗旨、企业精神、经营特色等理念与识别形象的高度浓缩和象征。标志的视觉刺激，可以向消费者传递有关企业理念的多方面信息，使消费者获得对该企业或商店形象的初步了解，并留下深刻印象。

3. 标志是特殊的“广告”

标志如同招牌、橱窗等外观要素一样，还具有重要的广告宣传功能。它通过不间断地强化消费者的视觉感受，以引起过往以及一定空间范围内众多消费者的注意和记忆，从而成为招揽顾客的有效宣传手段。

### （二）标志设计的心理要求

为充分发挥标志的心理功能，在设计标志时应充分适应消费者的心理特点，体现以下基本要求。

1. 独特

避免相似或雷同是标志设计的基本要求。对于消费者来说，一家商店的标志应当是独一无二的，为此，在设计商店标志时，应力求构思巧妙，独具匠心。

2. 统一

一般来讲，连锁店或企业集团内各个分店或分支机构的标志必须是统一的。不仅如此，标志的字体、造型、色彩等还应与企业的形象识别系统相统一，不但要与其中的视觉识别系统如标准色、标准字等保持一致，而且应尽可能地体现理念及行为识别系统的内涵与要求，以使消费者从标志中感知到企业或商店的整体形象。

3. 鲜明

标志的色彩应力求鲜明，以便形成强烈的视觉冲击效果，给消费者留下深刻印象。如麦当劳快餐店的红黄对比、肯德基快餐店的红白对比等，对比鲜明，效果良好。

4. 醒目

除造型独特、色彩鲜明外，标志在形体大小和位置摆放设计上还应做到醒目突出，能够让消费者迅速辨认。为此，标志的形体与商店外观保持协调的前提下，应以大型为宜，且一般应树立在建筑物顶端或商店门前。

## 四、橱窗设计与消费心理

商店橱窗，是在商店沿街的窗户内设立的玻璃橱窗，把所经营的重要商品，按照巧妙的构思设计，通过布景道具和装饰画面的背景衬托，并配合灯光、色彩和文字说明，排列成富有装饰性和整体感的货样群，从而进行商品介绍和商品宣传的综合艺术形式。具有特色的、美轮美奂的橱窗设计，不但能令人驻足观赏，更能烘托出所售商品的卓越品质，有助于推销橱窗中所展示的商品。

### （一）橱窗的心理功能

1. 唤起注意

随着新产品不断推向市场，商品品种越来越多，人们面对琳琅满目的商品，目光常常是游移不定的，他们喜欢四处观看，橱窗、招牌、店门等都在他们的视觉范围之内，其中，商店橱窗往往能最先引起消费者注意，直接刺激消费者的视觉器官，引起他们的注意。

2. 引发购买兴趣

橱窗的最大特点是以商品实物的形态向顾客展示，商品以此推荐，形象而又生动。在吸引人们视觉的同时进而激发消费者情绪上的兴趣，使顾客产生想要进一步对商品进行了解的愿望。

3. 激发购买动机

橱窗展示具有特殊的丰富表现手法，光线、色彩、造型手段全方位地运用可以淋漓尽致地将商品的形象、性能、功用加以渲染，让人产生一种美妙的感受。消费者的购买动机从注意到兴趣的积累，往往会逐渐形成一种欲望，想象中的自己也变成了画面中的主角，身临其境般潇洒自如，于是忍不住产生“心动不如行动”的焦虑，促使人们最终想要购买。

### （二）橱窗设计的心理方法

橱窗设计要发挥橱窗对消费者的心理影响功能，一般可采用下面的方法。

1. 突出主营产品特点，激发浓烈购买兴趣橱窗是消费者了解产品经营情况的窗口。因此，橱窗布置的重要心理方法就是要突出主营产品，把商品的主要优良品质或个性特征清晰地展示给消费者，激发他们的购买兴趣。为达到这一目的，橱窗陈列产品首先应选择能引起消费者注意并能产生兴趣的流行性产品、新上市的产品，以突出主营产品、热门产品和新产品为主。其次，还应根据陈列产品的性质、用途和特点，考虑产品的展示形式和摆放位置，使各种产品都得到充分显示，并能构成各种形状的表现面或使用状态。另外，对新产品还要配以生动具体的图文说明，这样的橱窗陈列既可以给消费者一个经营项目的整体印象，又可以突出个别产品的独特风格，还可以使消费者产生新鲜感、亲切感和购买兴趣。

2. 塑造整体艺术形象，诱发强烈购买欲望

综合性的橱窗陈列必须考虑整体的艺术搭配。总体来说，就是要认真研究消费者的审美趋势，要从消费者的求美心理出发，将橱窗内种类繁多、形状不一的各种产品进行整体艺术构思，并运用各种艺术手段，进行生动、巧妙、别致而有序地组合，使之形成一个整体的艺术群雕。

3. 利用景物间接渲染，增强和坚定购买信心

橱窗布置除了商品实体外，还运用布景、道具、灯光、画面装饰等作为背景衬托，以增强橱窗的整体美感，并能达到以景抒情、以情感人的良好效果。一般可从商品的名称、性能、产地、原料、用途、使用对象和使用季节等有关方面，挖掘其内在的联系，抓住最能描绘渲染商品的某个方面进行丰富的想象，创造出诱人的意境。此外，为方便选购和吸引顾客，可布置儿童游乐场等设施，创造更佳的购物环境。

**【同步案例 9－1】**

**处于大栅栏的同仁堂药店**

**背景资料：**

北京“同仁堂”乐家老铺创立于1669年，位居我国四大药店之首，分号遍布全国各地，素以工制丸散膏丹著称于世。清代乾隆年间，“同仁堂”已誉满京都，进入近代更获得供奉御药房用药的“皇家药店”之优势地位，长期占据我国药业的第一把交椅。

“同仁堂”虽以经营传统产品而闻名于世，但并不故步自封，而是注重采用先进的营销方法，除旧布新，以奇取胜，使企业保持了旺盛的进取势头。“同仁堂”店处大栅栏内，地理位置很不理想。为了克服地处偏僻之处的不足，他们在大栅栏胡同东口竖立起一座金光闪闪的铜牌楼，上面写有斗大的“同仁堂药店”五个字。人们一看到牌楼上的字，便知道鼎鼎有名的“同仁堂”在胡同里面。旧时的北京，市政荒疏，没有电灯照明，晚上一片漆黑，污秽遍地。“同仁堂”别出心裁，巧妙地利用中华民族挂红灯笼的传统习俗，在北京的一些主要街头巷口挂起红灯笼，五只一排，每只上书一个金色的大字，合起来就是“同仁堂药店”，使店铺的名号深深印入人们的脑海。这种别致典雅的宣传手法，成为北京最早的市政广告。

（资料来源：廖晓中．消费心理分析［M］．广州，暨南大学出版社，2009：222.）

**问题：**

“同仁堂”是如何营造自己良好的外部经营环境的？

**讨论分析：**

个人：每位同学认真研读本案例内容，结合任务1知识学习内容，在固定的学习本上写出你对本问题的看法。

小组：请同学们每4人分为一个小组，1人为组长，1人记录，在小组讨论中每个人陈述个人看法，然后小组成员共同讨论，形成小组意见，并推荐代表准备在班级交流。

提示

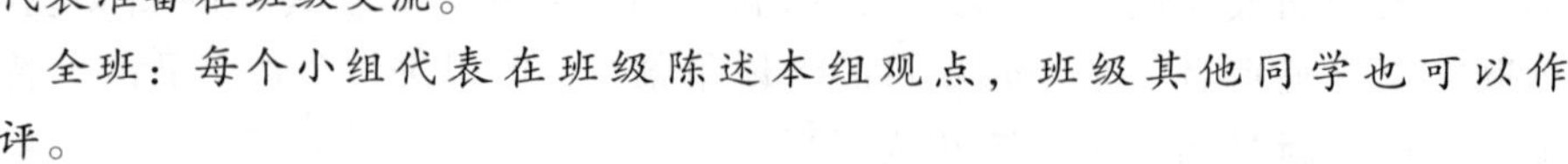

全班：每个小组代表在班级陈述本组观点，班级其他同学也可以作点评。

教师：教师记录各组陈述观点的要点，最后做点评。

**【任务演练9－1】**

## 某商场购物外部环境调查分析

**实训目标：**

（1）思政目标：强化营销外部环境与消费心理关系的意识。

（2）能力目标：能够对自己身边的营销外部环境给消费心理带来的影响进行分析。

（3）知识目标：培养同学们在小组发言、小组讨论、实训报告撰写中，会运用商店选址、招牌、标志、橱窗设计等外部环境与消费心理相关知识分析讨论问题，阐述自己的观点。

**训练内容：**

由学生自己选择感兴趣的购物场所，观察和感受该商店的选址、招牌、标志、橱窗设计等外部环境是如何影响自己的消费心理的。

**训练操作：**

（1）将学生分组每4人一组，并选出1名小组负责人。

（2）由组长带领大家选择某一家购物场所，并制定具体的观察计划。

（3）选择节假日去实施观察。

（4）每一位同学记录商场外部环境是如何影响自己的心理感受。

（5）在小组内分享感受，指定一位同学记录大家的感受，并最后进行整理汇总。

**成果要求：**

（1）每组撰写某商场外部环境与消费心理报告。

（2）就各组的分析报告在班级交流，老师要做点评。

（3）学生实训成绩由学生完成任务情况、资料记录情况和报告及交流成绩综合评定。

**实训评价：**

**表9－1　　某商场购物外部环境调查分析实训评价表**

| 项目 | 评价标准 | 分值 | 小组个人自评（30%） | 小组成员互评（30%） | 教师评价（40%） | 小计 |
|---|---|---|---|---|---|---|
| 思政教育 | 能诚实守信地参与了解商场购物外部环境与消费心理的关系，调查过程真实，态度端正，善于合作，纪律性强，资料整理实事求是 | 10 | | | | |

续表

| 项目 | 评价标准 | 分值 | 小组个人自评（30%） | 小组成员互评（30%） | 教师评价（40%） | 小计 |
|---|---|---|---|---|---|---|
| 思政教育 | 养成细致、严谨的工作作风，小组讨论积极踊跃，能主动分析营销外部环境与消费心理的关系，提出实训中应注意的问题 | 10 | | | | |
| | 能够结合某商场购物外部环境分析实训认识营销外部环境与消费心理关系的重要性 | 10 | | | | |
| 能力提升 | 能将所学的购物外部环境与消费心理运用到实训任务中，学以致用 | 10 | | | | |
| | 正确分析某商场购物外部环境调查分析实训活动内容，实训活动安排有序 | 10 | | | | |
| 知识应用 | 在实训报告撰写中正确运用营销外部环境与消费心理等相关知识分析说明自己的观点 | 10 | | | | |
| | 在发言和小组讨论中能准确陈述选址、招牌、标志、橱窗设计与消费心理的关系等与实训任务相关的知识 | 10 | | | | |
| 项目成果展示 | 小组能够独立完成实训任务，完成实训任务及时、主动，并能主动提出问题、解决问题 | 10 | | | | |
| | 某商场购物外部环境调查分析报告结构完整，报告无错别字，观点正确 | 10 | | | | |
| | 某商场购物外部环境调查分析报告展示汇报形式新颖，语速恰当，陈述语言规范流畅，有感染力 | 10 | | | | |
| 合计 | — | 100 | | | | |

【任务学习自测题】

自测题 9－1

# 任务 2　了解商店内部环境设计的心理效应

## 学习目标

思政目标：通过本任务的知识学习，开展思政互动、同步案例、道德研判和任务演练等教学活动，启发学生联想与思考商店内部环境和消费心理的关系，建立科学、合理、环保及符合消费者购买心理的商店内部环境设计思路，引导消费者合理消费。

能力目标：通过本任务的同步案例和任务演练等活动，让学生明白商店内部环境是如何影响消费者心理以及进而影响购买行为的。

知识目标：通过本任务的知识学习能够知晓内部环境中的商品陈列布局、照明、色彩与消费心理的关系等陈述性知识。

## 知识学习

优雅、舒适和友善的店内购物环境，可以使消费者从容选择，顺利完成购买活动，并留下对商店的良好印象。商场的商品陈列、灯光、音响、照明和色彩以及温度、湿度等都会对消费者的心理产生一定的影响。

### 一、商品陈列与消费心理

消费者走进商店后最关心的自然是产品。产品陈列是否美观，陈列位置是否有利于消费者迅速寻找，都直接影响到消费者的心理感受。因此，产品在陈列时要做到与消费者的选择、习惯心理相适应。

**（一）陈列高度适宜，易于消费者观看感受**

消费者进入商店后，首先会环顾商店内的货位分布、产品陈列等，获取一个初步印象。产品陈列的高度要与消费者的视线、视阈相适应。据研究，消费者进店后无意识展望高度为0.7～1.7米，上下幅度为1米左右，与人的视线成30度角内的物品最容易被人们感受。因此应当认为，从人的胸部到头顶距离内，是最有效的陈列高度。

**（二）货位分布要适应购买习惯，便于消费者选购产品**

大中型零售企业经营的产品在万种以上，对产品进行货位分布时，应考虑到消费者的购买习惯，以便于消费者寻找选购产品。具体地说，零售企业在市场营销活动中，应根据消费者对产品的要求和购买习惯，对方便品、选购品和特殊品进行合理的陈列。这三类产品与消费者购买习惯的关系，如表9－2所示。

**表9－2　部分产品的陈列**

| 产品类别 / 购买习惯 | 方便品 | 选购品 | 特殊品 |
|---|---|---|---|
| 购买次数 | 多 | 稍少 | 少 |
| 购买努力程度 | 无须努力 | 比较努力 | 相当努力 |
| 主要选择标准 | 实用方便 | 效用美观 | 先进独特 |
| 价格考虑 | 便宜 | 稍高 | 较高或高 |
| 质量要求 | 过得去 | 高 | 最好的 |
| 购买距离 | 近或附近 | 稍远或近 | 不考虑 |
| 对商店的期望 | 清洁、愉快、方便 | 安静、宽敞、选择余地大 | 高级感、专业化 |
| 购买行为习惯 | 方便、快捷、顺手 | 比较便于选择、方便 | 便于选择、安全 |

### （三）货位分布、产品陈列要与消费者随机购买心理相适应

调查证明，消费者很快买到原计划购买的产品之后，多数人不是立即离开商店，而是增加了“逛”商店的兴趣，增加了在店内的滞留时间，从而扩大了随机购买的机会。因此，产品的开放性、货位分布的合理性、通道的方便性都有助于消费者随机购买行为的发生。产品的开放程度高，无形中缩短了消费者与产品的距离，增加了信任感和对自由自在进行挑选的满足感。

我国大中型零售企业经营的产品在万种以上，对产品进行分布时，经常采用磁石理论。所谓磁石，就是指超级市场的卖场中最能吸引顾客注意力的地方，磁石点就是顾客的注意点，要创造这种吸引力就必须依靠商品的配置技巧来实现。商品配置中的磁石理论运用的意义就在于，在卖场中最能吸引顾客注意力的地方配置合适的商品以促进销售，并且这种配置能引导顾客走遍整个卖场，最大限度地增加顾客购买率。

卖场的布局是否合理，是一个卖场最终能否得到消费者认可、企业是否能赢得市场的重要因素。

## 二、照明与消费心理

营业环境的内部照明分为自然照明、基本照明、特殊照明和装饰照明四种类型。

### （一）自然照明与消费心理

自然照明是商场中的自然采光，通过天窗、侧窗接受户外光线来获得。自然光柔和、明亮，使人心情舒畅，是最理想的光源。商场设计中应考虑最大限度地利用自然光，增加玻璃顶面、玻璃墙面的面积，但自然光要受季节、营业时间和气候的影响，不能满足商场内部照明的需要，因此要以人工制作的其他照明作为补充。

### （二）基本照明与消费心理

这是为保证消费者能清楚地观看、辨认商品而设置的照明系统，一般以在天花板上配置日光灯为主，起到保持整个商店亮度均匀的作用。基本照明亮度的强弱，能影响消费者的购买气氛。如果光度太弱，人不容易兴奋，会感到压抑，情绪也不容易调动起来，产品颜色也会发生不同程度的变异，甚至看起来会有发旧的感觉，进而影响消费者对产品的挑选和购买。一般来说，商场最里面或角落处配置最大光度、前面和侧面光度次之，商场的中部光度可稍小些。这样可使消费者的视线本能地转向明亮的里面，吸引他们从外到内把整体商店走遍，保持较大的选购兴趣。

### （三）特殊照明与消费心理

这是为了突出部分产品的特性而布置的照明，主要目的是显现产品的个性，以便更好地吸引消费者的注意，激发其购买兴趣。特殊照明的配置要视产品的特性而定。例如，金银首饰、珠宝玉器、手表等贵重产品，往往用定向集中的光束直照产品，以增加产品的美感和珠光宝气的特性，并给消费者一种高贵稀有的心理感觉，激发他们的购买动机和购买行为。

### （四）装饰照明与消费心理

这是在购物环境中，为了营造一种特殊的气氛或情调而设计的照明，目的在于更好地调节消费者的情绪，烘托企业的形象，给消费者留下美好的印象。

**【道德研判9－2】**

**背景资料：**

“超市里摆放的肉红嫩新鲜、蔬菜也绿油油的，拿回家却发现品相就变差了。”家住某市的市民刘女士昨日向记者反映。业内人士和营销专家揭秘一些商超陈列、定价、营销等“诀窍”。“灯光迷阵”几乎成了超市的潜规则。为使这些商品“保鲜”，超市多会采用“红绿灯”，蔬菜在绿色灯光照射下，会显得更翠绿，肉类在柔和的粉红灯光照射下，显得异常鲜嫩。

**问题：**

本例中存在哪些道德伦理问题？请对上述问题做出道德研判。

**讨论分析：**

个人：每位同学根据道德研判的背景资料和问题，在固定的学习本上记下自己的分析结果。

小组：每小组6位同学，1人为组长，1人记录，小组成员都要陈述自己的观点，讨论后形成小组意见，准备在班级交流。

全班：各组派1位代表陈述本组观点。

教师：记录各组陈述要点，最后做点评。

提示

### 三、色彩与消费心理

色彩是指商场内壁、天花板和地面的颜色。心理学的研究证明，不同的色彩能引起不同的联想意境，产生不同的心理感受，影响人的行为活动。

#### （一）色彩对视觉的影响

颜色不同，对人的视觉的刺激也不同。其原因是，各种颜色对应的光波波长的长短不一，对人的视神经的刺激程度也不同。红色、橙色、黄色等光波波长较长，颜色鲜明突出，对视神经的刺激较强；蓝色、灰色、紫色等光波波长较短，色彩暗淡对视神经的刺激较弱。

#### （二）色彩对情绪的影响

不同颜色能使人们发生不同的情绪变化。暖色会促使人的心理活动趋向活跃，情绪高涨，但也会使人感到焦躁不安；冷色会促使人的心理活动趋向平静，但也使人感到沉闷、压抑。在进行商店内部色彩调配时，必须考虑以下几个因素：

1. 店堂的空间

浅色具有扩张空间的感觉，深色具有压缩空间的感觉。所以，我们可以根据店堂的不同空间状况，利用色彩的这种作用，改变消费者的视觉感受，给人以舒展开阔的良好感觉。

2. 商品色彩

商店装饰色彩应与主营产品颜色相协调，这有利于突出主营产品本身的色彩和形象，并可将产品衬托得更加完美，具有吸引力，以刺激消费者的购买动机。

3. 季节变化和地区气候

根据季节的变化和气候的不同来调配店堂的装饰色彩。利用色彩的特性，从心理上调节消费者由于气温变化和自然因素所造成的不良情绪，使消费者在严冬季节进店有温暖如春之感，在酷暑季节进店有清爽荫凉之感，从而产生积极的情绪和美好的联想，促进购买行为。

【思政互动 9－2】

有人说改变购物环境，提升消费者的购物体验，主要是提高对店面进行装修的频次，改变老客户的审美疲劳。请你从营销道德和引导消费者合理消费的角度谈谈你的看法。

### 四、音响与消费心理

心理学研究表明，人的听觉器官一旦接受某种适宜音响，传入大脑中枢神经，便会极大地调动听者的情绪，于是萌发某种欲望，并在欲望的驱使下采取行动。所以，商场在利用音响时应注意以下几个问题：

#### （一）音量要适度

为了给消费者一个比较安静的购物环境，商店音响的音量必须严格控制在一定范围之内。因为商店在营业时间内较嘈杂，若再加上音量大得刺耳的音响，定会给消费者的购物心理带来严重影响，使消费者产生反感情绪和厌恶心理。

#### （二）音色要优美

为了调节消费者的情绪，缓解紧张的购物心情，活跃购物气氛，增强购物环境的生机，播放的音乐必须优美动听，并与所销售的商品及企业经营特色相结合，促使消费者产生与商品有关的联想，激起消费者对商品及商店的良好情绪，从而诱发购买欲望。

#### （三）音质要清晰

提高音响的清晰度，是使消费者保持良好心理状态的重要因素之一。另外，商店播放广告信息的音响如果音质清晰，就能让消费者听得真切，引起他们对广告内容的注意，并可能对广告的产品产生兴趣或购买行为。

### 五、温度、湿度与消费心理

适宜的温度、湿度对购物情绪和欲望有着良好、直接的影响。商场的温度受季节和客流量的影响。温度过高或过低都会引起人们的不舒适感，无心挑选商品，自然无法形成购物的冲动。现在，商场里安装冷暖空调已不是奢侈之举，它是满足人们生理和心理双重需要的基本设施，在制冷过程中，可以有效地降低空气中的水分，提高人们的舒适度。

### 六、空气、气味与消费心理

宜人的气味也通常对人体生理有积极的影响。在空气污浊、充满异味的商店顾客不会久留，无味的商店易使顾客感到疲劳。商场内如能根据所经营的商品特征适宜地散发一些宜人的气味，能使顾客在购买活动中精神爽快、心情舒畅。如一些糕饼店人为地制造出诱人食欲的气味，吸引过往行人的注意，并刺激其购买行为。

【同步案例 9－2】

**顾客为什么不愿入内**

**背景资料：**

某超市营业面积约260平方米，位于居民聚集区的主要街道上，附近有许多同类商场和超市。与同等面积的商场相比，该超市营业额与利润并不理想，通过询问部分顾客得知，顾客认为店内拥挤杂乱，商品质量差、档次低。听到这种反应，该超市的经理感到诧异：我们超市的顾客没有同类超市多，生意比较差，怎会拥挤呢？本店的商品都货真价实，与别的超市相同，怎会质量差、档次低呢？经过对超市购物环境的分析发现，该超市商品柜台放置不合理，顾客不易找到所需的商品，因而显得杂乱。为了充分利用商店的空间，柜台安放过多，过道过于狭窄，购物高峰期时就会显得拥挤，顾客不愿入内，即使入内也是草草转一圈。商场灯光暗淡，货架陈旧，墙壁多年未粉刷，优质商品放在这种背景下也会显得质量差、档次低。为了提高竞争力，超市的经理痛下决心，拿出一笔资金对商店购物环境进行了彻底改造。超市经过整修后重新开业，立刻取得了效果，第一个星期的销售额和利润就比过去增加了70%。

**问题：**

该超市原先的购物环境设计忽视了营业现场设计的哪些心理效应？该超市怎样改造购物环境从而满足了消费者的心理需求？

**讨论分析：**

个人：每位同学认真学习本案例内容，在固定的学习本上写出你的看法。

小组：请同学们每4人分为一个小组，1人为组长，1人记录，在小组讨论中每个人陈述个人看法，然后小组成员共同讨论，形成小组意见，并推荐代表准备在班级交流。

提示

全班：各个小组代表在班级陈述本组观点。

教师：教师记录各组陈述观点的要点，最后做点评。

【任务演练9-2】

## 超市商品陈列调查

**实训目标：**

（1）思政目标：强化商场内部环境与消费心理关系的意识。

（2）能力目标：能够对自己身边的商场内部环境给消费心理带来的影响进行分析。

（3）知识目标：培养同学们在小组发言、小组讨论、实训报告撰写中，会运用商品陈列、货位分布等内部环境与消费心理的关系相关知识分析讨论问题，阐述自己的观点。

**训练内容：**

到某一大型综合超市进行一次商品布局与陈列调查。

**训练操作：**

（1）将学生每4人分为一组，并选出1名小组负责人。

（2）利用周末观察一家大型综合超市的卖场布局和产品陈列情况，设计问卷并至少向20位顾客针对这些项目做调查。

（3）调查结束后，要求每组学生绘制所调查超市的卖场布局图。

（4）整理、分析观察和调查问卷结果并写成调查报告。

（5）在班级交流，并由老师点评。

**成果要求：**

（1）每组同学撰写某超市商品陈列和消费者心理的调查报告，要包括卖场布局、商品陈列与消费心理的关系等相关知识。

（2）就各组的分析报告在班级交流，老师要做点评。

（3）学生实训成绩由学生完成调查任务情况、资料记录情况和小组报告交流成绩综合评定。

**实训评价：**

表9－3　　超市商品陈列调查实训评价表

| 项目 | 评价标准 | 分值 | 小组个人自评（30%） | 小组成员互评（30%） | 教师评价（40%） | 小计 |
| --- | --- | --- | --- | --- | --- | --- |
| 思政教育 | 调查前准备充分；调查过程真诚待人，团结合作；调查后能实事求是地整理数据资料，高质量完成任务 | 10 | | | | |
| | 养成细致、严谨的工作作风，小组讨论积极踊跃，能主动参与实训计划制定，提出关于实训中应注意的相关问题 | 10 | | | | |
| | 能够结合超市商品陈列调查的实训认识商品陈列与布局对消费心理的影响 | 10 | | | | |
| 能力提升 | 能将所学的商店内部环境商品布局与陈列知识运用到认知实训任务中，学以致用 | 10 | | | | |
| | 正确分析超市商品陈列调查认知实训活动内容，实训活动安排有序 | 10 | | | | |
| 知识应用 | 实训报告撰写中能正确运用商品陈列与消费心理等相关知识分析说明自己的观点 | 10 | | | | |
| | 在个人发言和小组讨论中能准确陈述商品陈列与消费心理等相关知识 | 10 | | | | |
| 项目成果展示 | 能够独立完成实训任务，完成实训任务及时、主动，并能主动提出问题、解决问题 | 10 | | | | |
| | 某超市商品陈列和消费者心理的调查报告结构完整，报告无错别字，观点正确 | 10 | | | | |
| | 某超市商品陈列和消费者心理的调查报告展示汇报形式新颖，陈述语言规范流畅，语速恰当，有感染力 | 10 | | | | |
| 合计 | — | 100 | | | | |

【任务学习自测题】

自测题9－2

# 任务3 了解服务环境与消费心理

## 学习目标

思政目标：通过本任务的知识学习，开展思政互动、同步案例、道德研判和任务演练等教学活动，强化同学们关于营业员基本素质与服务技巧对消费行为产生很大影响的意识，认同积极健康的心理塑造对个人未来生活和工作的重要性。

能力目标：通过本任务的同步案例和任务演练，能对柜台接待的步骤与相关服务技巧进行掌握。

知识目标：通过本任务的知识学习，能准确叙述营业人员的仪容仪表、心理素质、柜台接待技巧与消费心理关系等陈述性知识。

## 知识学习

随着消费者收入水平的提高和消费观念的变化，消费者在购物时，不仅注重商场内外部环境状况，而且更加注重商场的服务环境情况，即对商场营业员的基本素质与服务技巧提出越来越高的要求。

### 一、营业人员的基本素质与消费心理

#### （一）营业人员仪表行为与消费心理

1. 仪表的心理功能

仪表即人的外表，一般包括容貌、服饰、发型、姿态和风度等。通常，给人留下第一印象或发生首因效应的就是仪表。仪表不仅能影响人们的心理感觉，而且能影响人们相互之间关系的发展。一般来讲，营业员的仪表对顾客具有以下心理功能：

（1）增强商店信誉。营业员优雅大方的举止和风度，整洁的衣着和良好的修养，对顾客以及周围的气氛会产生良好的影响，这不仅有利于买卖成交，也有利于树立商店的信誉。

（2）赢得顾客的信赖。在接待顾客时言谈举止得体的营业员，会很快取得顾客的信任，获得他们的好感，使他们愿意听取其建议。

（3）营业员的仪表是优质、文明服务的基础。要做到文明服务，首先要求营业员做到仪表美，以文明的语言、高超的技巧和周到的服务满足顾客多方面需求。

2. 仪表对顾客心理的影响

营业员的仪表能带给顾客不同的心理感受。这主要表现在以下几个方面：

（1）营业人员的服饰穿着与顾客心理。服饰、发型虽然体现外貌特征，但反映了人的性格爱好、文化素养、审美情趣。营业人员舒适端庄的服饰衣着，对顾客的购买行为具有积极的影响，它可以使顾客联想到零售企业经营成就和尊重消费者的服务精神，使顾客

感受到诚实、忠实的营业作风，从而产生信任感，促进购买活动的进行和完成。

（2）营业人员的言语运用与顾客心理。语言是人们交流思想、增进感情的工具。营业人员的语言十分重要，它不仅用来宣传、出售商品，还用于沟通营业人员与顾客之间的感情。礼貌文明、诚恳、和善的语言表达，能引起顾客发自内心的好感，起到吸引顾客的作用。

（3）营业人员的行为举止与顾客心理。营业人员的行为举止主要指其在接待顾客过程中的站立、行走、表情、动作等。行为举止能体现人的性格、气质，也最容易引起消费者的注意。营业人员要给人以健康向上、精神饱满的感受。这对顾客有着一定的积极影响，乐于与之交易。

**【道德研判9－3】**

**背景资料：**

某日晚7时左右，杨小姐去某知名购物广场购物，看中了一张折叠式单人床。杨小姐想打开看看（床是折叠好的，看不见里面的花色图案），于是便打算找销售人员帮助打开，左顾右盼在周围找了好久也没找到该区域的营业员，便只好去附近邻柜询问工作人员。工作人员说该柜台的营业员去吃饭了（此时卖场正是营业高峰，顾客川流不息），让杨小姐等一会儿。杨小姐无奈只好去附近区域边转边等，20多分钟后杨小姐返回时，该柜台的营业员还没有来。杨小姐只好又在附近转悠，又过了半个小时，还未见那位吃饭的营业员返回，于是便让邻柜的员工喊来该柜的主管。过了一会儿，才见一个戴红色工牌的人慢腾腾地走过来，帮杨小姐打开了折叠床，杨小姐看了觉得挺满意，便打算购买，却发现该床的标价签找不到。那位主管一边找标价签一边嘀咕："这人怎么回事，吃个饭这么久，这标价签跑到哪里去了呢。"大家一起找寻，但也未找到该折叠床的标价签，便向杨小姐说："对不起，这儿的营业员去吃饭了，标价签找不到，您待会再来吧。"杨小姐一听火冒三丈，原本打算买床的高涨兴致早已跑到了九霄云外，来回转了一个多小时都没看见那个吃饭的营业员的影子，好不容易找来了主管又找不到标价签，还卖什么床？"算了，算了，我不买了，到哪买不了这个破床？非要在你们这等？让你们营业员慢慢用餐吧。"说完，杨小姐头也不回地离开了卖场。

**问题：**

本案例中营业人员的行为符合营销职业道德吗？

**讨论分析：**

个人：结合背景资料，试对本案例中的问题依据营销职业道德做出你的研判，并说明依据。

小组：同学们每4人分为一个小组进行讨论，1人记录，形成小组意见，准备在班级交流。

全班：各小组推选1位代表陈述本小组观点。

教师：记录各小组陈述要点，进行点评。

提示

**（二）营业人员自身心理素质与消费心理**

1. 坚定的自信心与消费心理

自信心就是营业人员对自己行为的正确坚信不疑，对营销的商品抱有充分的信心。营业人员只有对自己充满信心，才能感染顾客，影响顾客，改变顾客的态度，使顾客对营业人员产生信心，进而对商品产生购买信心。

2. 开朗的性格与消费心理

只有性格开朗的人才能主动与他人接触，才懂得如何与他人进行沟通，才会熟练、准确地将自己的意思表达出来，并恰当地领会他人的想法。

3. 稳定的情绪与消费心理

情绪是指与生理需要相联系的体验，它是由情景引起并随之变化的。在销售工作中，各种各样的情况都可能出现。营业人员不但要善于控制自己的情绪，而且要用自己良好的心理来感染顾客，引导顾客的情绪，为销售活动创造良好的气氛。

**（三）营业人员职业道德与消费心理**

销售活动不仅是一种个人行为，也是一种社会行为。作为一个营业人员，应具备良好的职业道德。一个道德高尚的营业员更值得顾客信赖。

**（四）营业人员业务素质与消费心理**

营业人员只有对产品和企业有一个正确、透彻的认识，才能向消费者详细地介绍自己的产品，准确地回答消费者的咨询和解释消费者的疑问，帮助消费者选择商品、产生购买信心，作出购买决策。

## 二、营业员柜台接待与消费心理

要想使消费者的购买过程顺利发展，并取得良好效果，必须按照消费者购买行为的心理状态，确定相应的柜台接待步骤和服务方法。

**（一）观察分析进店的各类消费者，并判断其购买意图**

1. 根据消费者的穿着打扮，判断其身份和爱好

营业员在接待服务中，正确判断消费者的职业、年龄是很重要的。因为不同职业、年龄的消费者对商品有不同的需求与爱好。

2. 善于从消费者的言行举止分析判断其个性心理特征

个性心理特征影响消费者的言谈举止。营业员要根据消费者个性心理做好接待和服务工作。

**（二）介绍、展示目标商品，激发购买兴趣**

营业员可以从不同的方面展示介绍商品的特点，满足不同顾客对不同品牌商品的选择要求，使顾客产生积极的心理反应。

1. 根据商品的性能、特点展示介绍商品

每种商品都有不同的性能特点，营业员要针对不同商品的不同性能、特点，分别予以展示介绍。

2. 根据顾客的特点展示介绍商品

顾客的性别、年龄、职业、个性特征不同，其购买行为往往会表现出很大差异，对选择商品的标准也各不相同。这就要求营业员在展示介绍商品时，要迎合不同顾客的不同审美情趣，要考虑到顾客自尊心，一般应该由低档到高档逐步升级展示介绍，使顾客在价格方面有充分的考虑余地，同时要注意观察顾客的反应，及时掌握他们的意图、兴趣的变化，尊重他们的意见与要求。

【思政互动 9－3】

在购物过程中经常能遇到工作人员介绍产品时夸大产品的优点，隐瞒缺点。请你从营销道德和引导消费者理性消费的角度评价这种做法。

**（三）启发消费者的兴趣与联想，刺激其购买**

在消费者进行联想、想象，甚至产生购买欲望和动机的阶段，营业员应将有关商品的性能、质量、价格、使用效果等，全面清晰地介绍给消费者，并力求诉诸多种感官的刺激，强化消费者的心理感受，促进其产生丰富的联想和想象，进而诱发购买欲望。一般情况下，营业员要诱导消费者的心理活动，主要采取启发式、比较法、提供经验数据法、实际操作法等方法。

**（四）诱导说服**

消费者产生购买欲望后，还会对已掌握的商品信息进行思索和评价比较。通过评价选择坚定购买信心，做出购买决策。此时，营业员的任务是充当消费者的参谋和顾问，为消费者提供建设性的、富有成效的意见和建议，帮助和促成消费者作出购买决定。

**（五）促进消费者的购买，结束交易行为**

通过营业员的一系列服务，顾客对其所选商品有了较深刻的认识，其购买欲望会被激起。当消费者做出购买决策后，便进入了实施购买行动和进行购买体验的最后阶段。营业员应主动帮助其挑选，在适当的情况下，还可以对消费者的选择给予适当赞许、夸奖，以增添交易给双方带来的喜悦气氛。当交易达成、货款结算后，应妥善包扎商品，并尽量采用适宜消费者携带习惯、使用习惯和特定心理需要的包扎方法包扎商品。同时，向消费者表达感谢购买、欢迎惠顾的语言和情感，使消费者体验到买到商品和享受良好服务的双重满足感。

【同步案例 9－3】

**愉快的买鞋经历**

**背景资料：**

正值“五一”销售高峰，卖场内的各个柜台都人潮涌动，百丽柜台更不例外，各位促销小姐都彬彬有礼地站在柜台前，等待着过往的顾客前来选购。

这是一个温柔的声音吸引了我：“女士，您看这双米色的鞋合适吗？”回头一看，只见一位梳着短发的促销员正笑盈盈地拿着一双休闲鞋给一位怀孕的女顾客看，那位顾客看着面前摆放着的各种各样的鞋子，脸上流露出犹豫的神色，嘀咕说：“我也不知道该选哪双好。”促销员笑着说：“这双米色的比较清爽，这个季节穿刚好，而且今年也比较流行米色，您觉得怎样？”顾客看了看，没有吱声，又随手拿起一双黑色的端详，促销员又耐心地询问：“您打算配什么颜色的裤子？您平日深色裤子多还是浅色裤子多呢？”顾客说：“我想买一双配黑裤子的。”促销员看了看说：“那这双黑色的是不是更好一些？”边说边拿起米色和黑色的鞋子放在一起让顾客比较，然后又说：“您要不要先试穿一下，看哪双更好一些？”顾客这时看了看旁边一双高跟的皮鞋，眼里流露出羡慕的神情，善解人意的促销员马上笑着说：“现在穿这种不太适合，不过再过一段时间就可以了，是吧？”顾客笑了笑，便拿起一双黑色的试穿起来，待穿好后，促销员在一边耐心地询问：“合不合脚？感觉还合适吗？”顾客觉得很满意，便点了点头。“就这双吗？那好，我帮您包起来吧。”

促销员边说边动作麻利地把鞋包装好，开好销售小票，双手递到顾客手中，指着前面礼貌地说：“麻烦您到前面床用区的那个收银台付款好吗？谢谢！”顾客拿着小票愉快地走向了收银台。

**问题：**

这位促销员是如何在服务中重视顾客消费心理促成顾客购买，并且赢得顾客满意的？

**讨论分析：**

个人：每位同学认真学习案例资料和相关资料，结合本案例内容和讨论分析问题要求，在固定的学习本上写出你的看法。

小组：请同学们每4人分为一个小组，1人为组长，1人记录，在小组讨论中每个人陈述个人看法，然后小组成员共同讨论，形成小组意见，并推荐代表准备在班级交流。

提示

全班：每个小组代表在班级陈述本组观点。

教师：教师记录各组陈述观点的要点，最后做点评。

**【任务演练9-3】**

## 模拟柜台销售

**实训目标：**

（1）思政目标：让同学们体会到在销售中，自身的心理素质以及对顾客消费心理的正确揣摩和恰当展示产品与展示自己是具有同样的重要性。

（2）能力目标：能掌握销售各环节消费心理的分析以及针对消费心理使用相应的销售技巧。

（3）知识目标：培养同学们在小组发言、小组讨论、实训报告撰写中会运用营业员服务技巧等相关知识分析讨论问题，阐述自己的观点。

**训练内容：**

针对学生平时使用的日常产品，进行课堂模拟销售。

**训练操作：**

（1）将学生每4人分为一组，并选出1名小组负责人。

（2）小组负责人与其他同学共同选定模拟销售商品，并制定模拟销售计划。

（3）每个小组选1名代表作为营业员，顾客从相邻组里推选一名，也可以根据需要推选2—3名。

（4）模拟推销时间尽量控制在10分钟内，并且要求顾客至少针对推销产品提出3个异议。

（5）要求模拟营业员针对顾客提出的异议进行化解，并进一步提出销售对策。

（6）组内选1名代表，记录模拟营业员和模拟顾客的对话。

（7）课后每组写一份模拟销售实习报告。

**成果要求：**

（1）小组撰写模拟销售心理策略实训报告，要包括自身的心理素质反馈、模拟顾客消费心理分析、采用的销售技巧以及小组成员的共同体会等内容。

（2）就各组的分析报告在班级交流，老师要做点评。

（3）学生实训成绩由学生完成调查任务情况、资料记录情况和小组报告交流成绩综合评定。

**实训评价：**

**表 9－4　模拟销售实训评价表**

| 项目 | 评价标准 | 分值 | 小组个人自评（30%） | 小组成员互评（30%） | 教师评价（40%） | 小计 |
|---|---|---|---|---|---|---|
| 思政教育 | 能积极主动地参与模拟销售实训，互相合作，体会销售员的基本素质与销售技巧对消费者消费行为的影响，感悟塑造诚信友善、举止得体、阳光自信等职业销售人员人格素养的重要性 | 10 | | | | |
| | 养成细致、严谨的工作作风，小组讨论积极踊跃，能主动参与实训计划制定，提出关于实训中应注意的相关问题 | 10 | | | | |
| | 能够结合柜台销售心理策略的认知实训认识营业员的心理素质、对顾客销售心理的把握以及针对性销售技巧的应用对消费行为的影响的重要性 | 10 | | | | |
| 能力提升 | 能将所学的柜台销售的心理策略知识运用到认知实训任务中，学以致用 | 10 | | | | |
| | 正确分析模拟柜台销售认知实训活动内容，实训活动安排有序 | 10 | | | | |
| 知识应用 | 实训报告撰写中能正确运用柜台销售的心理策略相关知识分析说明自己的观点 | 10 | | | | |
| | 在个人发言和小组讨论中能准确陈述柜台销售的步骤以及各环节的消费心理策略相关知识 | 10 | | | | |
| 项目成果展示 | 能够独立完成认知实训任务，完成实训任务及时、主动，并能主动提出问题、解决问题 | 10 | | | | |
| | 模拟柜台销售报告结构完整，报告无错别字，观点正确 | 10 | | | | |
| | 模拟柜台销售报告展示汇报形式新颖，陈述语言规范流畅，语速恰当，有感染力 | 10 | | | | |
| 合计 | — | 100 | | | | |

【任务学习自测题】

自测题 9－3

## 本项目知识脉络

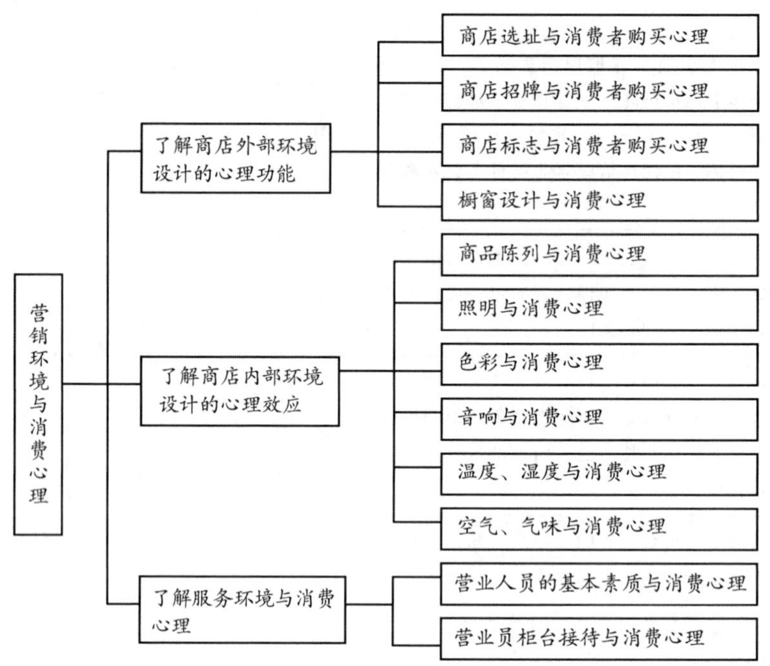


## 本项目综合实训

### 商场营销环境与消费心理策略调研

**背景与情境：**

当你学习了营销环境与消费心理内容以后，已经知道了商店外部环境、内部环境、服务环境与消费心理的影响关系，你还很想了解一下，在同一类型的不同商家是如何使用和管理外部环境、内部环境以及选拔培养营业员的，而且这些营销环境的设计与管理是否对销售产生影响。

**实训目标：**

（1）思政目标：培养同学们利用营销环境与消费心理等相关知识与商场相关工作人员以及顾客的沟通能力，并能友好轻松地与相关人员处理调研中的相关问题，顺利完成调研任务。

（2）能力目标：结合营销环境与消费心理等知识，能够分析商家营销环境对消费心理的影响，进而对整体销售的影响。

(3) 知识目标：通过商场营销环境与消费心理运用实际调研，深入理解营销外部环境、内部环境、服务环境与消费心理等陈述性知识。

**实训步骤：**

(1) 每组4人，其中1人为组长，由组长组织讨论小组成员的分工，明确调研思路，按分工各负其责，相互沟通，积极配合，共同完成本实训任务。

(2) 每组选择同种类型的两个不同商家，并针对外部环境、内部环境、服务环境设计调研问卷，通过问卷详细了解两个商家的外部营销环境、内部营销环境、服务环境与消费心理和行为的关系。

(3) 要求每组学生至少在每个商场选择20名顾客进行调研。

**实训成果及要求：**

(1) 每组撰写一份调查报告，报告要详细说明调查什么商家，地理位置，该商家的外部营销环境、内部营销环境、服务环境与顾客的心理感受以及对消费行为的影响。

(2) 报告呈现形式各组自定，报告不少于1500字。

**实训时间：**

调查和报告撰写利用课余时间，班级展示2课时。

**实训评价：**

表9－5 营销环境与消费心理策略调研评价表

| 项目 | 评价标准 | 分值 | 小组个人自评（30%） | 小组成员互评（30%） | 教师评价（40%） | 小计 |
|---|---|---|---|---|---|---|
| 思政教育 | 能诚实守信，积极主动地了解营销环境以及销售员的基本素质与消费心理的关系，调研过程客观公正，调研结果反馈实事求是 | 10 | | | | |
| | 实训过程中表现出细致、严谨的工作作风，能主动提出关于商家营销环境与消费心理策略实训的相关问题 | 10 | | | | |
| | 能够结合实训认识到营销环境在消费行为中的重要性 | 10 | | | | |
| 能力提升 | 能将所学的营销环境与消费心理知识运用到实训任务中，学以致用 | 10 | | | | |
| | 结合商家的实际，运用营销环境与消费心理相关知识对消费行为的影响进行分析 | 10 | | | | |
| 知识应用 | 在小组讨论中能准确陈述营销外部环境、内部环境、服务环境与消费心理等相关知识 | 10 | | | | |
| | 在班级陈述中能正确运用营销环境与消费心理知识陈述本组观点 | 10 | | | | |

续表

| 项目 | 评价标准 | 分值 | 小组个人自评（30%） | 小组成员互评（30%） | 教师评价（40%） | 小计 |
| --- | --- | --- | --- | --- | --- | --- |
| 项目成果展示 | 能够独立完成调研任务，在调研中能主动提出问题、解决问题 | 10 | | | | |
| | A商场与B商场营销环境与消费心理调研分析报告结构新颖，撰写规范，观点正确，无错别字 | 10 | | | | |
| | A商场与B商场营销环境与消费心理调研分析报告汇报形式新颖，语言流畅，语速恰当，有感染力 | 10 | | | | |
| 合计 | — | 100 | | | | |

项目十 PPT

项目十教案

# 项目十
# 网络营销与消费心理

导入案例

**网络诈骗案**

2018 年 7 月，某省公安厅网警总队通报，发现一网民利用 QQ 号在网上出售军用品，该 QQ 号在临汾上网，要求临汾市网警立即开展侦查工作。之后，确定使用该 QQ 号网民的真实身份为张某，男，襄汾人，并于当天晚上 10 时许在临汾市尧都区将张某抓获。经查，犯罪嫌疑人张某从 2018 年 3 月 20 日至今，多次冒充军人在网上开设虚假军用品店，出售军用品实施诈骗，其在网上注册了 3 个 QQ 号，办理了 4 张银行卡和一个支付宝，骗取人民币 21000 余元。

（资料来源：http：//news. daynews. com. cn/sxxw/1859005. html。）

网络营销的产生有其特定的技术基础、观念基础和现实基础，是多种因素综合作用的结果。网络营销者可以以互联网为媒体，以新的方式、方法和理念，针对网络市场的特征开展网络营销活动，将可以更有效地促进个人和组织交易活动的实现。特别在我国企业中 95% 为中小企业，在网络营销环境下，网络营销的平台给中小企业提供了与大企业公平竞争的舞台。利用网络营销对改善中小企业营销环境、提高产品竞争能力和市场占有率具有非常重要的现实意义。

## 任务 1　认知网络营销与网络消费者

学习目标

思政目标：通过本任务的知识学习，开展思政互动、同步案例、道德研判和任务演练等教学活动，激发同学们学习网络营销、网络消费者及心理特征等知识的积极性，并基本掌握正确的消费理念，积极引导网络消费者合理消费。

能力目标：通过本任务的同步案例和任务演练等活动，培养同学们分析网络消费者心理特征的基本能力。

知识目标：通过本任务的知识学习，能够叙述网络营销、网络消费者及心理特征等陈述性知识。

## 知识学习

### 一、网络营销

20世纪90年代初，互联网的飞速发展在全球范围内掀起了互联网应用热，世界各大公司纷纷利用互联网提供信息服务，拓展公司的业务范围，并且按照互联网的特点积极改组企业的内部结构，探索新的管理营销方法，网络营销应运而生。

网络营销是借助于联机网络、计算机通信和数字交互式媒体来实现营销目标的一种市场营销方式。网络营销通常采用网上页面广告、搜索引擎加注、商业分类广告、电子杂志广告和交换链接等方式进行。网络营销作为一种新的营销理念和营销方法，与传统的市场营销相比，具有跨时空、多媒体、交互式、人性化、成长性、整合性、超前性、高效性、经济性和技术性10个方面的特点。

随着互联网的飞速发展和广泛普及，互联网已经成为全球性的迅捷和方便的信息沟通渠道，特别在商业领域的应用已经显现出巨大威力和发展前景。

### 二、网络消费者

#### （一）网络消费

网络消费简言之是指人们借助互联网实现其自身需要的满足过程。网络消费又可从广义和狭义两个角度去理解。从广义上讲，它是人们借助互联网实现其自身需要的满足过程，包括网络购物、网络教育、在线影视、网络游戏在内的所有消费形式的总和。从狭义上讲，网络消费指消费者通过互联网进行购买商品的行为和过程。消费者和商家凭借互联网进行产品或服务的购买与销售，是传统商品交易的电子化和网络化。网络消费也称为“网络购物”或“网上购物”等。这里主要从狭义的角度探讨消费者的网上消费心理及行为。

#### （二）网络消费的特征

网络消费不同于传统消费，它具有以下几个方面的特征：第一，网络消费的无边际性。网络消费通常是在互联网技术所构成的虚拟购物空间或消费网页中进行的，消费者的购物行为不再被距离所限制。通过在线方式，消费者可以在其他国家或地区，甚至传统意义上不存在的商场进行购物。网络消费是一种没有边界限制的购物行为。另外，消费者的购物行为不再被时间所限制，网络商店24小时营业的全时域特征为人们提供了更为自由的消费空间。第二，网络消费的个人性。对于消费者而言，能够不被强迫而自由自在地消费，那将是一件相当愉悦和幸福的事，而网络交往的高度随意性和隐匿性决定了网络主体可以“随心所欲”地进行消费活动。从一定意义上说，网络消费使人变得更自由、更富有个性和智慧。第三，网络消费的直接性。从现代经济学的角度来看，网络消费相对于传统消费而言似乎对消费者更为有利。数字化网络所产生的知识经济合力，缩短了生产和消费之间的距离，省却了各种中间环节，使网上消费变得更加直接、更容易使买卖双方能在一种近乎面对面的、休闲的气氛中，在获得大量信息和得到乐趣的同时，点击鼠标就能在瞬间轻松地完成购物。第四，网络消费的便捷性。网络消费的便利和快捷是每一个网络消费者共同的体会，也是网上交易的最诱人之处。如果你想在网上购物，只需到相应网站的网页上进行选择，再一按鼠标，就可完成一笔买卖，而且往往还能享受到送货上门的服务。

**【思政互动 10－1】**

许多商家网上产品的图片与现实中的实物的颜色、样式、质量等并不相符，许多图片用软件修过之后才被放在网上，顾客买回产品会发现上当受骗了。有些商家为了吸引更多的顾客，会夸大产品的功效。请你从营销道德的角度分析商家的做法，并说说作为网络营销人员应如何正确认识网络营销并引导消费者合理消费。

### （三）网络消费者及心理特征

1. 网络消费者

结合对网络消费的理解，我们可以将网络消费者定义为：以网络为工具，通过互联网在虚拟网络市场中进行消费和购物活动的消费者人群。网络消费者具有许多新的特征：第一，他们很年轻，文化程度高；第二，他们注重自我，都各自有一些独特的、不同于他人的喜好，有自己独立的想法，对自己的判断力非常自负；第三，他们头脑冷静，擅长理性分析，不会轻易受舆论左右，受潮流影响；第四，他们对新鲜事物的追求孜孜不倦，对事物喜欢追根究底；第五，他们的品位越来越高，对产品和服务的质量和精细程度都要求相当高，在购物时都有自己的标准；第五，他们的消费观念发生了很大变化，绿色消费、理性消费将成为主流价值观。

**【道德研判 10－1】**

**背景资料：**

大家知道最常用的从众心理套路是什么吗？大家都知道喜茶这个品牌，喜茶就曾经制造了一种别人都在买、别人都在用的现象，排那么老长的队，我也想去看看，这就是从众心理最好的应用方式。当然还有一种现象，就是你发现朋友圈同时有三个以上的人转发同一个东西，你肯定也会点进去看看，有时发现大家都在议论这个话题，你肯定也忍不住思考一下，或者参与进去。这就是我们常说的刷屏现象。

**问题：**

你是如何评价网络营销中的刷屏现象？刷屏现象符合网络营销道德吗？面对这种刷屏现象，如果你是一名网络营销人员会怎样做？

**讨论分析：**

个人：每位同学根据道德研判的背景资料和问题，在固定的学习本上记下自己的分析结果。

小组：每小组 6 位同学，1 人为组长，1 人记录，小组成员都要陈述自己的观点，讨论后形成小组意见，准备在班级交流。

全班：各组派 1 位代表陈述本组观点。

教师：记录各组陈述要点，最后做点评。

提示

2. 网络消费者心理特征表现

（1）追求文化品位的消费心理。在互联网时代，文化的全球性和地方性并存，文化的多样性带来消费品位的强烈融合，人们的消费观念受到强烈的冲击，尤其青年人对以文化导向的产品有着强烈的购买动机，而网络营销恰恰能满足这一需求。

（2）追求个性化的消费心理。网络消费者往往富于想象力，渴望变化，喜欢创新，有强烈的好奇心，对个性化消费提出了更高的要求，他们所选择的已不仅仅是商品的实用价值，更要与众不同，充分体现个体的自身价值，这已成为他们消费的首要标准。而消费品市场发展到今天，多数产品无论在数量上还是质量上都极为丰富，消费者能够以个人心理愿望为基础挑选和购买商品或服务。个性化消费已成为消费的主流。

（3）追求自主独立的消费心理。在社会分工日益细分化和专业化的趋势下，消费者购买的风险感随着选择的增多而上升，而且对传统的营销方式感到厌倦和不信任。在对大件耐用消费品的购买上表现得尤其突出，消费者往往主动通过各种可能的途径获取与商品有关的信息并进行分析比较，他们从中可以获取心理上的平衡以减轻风险感，增强对产品的信任和心理满意度。

（4）追求表现自我的消费心理。网上购物是出自个人消费意向的积极的行动，消费者会花费较多的时间到网上虚拟商店浏览、比较和选择，独特的购物环境和与传统交易过程截然不同的购物方式会引起消费者的好奇、超脱和个人情感变化。这样消费者完全可以按照自己的意愿向商家提出挑战，以自我为中心，根据自己的想法行事，在消费中充分表现自我。

（5）追求方便、快捷的消费心理。对于惜时如金的现代人来说，在购物中即时、便利、随手显得更为重要。传统的商品选择过程短则几分钟，长则几小时，再加上往返路途的时间，消耗了消费者大量的时间、精力，而网上购物的消费者无需驱车到很远的商场去购物，交款时无需排着长队耐心等待，最后也无需为联系送货而与商场工作人员交涉。坐在家中即可逛虚拟的商店，在比较各种同类产品的性能价格以后，做出购买决定，用电子货币结算，无论从时间上看，还是从地域上看，都有很大的便捷性，可以满足消费者足不出户即在很大范围内选择商品的心愿。

（6）追求躲避干扰的消费心理。网络消费者更加注重精神的愉悦、个性的实现、情感的满足等高层次的需求满足，希望在购物中能随便看、随便选，保持心理状态的轻松自由，最大程度地得到自尊心理的满足。而传统的店铺式购物中商家提供的销售服务却常常对消费者构成干扰和妨碍，有时过于热情的服务甚至吓跑了消费者。

（7）追求物美价廉的消费心理。从消费者的角度说，价格不是决定消费者购买的唯一因素，但是消费者购买商品时肯定要考虑的因素，而且是一个非常重要的因素。网上购物之所以具有生命力，重要的原因之一是网上销售的商品价格普遍低廉。这一方面是由于网络营销作为新兴市场可以减少传统营销中间费用和一些额外的信息费用，可以大大削减产品的成本和费用，另一方面从企业内部来讲，许多企业为了抢占网络市场，在网络营销战略中，努力通过降低生产成本、降低相关业务管理费用和销售费用来控制网络销售产品的定价，这为满足网络消费者追求物美价廉的消费心理提供了可能。

（8）追求时尚商品的消费心理。现代社会新生事物不断涌现，消费心理受这种趋势带动，稳定性降低，在心理转换速度上与社会同步，在消费行为上表现为需要及时了解和购买到最新商品。产品生命周期的不断缩短反过来又会促使消费者的心理转换速度进一步加快。而网络营销的快捷、方便、全球性正好满足了网络消费者的这种心理需求。

【同步案例 10－1】

**背景资料：**

前有罗永浩，后有董明珠，在网红、明星掀起一轮直播带货热潮之后，企业 CEO、社会名人也纷纷开始加入直播带货的行列。据悉，在 6·18 电商促销期间，就有超过 600 名总裁上某平台直播。疫情带动了直播行业的火爆，甚至有的企业直接入局直播平台，以股东的方式渗入这个行业。

直播带货的效果有多好呢？先看看一些公开的数据：格力电器董明珠在 6 月 1 日直播卖货的销售额达 65.4 亿元；携程董事长梁建章 10 场直播累计成交总额超过 3.3 亿元，1 小时卖出 8 万间房；罗永浩直播卖货累计成交额 1.7 亿元……

**问题：**

名人直播带货效应还可以持续多久？

**讨论分析：**

个人：每位同学根据背景资料和问题，在固定的学习本上记下自己的分析结果。

小组：每小组 6 位同学，1 人为组长，1 人记录，小组成员都要陈述自己的观点，讨论后形成小组意见，准备在班级交流。

全班：各组派 1 位代表陈述本组观点。

教师：记录各组陈述要点，最后做点评。

提示

【任务演练 10－1】

## 走访网店

**实训目标：**

（1）思政目标：通过走访网店实践，培养同学们诚实守信、客观公道地参与调研活动的意识，培养同学们积极的调研态度、互相合作的精神、共同完成调研任务。

（2）能力目标：运用所学的网络消费者及心理特征等知识，较准确地撰写关于网店营销与消费心理的调研报告。

（3）知识目标：培养同学们在小组发言、小组讨论、实训分析表填写中，会运用网络消费者及心理特征等相关知识分析讨论问题，阐述自己的观点。

**训练内容：**

走访网店，选择一家你们感兴趣的网店详细了解该网店的经营模式、货款结算方式、经营商品类别、货物配送模式、消费对象心理特点和网络营销者的经营感受等内容。

**训练操作：**

（1）将学生每 4 人分为一组，并选出小组负责人 1 名。

（2）小组负责人与组员共同制定走访方案，明确任务。

（3）走访该网店，了解网店营销情况，并详细记录相关资料。

（4）每组写一份走访报告。

**成果要求：**

（1）每组撰写一份关于网店营销与消费心理的调研报告。

（2）就各组的分析报告在班级交流，并由老师做点评。

**实训评价：**

**表10－1　走访网店实训评价表**

| 项目 | 评价标准 | 分值 | 小组个人自评（30%） | 小组成员互评（30%） | 教师评价（40%） | 小计 |
|---|---|---|---|---|---|---|
| 思政教育 | 能诚实守信、客观公道地参与对网店的调研，调研态度端正，合作意识强，调研中有较好的沟通能力 | 10 | | | | |
| | 养成做事有计划的工作作风，能主动提出关于调查工作中的相关问题 | 10 | | | | |
| | 能够在企业调研中与营销人员和消费者心平气和地沟通 | 10 | | | | |
| 能力提升 | 能将所学的网络营销、网络消费者知识运用在走访网店调研中，学以致用 | 10 | | | | |
| | 根据实训要求实施调研，会运用信息化手段整理信息 | 10 | | | | |
| 知识应用 | 能基本理解网络营销、网络消费者等内容 | 10 | | | | |
| | 能完整陈述网络营销、网络消费者等知识 | 10 | | | | |
| 项目成果展示 | 能够独立完成实训任务，完成实训任务及时、主动，并能主动提出问题、解决问题 | 10 | | | | |
| | 关于网店营销与消费心理的调研报告结构完整，报告观点正确 | 10 | | | | |
| | 关于网店营销与消费心理的调研报告展示汇报形式新颖，陈述语言规范流畅，语速恰当，有感染力 | 10 | | | | |
| 合计 | — | 100 | | | | |

【任务学习自测题】

自测题10－1

# 任务2　了解网络消费者的需求、动机和购买行为

## 学习目标

思政目标：通过本任务的知识学习，开展思政互动、同步案例、道德研判和任务演练等教学活动，激发同学们了解网络消费者需求、动机和购买行为的积极性，遵循网络营销的职业道德观念，以正确的网络消费观念引导网络消费者合理消费。

能力目标：通过本任务的同步案例和任务演练，会对网络消费者的需求、动机和购买行为进行分析。

知识目标：通过本任务的知识学习，能准确叙述网络消费者的需求、动机和购买行为等陈述性知识。

## 知识学习

### 一、网络消费者的需求

随着互联网技术的飞速发展，网络作为一种新的载体，正在以一种惊人的速度和力量改变着人们的生活方式。目前越来越多的人选择网络作为载体进行购物，通过网络消费来满足自己的需求，因此对网络消费者需求、动机的研究就成为消费心理的一个重要研究内容。

#### （一）网络消费者的需求

网络消费者的需求是指在网络营销环境下，网络消费者为了满足自己的生存和发展，对获得物质财富和精神财富的愿望和欲望。

#### （二）网络消费者需求的层次

现代网络消费者对企业的需求按层次由低到高排列如下：

1. 需要了解公司产品、服务的信息

网络消费者需求广泛了解产品、服务的详细信息，从中寻找能满足他们个性化需求的特定信息。这些要求在网络营销的环境下可轻而易举地实现。

2. 要求公司帮助解决问题

帮助顾客解决问题是指从产品安装、调试、使用到故障排除，提供产品系统更深层次的知识等都是顾客服务的范围。而在网络营销的环境下不仅能提供解决问题的方案，而且能提供对产品知识的自我学习、自我培训，还能将顾客自我教育为产品专家。

3. 接触公司人员

网络消费者不仅需要自己了解产品，了解服务的知识、解决问题的方法，还需要像传统顾客服务一样，在必要的时候和公司的有关人员直接接触，解决比较困难的问题，或询问一些特殊的信息，反馈他们的意见等。

4. 了解整个过程

网络消费者不仅需要了解信息、接触人员，常常还要作为整个营销过程中的一个积

极主动因素去参与产品的设计、制造、运送等。这一点充分体现了网络消费者个性化服务的双向互动的特性。网络消费者了解产品信息越详细，他们对自己需要什么样的产品也就越清楚。公司要实现个性化的顾客服务，也应将主要顾客的要求，作为产品定位的依据纳入产品的设计制造、改进的过程中，从而建立公司与顾客的“一对一”的服务关系。

**（三）网络消费者的需求特征**

1. 消费需求的个性化

在现代社会中，没有一个消费者的心理是完全一样的，每一个消费者都是一个细分市场，心理上的认同感已成为消费者选择品牌和产品的先决条件。网络作为一个全新的营销工具，能提供即时、互动的顾客服务，满足消费者个性化需求。

对于不同的网络消费者，因其所处的环境不同，也会产生不同的需求，即便在同一需求层次上，他们的需求也会有所不同。因为网络消费者来自世界各地，有不同的民族、信仰和生活习惯，因而会产生明显的需要差异性。

2. 消费的主动性增强

消费的主动性增强来源于现代社会不确定性的增加和人类追求心理稳定和平衡的欲望。如在许多大额和高档消费中，消费者往往会主动通过各种可能的渠道获取与商品有关的信息并进行分析和比较。或许这种分析和比较不是很充分和很合理，但消费者能从中得到心理的平衡以减轻风险或减少购买后产生的后悔感，增加对产品的信任程度和心理上的满足感。

3. 消费者直接参与生产和流通的全过程

传统的营销渠道由生产者、经销商和消费者组成，其中商业机构起着主要的作用。生产者不能直接了解市场，消费者也不能直接向生产者表达自己的消费需要。而在网络营销中消费者能直接参与到生产和流通中来，与生产者直接进行沟通，减少了市场的不确定性。

4. 追求消费过程的方便和享受

在网上购物，除了能够完成实际的购物需求之外，消费者在购买商品的同时，还能得到许多信息，得到在各种传统商店里购物所没有的乐趣。同时，网上购物的方便性也会使消费者节省大量的时间和精力。

5. 价格是影响消费心理的重要因素

网络营销系统巨大的信息处理能力，为消费者挑选商品提供了前所未有的选择空间，消费者会利用在网上得到的信息对商品进行比质比价，以决定是否购买。消费者也可以通过网络联合起来向厂商讨价还价，产品的定价逐步由企业定价转变为消费者引导价格。

6. 网络消费的层次性

网络消费就其消费内容来说，仍然可以分为由低级到高级的不同层次。在网络消费的开始阶段，消费者侧重于精神产品的消费。到了网络消费的成熟阶段，消费者在完全掌握了网络消费的规律和操作，并且对网络购物有了一定的信任感后，消费者才会从侧重于精神消费品的购买转向日用消费品的购买。

**【思政互动 10 -2】**

过去你可能无法想象，搜索引擎、电子邮件、博客到现在的微博、自媒体直播、短视频，看似无形，其实每句话都经过反复打磨，每一个画面都经过深思熟虑。刚开始你愤怒，后来就习惯了手指滑到页面最底端，会心一笑，哈哈原来是广告。越来越多的产品被搬到了线上，一键下单的快感让你不能自拔。任何事情尝到了甜头就必然会在这条路上越走越远，人们发现流量越多卖得就越好，而且比线下更好的是它不受地区、时间的限制。聪明的商人再一次嗅到了气息，资本开始追逐流量。请你从网络营销道德角度分析“流量为王”的现象。如果你是一名网络营销人员，请你给网络消费者提几点合理消费的建议。

## 二、网络消费者的购买动机

### （一）网络消费者的购买动机

网络消费者的购买动机是指在网络购买活动中，能使网络消费者产生购买行为的某些内在的驱动力。由于动机是一种内在的心理状态，但它可以根据人们长期的行为表现和自我陈述后加以了解和归纳。在传统的营销活动中，了解消费者购买动机相对容易些，而在网络营销中难度相对大些，因为网络营销是一种不见面的销售，网络消费者复杂的、多层次的、交织的和多变的购买行为不能直接观察到，只能够通过文字或语言的交流加以想象和体会。因此，对网络消费者购买动机的研究，就显得尤为重要。

### （二）网络消费者购买动机的种类

网络消费者的购买动机基本上可以分为两大类：需求动机和心理动机。

1. 网络消费者需求动机

网络营销是在网络虚拟市场中进行的，但虚拟市场与现实市场有很大的差别，所以在虚拟市场中人们希望满足以下三个方面的基本需要。

（1）兴趣需要。分析畅游在虚拟社会的网民可以发现，网民之所以热衷于网游，是因为对网络产生极大的兴趣。这种兴趣的产生，主要出自两种内在驱动：一种是探索的内在驱动力，人们出于好奇的心理探究秘密，驱动自己沿着网络提供的线索不断地向下查询，希望能够获得更多的信息；另一种内在的驱动力是成功，当人们在网络上找到自己需要的资料、软件、商品，自然会获得一种成功的满足感。随着这种成功的个人满足感不断加强，人们对网络的接受程度也不断增强。

（2）聚集的需要。在互联网时代，这种虚拟的网络社会为具有相似经历的人们聚集创造了机会，这种聚集又不受时间和空间的限制，并形成极有意义的个人关系。通过网络聚集起来的群体是一个极为民主的群体。在这样的一个群体中，所有成员都是平等的，每个成员都有独立发表自己意见的权力，满足了在现实社会中经常处于紧张状态的人渴望在虚拟社会中寻求得到解脱的需要。

（3）交流的需要。聚集起来的网民，就形成了一个互相交流的群体，他们相互间交流的内容的广度、交流的频度随着时间推移在不断地扩大，从而产生示范效应，带动对某些种类的产品和服务有相同兴趣的成员聚集在一起，形成商品信息交流的网络虚拟社会。在这个虚拟社会中，参加者大都是有目的的，所谈论的问题集中在商品质量的好坏、价格的高低、库存量的多少、新商品的种类等。他们所交流的是买卖的信息和经验，以便最大限度地占领市场，降低生产成本，提高劳动生产率。人们对于这方面的信息需求，永远是无止境的，这就是网络营销出现之后迅速发展的根本原因。

2. 网络消费者心理动机

（1）理智动机。这种购买动机是建立在人们对于在线商场推销商品的客观认识基础上的。众多网络购物者大多是中、青年，他们具有较强的分析判断能力。他们的购买动机是在反复比较各个在线商场的商品之后才做出的，对所要购买的商品的特点、性能和使用方法早已非常了解。理智购买动机具有客观性、周密性和控制性等特点。在理智购买动机驱使下的网络消费者购买动机，首先注意的是商品的先进性、科学性和质量高低，其次才注意商品的经济性，这种购买动机的形成，基本上受控于理智，而较少受到外界气氛的影响。

（2）感情动机。感情动机是由于人的情绪和感情所引起的购买动机。这种购买动机又可分为两种形态：一种是低级形态的感情购物动机，它是由于喜欢、满意、快乐、好奇而引起的。这种购买动机一般具有冲动性、不稳定性的特点。如某种新产品，通过网页运用图片、数据、文字、动画等将商品的特点展示得活灵活现，从而吸引消费者购买。另一种是高级形态的感情动机，它是由于人们的道德情操、群体观念所引起的，具有稳定性、深刻性的特点。如网络中大量宣传绿色消费，低碳经济。凡是按照绿色和低碳生产和营销的产品人们就愿意购买。

（3）惠顾动机。这是基于理智、经验和感情之上的，对特定的网站、图标广告、商品产生特殊的信任与偏好而重复地、习惯地前往访问并购买的一种动机。惠顾动机的形成，经历了人们的意志过程。从它的产生来说，或者是由于搜索引擎的便利、图标广告的醒目、站点内容的吸引，或者是由于某一驰名商标具有相当的地位和权威性，或者是因为产品质量在网络消费者心目中确立了购买目标，并在各次购买活动中克服和排除其他的同类水平产品的吸引和干扰，按照事先计划实施的购买行为。具有惠顾动机的网络消费者，往往是某一站点的忠实浏览者，他们不但自己经常光顾这一站点，而且对众多网民也具有较大的宣传和影响功能，甚至在企业的商品或服务一时出现某种过失的时候，也能予以谅解。

## 三、网络消费者的购买决策

网络消费者购买决策过程是网络消费者在各种内外因素和主客观因素影响下形成的购买动机，导致购买行为的过程。它是由一系列环节、要素构成的完整的过程，是网络消费者需要、购买动机、购买行为和购后使用感受的综合与统一。心理学家认为，普通消费者购买决策的过程是一个动态发展的过程，一般遵循认知需要、收集信息、比较选择、购买决策和购后评价五个阶段的模式。在网络营销中，一个网络消费者完整的购买决策过程，也基本遵循上述模式。

### （一）认知需要

网络购买过程的起点是诱发需求，对于网络营销来说，诱发需求的动因只能局限于视觉和听觉。文字的表述、图片的设计、声音的配置是网络营销诱发消费者购买的直接动因。从这方面讲，网络营销对消费者的吸引是有一定难度的。这就要求网络营销人员必须了解哪些刺激因素可能诱发消费者需求，进而巧妙地设计营销手段去吸引更多的消费者浏览网页，诱导其消费需求的产生。

1. 突出产品的吸引力

产品是满足消费者的核心内容，也是影响网络消费者购买决策的首要因素。第一，要做好网店推广工作。网上商店是指建立在第三方提供的电子商务平台上，由商家自行开展网络营销的一种形式。网上商店既有网上销售的功能，又具有一定的营销价值。因此，网上商店必须要强化并突出自身特色，为网络消费者提供良好的购物环境。大量的网店介绍、广告、图片展示作用于消费者的感觉器官，消费者不可能同时反映所有这些事物，只会选择性地对某些事物产生清晰的反映。一般消费者会关注以下三个方面的刺激物：一是与消费者目前的需要有关的，如近期有购买电子图书打算的消费者，会直接被与电子图书相关的产品信息、广告、图片等吸引；二是与消费者兴趣相关的，如对图书比较感兴趣的消费者，往往会关注网上发布的最新图书信息；三是变化幅度大于一般的，较为特殊的刺激物。因此，网上商店在站点设计、网页制作方面应注意突出自身站点特色，主题鲜明，在结构和背景上体现出自己独特的一面，体现自身的企业文化和经营理念，同时提供方便的搜索界面，注意信息丰富、有趣和及时更新，在网页中将文字、图像、动画、音乐等多种元素融合，提供网站导航支持、站点结构图与其他网站的连接，使消费者轻松浏览吸引其注意力，诱发消费者的需求。第二，突出产品的特色。由于目前网络消费者多以年轻、高学历用户为主，他们有自己独立的思想和喜好，相信自己的判断能力，所以他们对产品的具体要求越来越独特，而且变化多端，个性化越来越明显。因此，网络营销人员应根据消费者的不同特征细分市场，满足消费者的个性需要，提供定制化服务，使其产品集个性、独特、新颖于一身。第三，提高产品的显示效果。网上产品的展示只有通过文字说明和图片来展示。网上产品的文字说明要尽量做到语言描述充分、准确，减少消费者对产品的误解。网上产品的图片展示，要对网络前沿科技保持高度敏感与关注，利用最新的科学技术，使用清晰的图片，动态、三维地表现产品特性，提高产品展示效果，诱导消费者需求。

2. 充分发挥网络营销定价优势

企业进入网络营销市场的主要目标是占领市场求得生存发展的机会，然后才是追求企业的利润。因此，企业面对网络营销市场必须采用相对低的定价策略来占领市场。这是由于互联网起步和发展都依托了免费策略，而且免费策略也得到了成功的商业运作，加之网络营销作为新兴市场，可以减少传统营销的中间环节费用和一些额外的信息费用，大大削减了产品的成本和销售费用，这也为网上商品低价销售提供了可能。网络购物之所以有生命力，其原因之一就是网上销售的商品价格普遍低廉。网络营销者可以针对网络消费者追求物美价廉的这种心理去诱导消费需求的产生。一是设计好“特价热卖”栏目。网络消费者只要进入专栏，就可以轻松获得各个热销产品的信息以及价格，进而通过链接进入消费者认为合适的网站，完成购物活动。二是运用好折扣策略。网上商店一般都要按照现实市场上的流行价格进行折扣定价。具体做法是，要明确标明本网店该商品市场指导价的具体价格，并标明本网店的优惠幅度，让网络消费者一目了然。

3. 提高网络购物的方便性

网络购物的方便性主要表现在以下两个方面：一是时间上的方便。网络消费者无论身处何地都可以 24 小时订购商品，购买过程也无须排队等候，既不受时间限制又能节省时间。二是空间上的方便性。网络消费者不用离开他们的办公室或家中就可以找到有关公司、产品、价格、竞争者等方面的可比信息，并且足不出户就很方便地从网店中方便快捷地找到自己想要购买的商品。

目前网络消费者出于便利的原因选择网络购物方式主要基于以下两种情况：一种是自己购买，产品直接送到购物者手中；另一种是为他人购买礼品，需要送到第三方手中。前者希望足不出户，得到送货上门的服务，或希望买到本地没有的商品；后者通过网络购物的一站式服务直接将礼品送到朋友手上，节约了包装、送达等一系列繁琐的过程。

随着网络营销的发展，要让网上购物方便快捷的优势发扬光大，网络营销商要注意做好以下两方面工作：第一，搞好物流配送工作，能及时地将网络消费者订购的商品准确完好地送到消费者指定的地方；第二，提高网站访问的便利性，网络消费者可以通过网站方便地获取信息，而且所提供的交易过程简单，让消费者在购物过程中付出的时间和精力最小化，从而激发消费者需求的产生。

**【道德研判10－2】**

**背景资料：**

微信开始是以可以和同学、朋友、家人发语音，而被更多的人所使用。因此，微信的发展十分迅速。现在很多厂商利用微信扫二维码的功能，让人们了解产品更多的优惠信息，从而达到让更多人购买的目的，还有很多商家让人们在朋友圈转发自己产品的各种信息，达到一定的数量便赠送礼品，数量越多礼品越丰厚。微信成为目前比较流行的网络营销方式。

**问题：**

请你从网络营销道德角度评价微信营销的利弊。面对微信营销这样的发展势头，如果你是一名网络营销人员会怎样做？

**讨论分析：**

个人：每位同学根据道德研判的背景资料和问题，在固定的学习本上记下自己的分析结果。

小组：每小组6位同学，1人为组长，1人记录，小组成员都要陈述自己的观点，讨论后形成小组意见，准备在班级交流。

全班：各组派1位代表陈述本组观点。

教师：记录各组陈述要点，最后做点评。

提示

4. 采用多种促销因素，激发消费者新的需求

网络消费者需求具有可诱导性，网络营销者可以通过人为地、有意识地给予外部诱因而促使其产生消费需求。主要的网上措施有：第一，开展灵活多样的促销推广活动。网络营销者利用网络技术向虚拟市场传递有关商品和服务信息，以启发需求，引起消费者购买欲望和购买行为。如网上赠品促销、网上抽奖促销、积分促销等。第二，开展体验营销。为了取得消费者的理解和信任，网络营销者可以先将一些商品让网络消费者体验与使用，消费者通过消费商品和服务而获得对购物网站的了解和对其商品的信任，从而产生购买欲望。第三，运用关联策略促进销售。网络营销者利用商品种类或者名称之间的相互联系，以推荐或相关链接的方式为网络消费者提供与其密切相关的商品信息，以达到促进顾客购买的目的。第四，将网络文化与商品广告相融合来吸引消费者。网络营销商可将自己的商品广告融于网络游戏中，使网络使用者在潜移默化中接受促销活动，或者通过组建用户俱乐部吸引大批的网友来交流意见，借助网络文化传播实现促进销售的效果。第五，利用网

络聊天功能开展消费者联谊活动或在线商品展销活动和推广活动。此外，网络营销商可以通过电子邮件等方式给顾客提供有用的商品信息，主动争取顾客，劝诱他们购买。或者与非竞争性的厂商进行线上促销联盟，通过相互线上资料库联网，增加与潜在消费者接触的机会，促使其消费需求的产生。

**（二）收集信息**

当需求被唤起以后，每一个消费者都希望自己的需求能得到满足，所以，收集信息、了解行情成为消费者购买决策过程的第二个环节。这个环节的作用就是收集商品的有关资料，寻找购买目标，为下一步的比较选择奠定基础。在网络购买过程中，商品信息的收集主要是通过互联网进行的。如网络消费者根据已经了解的信息，通过互联网跟踪查询，或者在网上不断地浏览，寻找新的购买机会。

在网络营销中由于网络消费对购买商品风险的预期不同，对网上提供商品和服务认识上的差异，对商品和服务感兴趣的程度的区别等原因，都会影响到网络消费者收集信息的范围和努力程度。

网络营销者要根据影响网络消费者信息收集范围和努力程度的因素做好相应的应对工作。第一，注意网络消费者的教育，满足消费者信息需求。网络营销者可以通过开设网上培训、网上讲座、消费论坛、建立网上虚拟展厅等措施，使网络消费者全面了解产品的各方面相关信息，满足消费者的信息需求。第二，提高网站的链接速度及网页的响应速度，节约网络消费者搜索信息时所花的时间。第三，优化有效搜索引擎。据有关资料显示，很多准备网上购物的顾客使用搜索引擎来寻找他们想要的产品。因此，网络营销者应对一些效果好的搜索引擎加大广告投入，并做好搜索引擎的排序工作，以提高被点击的机会。同时，要利用网页分析技术优化网站，使从搜索引擎中走来的目标顾客更便捷地找到他想要的商品及相关信息。

**（三）比较选择**

消费者在广泛收集信息的基础上，对收集来的信息进行分析比较，形成若干个购买方案。

在网络营销中，网络消费者在比较选择购买某种商品时，首先，是对网络营销商有信任感；其次，是对网络营销商提供的支付方案有安全感；最后，是对产品有好感。因此，网络营销商要针对网络消费者的心理特征，除了重点抓好商品宣传与推广方面的工作外，还需要在营销商自身的品牌宣传方面下工夫。因为目前网络营销已进入品牌竞争时期，竞争的焦点已日益集中在客户服务的质量、营销环节处理的好坏、广告宣传和网站知名度、信誉度和美誉度形象的树立等方面。

**（四）购买决策**

网络购买决策是指网络消费者在其购买动机的支配下，从两件或两件以上商品中选择一件满意商品的过程。

与传统购买决策相比，网络消费者在做出决策时有三个方面的特点：一是网络消费者理智动机所占比重较大，而感情动机的比重较小；二是网络购物受外界影响较小，大部分的购买决策是网络消费者自行做出的，或是与家人商量后做出的，较少受到外部环境的影响；三是网上购物的决策行为速度更快，效率更高。网络消费者由于查找信息的范围广、速度快，很容易迅速准确地发现拟选的方案，无形中会加快其购买决策的速度。

网络消费者购买决策的内容主要包括：购买目标、为什么购买、什么时间购买、什么地点购买、购买多少、购买方式等内容。

1. 购买目标决策

即网络消费者要购买什么，具体内容包括商品的品牌、性能、质量、款式、价格和售后服务。

2. 购买原因决策

即网络消费者的购买动机，具体讲就是网络消费者购买商品的原因和驱动力。

3. 购买时间决策

即确定网络消费者什么时间购买的问题。不同的商品购买时间不同，不同的网络消费者对同一商品的购买时间也有差异。

4. 购买地点决策

网络消费者购买地点目前有三种情况：第一种是通过网络方式购买，即利用新兴的搜索引擎，在网上查询有关商品信息，最后通过网络购买商品。第二种是网络购买与网下购买相结合。网络消费者去一些知名的网站搜索或到传统商场询问，进行一系列比较筛选后，根据比较结果在网上直接购买，或到传统商场购买商品。第三种是利用网上搜索信息到传统商场购买商品。

5. 购买数量决策

即网络购买者购买量的决策问题。通常网络购买者会根据自己的生活方式、购买习惯、使用频率、支付能力以及该网站配送费用的收取情况，决定一次购买商品的数量。

6. 购买方式决策

即确定如何购买的问题。网络消费者一般要根据个人经济状况、支付能力和对网络购物风险的态度来决定采用哪种货款支付方式和货物的运送方式。

**（五）购后评价**

网络购买者购买和使用所购的商品后，会根据自己的感受进行评价，以验证购买决策的正确与否。一般来说，评价结果存在两种情况。假如网购商品能够在约定的时间范围内及时送达，且完全符合自己的意愿，网络消费者不仅自己重复购买，还会积极地向他人宣传推荐。相反，假如网购商品不符合其意愿，效用很差，或遭遇网络欺诈，网络消费者不仅不会再购买，还会通过各种渠道发泄其不满，并竭力阻止他人网上购物。

**【同步案例 10－2】**

**背景资料：**

西安市的67岁张大爷，想从网店上买一双棉鞋，一双价格是42元，但是下单时不知道怎么搞成了157双，并被扣掉了6589元，但当时老人和家人都没有发现。直到8个月后，老人用钱时发现，卡上莫名少了6000多块，一查，原来是买了157双鞋子，可奇怪的是，老人只收到过一双鞋子，不是应该扣除42块吗？

于是，老人家人和合肥的卖家联系，结果完全打不通电话；然后，又通过网购平台联系，没想到的是，对方先是表示鞋子全部发出了，但后经送快递的邮政公司查询，明明就发了一双。而且，卖家及网购平台均以时间太久远为由，不向张大爷及其家属提供物流发货记录。后来，网购平台又表示，时间太久远了，只能赔300元，网购平台也一直拒绝提供具体商家信息。

此事经过华商报报道之后，当地消费者投诉热线介入，随后张大爷就收到了来自购物平台商户的退款6547元。

**问题：**

67岁老人网购点错数量，商家发1双却收了157双鞋的钱，这是一种什么行为？

**讨论分析：**

个人：每位同学根据背景资料和问题，在固定的学习本上记下自己的分析结果。

小组：每小组6位同学，1人为组长，1人记录，小组成员都要陈述自己的观点，讨论后形成小组意见，准备在班级交流。

全班：各组派1位代表陈述本组观点。

教师：记录各组陈述要点，最后做点评。

提示

**【任务演练10－2】**

## 网店营销调研

**实训目标：**

（1）思政目标：通过网店营销调研实训，培养同学们诚实公道地参与对网店营销的调研，并以积极的态度参加调研活动。

（2）能力目标：运用所学的网络消费者的需求、动机和购买行为知识，较准确地填写走访网店分析表。

（3）知识目标：培养同学们在小组发言、小组讨论、调研表填写和调研分析报告中，会运用网络消费者的需求、动机和购买行为等相关知识分析讨论问题，阐述自己的观点。

**训练内容：**

走访网店，了解两家网店及两种你们认为有经营特色的商品，详细说明两种商品经营的网店名称、商品名称、商品照片展示、商品文字介绍、商品价格标注、售后服务措施等内容，并分析说明这两种商品是如何满足网购者的购买心理的。

**训练操作：**

（1）将学生每4人分为一组，并选出小组负责人1名。

（2）小组负责人与组员共同分析走访内容，明确分工。

（3）每人走访两个以上网店，查看两种商品的相关内容，在小组交流自己收集的资料，经小组成员共同讨论形成小组意见后填入表10－2。

**表10－2** **网店营销调研表**

| 项目 | 商品1 | 满足网购者心理说明 | 商品2 | 满足网购者心理说明 |
|---|---|---|---|---|
| 网店名称 | | | | |
| 商品名称 | | | | |
| 商品照片展示 | | | | |
| 商品文字介绍 | | | | |
| 商品价格标注 | | | | |
| 售后服务措施 | | | | |

**成果要求：**

（1）每组填写一份“网店营销调研表”。

（2）每组撰写一份网店营销调研报告。

（3）每个小组推荐一位代表在班级交流，并由老师做点评。

**实训评价：**

表 10－3　　网店营销调研评价表

| 项目 | 评价标准 | 分值 | 小组个人自评（30%） | 小组成员互评（30%） | 教师评价（40%） | 小计 |
|---|---|---|---|---|---|---|
| 思政教育 | 能诚实守信、客观地调研网络营销的现状，在调研活动中真诚待人，互相合作，客观真实地整理数据，高质量完成调研任务 | 10 | | | | |
| | 养成做事有计划的工作作风，能主动提出关于走访工作中的相关问题 | 10 | | | | |
| | 能够在走访调研中与同学心平气和地沟通交流问题 | 10 | | | | |
| 能力提升 | 能将所学的网络消费者的需求、动机和购买行为知识运用到走访网店调研中，学以致用 | 10 | | | | |
| | 根据实训要求实施调研，会运用信息化手段整理信息 | 10 | | | | |
| 知识应用 | 能基本理解网络消费者的需求、动机和购买行为等内容 | 10 | | | | |
| | 能完整陈述网络消费者的需求、动机和购买行为等知识 | 10 | | | | |
| 项目成果展示 | 能够独立完成实训任务，完成实训任务及时、主动，并能主动提出问题、解决问题 | 10 | | | | |
| | “网店营销调研表”和网店营销调研报告结构完整，内容填写完整，观点正确 | 10 | | | | |
| | “网店营销调研表”和网店营销调研报告展示汇报形式新颖，陈述语言规范流畅，语速恰当，有感染力 | 10 | | | | |
| 合计 | — | 100 | | | | |

【任务学习自测题】

自测题 10－2

# 任务3　了解网络营销与消费心理

## 学习目标

思政目标：通过本任务的知识学习，开展思政互动、同步案例、道德研判和任务演练等教学活动，激发同学们了解网络营销与消费心理等知识的积极性，能以正确的网络营销道德观念引导消费者理性消费。

能力目标：通过本任务的同步案例和任务演练，会对网络营销中消费心理策略进行分析。

知识目标：通过本任务的知识学习，能准确陈述制约网络营销发展的心理因素、网络营销中的消费心理策略等陈述性知识。

## 知识学习

### 一、制约网络营销发展的心理因素

随着互联网投入商业化运营后，网络营销应运而生并蓬勃发展。与传统营销方式相比，网络营销显示出了购买形式方便，寻找信息快捷，交易节省时间等许多优势。但网络消费者对网上购买仍存在一定程度的担忧，除了支付手段不熟悉，对安全性能不放心因素外，心理的影响也制约了网络营销的发展。

#### （一）受传统购买观念束缚

长期以来消费者形成“眼看、手摸、耳听”的传统购物习惯。网络购物很难满足人们结伴购物的社交动机，无法在购物过程中显示自己的社会地位、成就或支付能力。网络购物无法满足消费者直接看花色、式样，手触摸商品质地，试穿试用、试听等体验心理，也无法满足某些消费者喜欢在现场讨价还价的需求。因此，消费者对于看不到的实物，光是在网络的虚拟空间中看几张图片、几句描述，完全是消费者凭着自身的感观或经验去识别和制定产品质量和性能，然后就要付款，要经过一段不短的等待后才能拿到货物的购物方式显然难以接受。消费者的观念问题是制约我国网络发展的一个主要因素。

**【思政互动 10－3】**

网络营销中由于发布商业信息渠道比较多，加之互联网具有发布信息者的隐蔽性以及信息发布范围的广泛性等特点，使消费者对所获信息的真伪难以辨别。因此，就会出现要购买甲地的产品，但发来的是乙地的产品；宣传的是甲地的产品，收到的是乙地的产品。请你从网络营销道德的角度分析这种现象，谈谈网络营销如何引导消费者理性消费。

#### （二）个人隐私权受到威胁

在网络交易过程中网络营销者往往要求交易对方提供更多的个人信息，同时也可以利用技术方法获得更多他人的个人信息。因此，对这些信息的再利用便成了网络时代的一个普遍的现象。网络营销者为了促销商品等目的，未经授权向网络消费者发送垃圾邮件，影响消费者个人生活安宁，构成侵害网络消费者隐私权的行为，有的甚至将这些信息出卖以谋取经济利益，即使有的企业对客户的个人信息采取了保密的手段，但日益猖狂的黑客攻击常常是防不胜防，许多网站经营者保存的客户资料包括个人信息、银行账号等均被盗取，使网络消费者的财产权和隐私权均遭受损失。另外，随着网络营销的发展，网络经营者不仅要争夺已有的客户，还要挖掘潜在的客户，而现有的技术不能保障网上购物的保密性。由于隐私权得不到保护，许多潜在的网络消费者担心自己的个人信息被泄露，不愿参与网上购物。

**（三）对网上支付缺乏信任感**

在网络营销中，由于买卖双方难以见面，所以货款只能采用支付宝等网络银行等方式，这就使网络消费者在进行网上购物时产生较大的支付风险，即支付方式给消费者带来的不确定性。当消费者采用网上银行支付货款时，不但要担心款项是否能如期安全付到指定账户，同时更担心在进行网上支付时所带来的个人信息账户密码被盗用等风险，于是消费者不愿在网上提供他们的各种个人信息（包括信用卡信息），这已成为网络营销发展的主要障碍之一。此外，网络交易这种形式使退换货、资金追讨存在较大的困难。

**（四）对虚拟购物环境缺乏安全感**

网络购买是在虚拟市场中进行的，交易双方并不需要面对面地直接接触，消费者面对的是计算机，通过网络了解经营者和商品。现代信息技术在给消费者带来方便的同时，也为侵害消费者权益的行为提供了技术条件。网络消费者的知情权、求偿权、自主选择权受到侵害都与网络的虚拟性有直接关系。作为网络消费者，关心的是商家提供的商品信息、商品质量、商品售后服务能否和传统的商场一样有保证，购买商品后能否如期拿到商品。加之目前相应的法律和其他规范手段有待完善，发生网上交易纠纷，消费者举证困难，权益不能获得足够的保障。还有网络营销中假冒伪劣、以次充好，通过网络进行营销诈骗的案件增多。这些问题都会制约网上购物的发展。

**【教学互动 10－1】**

**互动问题：**

（1）有人说网络是一个公共空间，人们可以在里面发表自己的各种观点，是这样吗？

（2）在很长一段时间内，很多人习惯于将网络世界称为虚拟世界，与线下的活动相区分。很多人认为人们在虚拟世界的活动很难产生什么实际的社会影响，因为在网络上很多人用的是虚拟的身份。正如一个极端的观点所表示的："在互联网上，没人知道你是一条狗。"这种认知对吗？

**要求：**同教学互动1－1。

**（五）对低效的物流配送系统缺少保障感**

目前，大多数企业开展网络营销都是通过选择合作伙伴，利用专业的物流公司为网络营销者提供物流服务。由于网络营销配送的商品主要是最终消费品，即生活消费品和日常用品，包括食品，服装，日常生活用品，家用电器，化妆品，文化、体育、娱乐用品，办公用品等。其配送具有品种多、批量小、距离长短不一、集货分货次数多、流通加工与包装次数多且不一致，服务质量要求程度不同，最终送货用户众多等特点。面对网络营销这样的物流配送特点，要保证配送地点与时间的准确无误，保证商品质量的外观完好无损，保证安装调试的准确到位与使用方便，保证货款与配送费用支付的简单快速，保证服务过程中的热情周到。配送的准确与安全方面难度很大。加之，网上购物商品配送周期长、费用高、准确率低，甚至部分网销产品在运送过程中被故意调仓等，影响了网络营销的发展。

## 二、网络营销中的消费心理策略

随着网络营销的发展，网络消费者的心理与以往相比也出现了一些新的特点。网络消费者的特殊心理给网络营销者的经营理念带来了新的挑战，网络营销者必须在营销策略、方式、手段上有所突破，建立一套适合网络营销的运作机制。

### （一）创造良好的网络营销环境

1. 健全市场机制完善信用保障体系

由于网络消费的性质决定了网络消费者权益保护的特殊性，必须建立健全与网络消费相关的法律法规，保障网络消费者的合法权益；要实施网络市场准入制度，将网络经营行为纳入法律规范与政府监管范围，建立全国统一的网络营销认证体系和网上投诉中心。充分发挥各类中介机构和行业组织的作用，通过各类社会组织、社会舆论和个人对损害消费者权益的行为进行监督，保护网络消费者的权益。为了保障网络消费者的权益，要尽快建立卓有成效的信用管理体系和消费者权益保护法律体系，构建让消费者放心购物的良好环境。

2. 不断提升网络技术水平，完善网络消费配套设施

完善网络技术是提高网络安全的关键，对于网络消费安全而言，相关的技术主要包括通信安全技术和计算机安全技术等内容。完善网络配套设施，主要是健全网上银行体系，尽快促使网上认证中心向统一化方向发展。同时要规范网络营销者的行为，努力提升服务质量和水平，要明确网络营销者对用户的责任，以保护消费者的权益，吸引更多的消费者在网上购买，促进网络营销的发展。

3. 加强教育，提倡网络消费

在网络时代，消费者迫切需要新的快捷的购物方式和服务以及合理的最低价格，并最大限度地满足自身的需求。但由于网络营销是一种新的商业模式，因此，要构建多层次、多渠道的网络消费教育体系，提高和加强消费者对网上购物的全方位认识，以调动消费者网上购买的积极性，培养消费者网上购物的习惯，让消费者放心购物。

**【道德研判 10－3】**

**背景资料：**

前段时间，一对男女在北京三里屯优衣库试衣间的不雅视频流出，在深夜迅速引爆微博、朋友圈等社交网络平台。在流量巨大的平台刷屏，并且传播态势愈演愈烈。

事后有人统计，优衣库试衣间事件的蔓延速度 2 个小时破亿，其价值相当于给优衣库做了一个单日投放花费 2000 万元的免费广告，其对于人性、营销和商业的把控是极为精准且恰到好处的。利用优衣库的目标用户群体普遍感兴趣的事件、内心深藏的欲望作为爆

点，选择微博作为引爆平台，选择十二点前后年轻人大部分都在玩手机、刷微博的时间，可谓是天时地利人和皆俱。自然而然迅速引爆微博并扩散到朋友圈，各种话题、段子、扒资料等都开始发酵，形成病毒式传播。

**问题：**

本案例中存在哪些网络营销道德问题？

**讨论分析：**

个人：结合已经学习的内容和收集的资料，试对本案例中的问题依据营销职业道德做出你的研判，并说明依据。

小组：同学们每4人分为一个小组进行讨论，1人记录，形成小组意见，准备在班级交流。

全班：各小组推选1位代表陈述本小组观点。

教师：记录各小组陈述要点，进行点评。

提示

### （二）保持网络消费渠道的畅通

一个完整的网络消费渠道一方面要为消费者提供产品信息，方便消费者进行产品的选择；另一方面在消费者选择产品后要能快捷地结算货款和及时地收到商品。因此，一个完善的网络消费渠道应发挥好订货、结算和配送等功能。

1. 订货

主要是为消费者提供产品信息，要选好域名，吸引消费者登录浏览商店，要设计好网上商店的外部形象和购物的环境，场景最好选择目标消费者熟悉或喜欢的，这样容易引起消费者共鸣，从感情上接受所宣传的产品和企业形象。同时，网络营销者应该尽可能地在相关网站上增加通往购物消费网站的链接，保持网络消费者购物渠道顺畅。

2. 结算

网络消费者在购买产品后，可以选择通过多种方式方便地付款，网络营销者应向网络购买者提供安全的结算方式，以保证支付的安全性。

3. 配送

网上购买的产品有无形产品和有形产品两种。对于无形产品的服务，软件、音乐等产品可以直接通过网上进行配送。对于有形产品的配送，涉及运输和仓储问题，目前我国快递配送企业正处于快速发展阶段。

**【教学互动10-2】**

**互动问题：**

（1）在网络冲浪中，每个网民都可能是网络信息的创造者和传播者，那么作为一个网民应坚守什么样的底线，承担什么样的社会责任？

（2）有人提出，在网络空间企业应充分利用媒体与消费公众进行有效沟通，定期披露相关的社会责任或伦理信息。通过一定的渠道定期向目标消费群体进行正确的社会责任信息公布和披露，则会显著减少消费者的信息识别成本，进而促进消费者进行真正的伦理购买。你同意这样的观点吗？说说理由。

**要求：**同教学互动1-1。

### （三）保障网络交易的安全性

网络购物客观上存在一定的风险，这是由于网络消费者对商品的认识和了解只能通过网络上卖方提供的图片和介绍等有限的信息，以视觉为主并结合想象等来实现的。网络购物货款的支付又往往是通过网络银行来实现的，在这样的情况下，消费者做出的购买决策的风险很大。因此，降低网络购物风险知觉，增加消费者网络消费信心，是促进我国网络购物发展的一个切入点。

1. 提高网络安全技术水平

网上购物过程中物流、资金流、信息流的分离状态，是消费者对网络消费缺乏安全感的重要原因。因此，为了降低消费者对网上购物风险知觉，网上购物的各个环节必须加强安全和控制措施，使消费者购物过程的信息传输和个人信息不会受到不公正的使用，以消除消费者网上购物的不确定性。

2. 为消费者提供真实可靠的信息

网络营销者可以通过网站网页详细、真实地介绍公司的性质、类型、历史、所有者、员工、办公地址、联系电话、网站隐私和保护政策等真实可靠的信息，降低消费者的感知风险。

3. 确保交易商品的质量

网络营销者应向消费者提供质量可靠的商品，同时向消费者承诺提供各种担保，承诺可以自由退换有缺陷的商品。通过提供技术保证和商品质量保证，激发消费者网络购物的信心，减低购物风险知觉。

4. 完善售后服务

网络营销者应建立客户服务中心，及时为顾客提供所订商品的信息，充分利用电子邮件等方式与消费者进行交流和沟通，及时提供消费者订单确认、商品配送等信息，切实提高售后服务和服务质量，努力降低和消除网络消费者购买商品的后顾之忧。

5. 落实有效配送

作为网络营销者，应努力建立和完善自己的商品配送系统，保证消费者订购的商品能准确、及时、完整地送到消费者手中。同时，当商品出现配送差错，消费者要求退换、修理商品等也能及时方便地解决，这样有利于减少和降低网络消费者网上购物过程中对交付风险的知觉。

### （四）加强网站管理

网络营销要通过自己的网站宣传或展示商品，详细、全面地介绍商品的关键信息，客观、真实地展示商品的形象、色彩等图像信息，为消费者尽可能多地提供相关信息，积极同消费者建立联系。

网络营销者还应提供方便、友好、快捷的交互界面，简便交易流程，使消费者能迅速进入并快速搜索商品，方便地进行交易或取消订单。

网络营销者更应重视网站及网页的安全性，不断升级安全措施，努力解决影响网上购物的网络连线速度过慢、网络支付安全缺乏保障等问题。

总之，维护网站的良好管理，建立良好的管理机制，统一指挥，统一调配，为网络消费者提供全天候、即时、互动的个性化服务，一定会给网络购买者带来购物与消费的充分信心。

【同步案例10－3】

## 网络交易存在风险

**背景资料：**

来自上海的张小姐的网络购物密码被盗，有人利用该账户的良好信用记录，在国际网站上发布了5台笔记本电脑的出售信息，诈骗了1300多欧元。之后的1个多月，张小姐的邮箱频频收到来自巴西的"催款、催货最后通牒"，巴西买家莱昂纳多还用中文翻译软件将自己的意思翻译成蹩脚的中文，以此传递愤怒。这是一起国内罕见的跨国电子商务诈骗事件。

**问题：**

张小姐的网络购物密码被盗，表明网上交易的安全性较低，你对这个问题是怎样看的？盗取张小姐网络购物密码的人是一种道德缺失行为，还是违法行为？

**讨论分析：**

个人：每位同学认真学习本案例内容，在固定的学习本上写出你对该问题的看法。

小组：请同学们每4人分为一个小组，1人为组长，1人记录，在小组讨论中每个人陈述个人看法，然后小组成员共同讨论，形成小组意见，并推荐代表准备在班级交流。

提示

全班：各个小组代表在班级陈述本组观点。

教师：教师记录各组陈述观点的要点，最后做点评。

【任务演练10－3】

## 网络购物体验

**实训目标：**

(1) 思政目标：通过网络购物体验，提升同学们诚实守信地参与对网络购物消费者心理等实践问题的体验，培养同学们实践的态度、互相沟通配合的精神。

(2) 能力目标：运用所学的网络营销与消费心理知识，较准确地填写网络购物体验分析表中的问题。

(3) 知识目标：培养同学们在小组发言、小组讨论、网络购物体验分析表填写和网店购物体验总结中，会运用网络营销与消费心理等相关知识分析讨论问题，阐述自己的观点。

**训练内容：**

从网上给自己购买一件适用的商品。

**训练操作：**

(1) 结合所学的网络营销的相关知识，了解网络购物的基本操作程序和要求。

(2) 从网上查找网络购物的注意事项，并有意浏览1—2家网上商店销售的有关规则。

(3) 根据自己选定的商品，试着从网上访问有关网上商店实施购买，并整理出自己购买商品的基本流程的具体内容，并说明自己网上购物的主要心理感受，形成草表，并与其他同学交流，修改完善填入表10－4。

表 10－4　网络购物体验分析表

| 网购程序 | 程序内容 | 购买体验 |
| --- | --- | --- |
| 1. | | |
| 2. | | |
| 3. | | |
| 4. | | |
| 5. | | |
| 6. | | |
| 7. | | |

**成果要求：**

（1）每位同学填写一份“网络购物体验表”。

（2）每位同学撰写一份网店购物体验总结。

（3）每个小组推荐一位代表在班级交流，并由老师做点评。

**实训评价：**

表 10－5　网络购物体验实训评价表

| 项目 | 评价标准 | 分值 | 小组个人自评（30%） | 小组成员互评（30%） | 教师评价（40%） | 小计 |
| --- | --- | --- | --- | --- | --- | --- |
| 思政教育 | 能诚实守信地参与网络购物实践，在网络购物实践活动中真诚待人，互相合作，高质量完成网络购物实践活动 | 10 | | | | |
| | 养成做事有计划的工作作风，能认真总结网购体验流程和感受 | 10 | | | | |
| | 能够在网购体验总结中有自己的看法 | 10 | | | | |
| 能力提升 | 能将所学的网络购物与消费心理知识运用到网络购物体验中，学以致用 | 10 | | | | |
| | 根据要求实施体验，会运用信息化手段整理信息 | 10 | | | | |
| 知识应用 | 能基本理解制约网络营销发展的心理因素、网络营销中的心理策略等内容 | 10 | | | | |
| | 能完整陈述制约网络营销发展的心理因素、网络营销中的心理策略等知识 | 10 | | | | |
| 项目成果展示 | 能够独立完成体验任务，完成体验任务及时、主动，并能主动提出问题、解决问题 | 10 | | | | |
| | “网络购物体验表”和网店购物体验总结结构完整，内容填写正确 | 10 | | | | |
| | “网络购物体验表”和网店购物体验总结展示汇报形式新颖，陈述语言规范流畅，语速恰当，有感染力 | 10 | | | | |
| 合计 | — | 100 | | | | |

【任务学习自测题】

自测题10-3

## 本章知识脉络

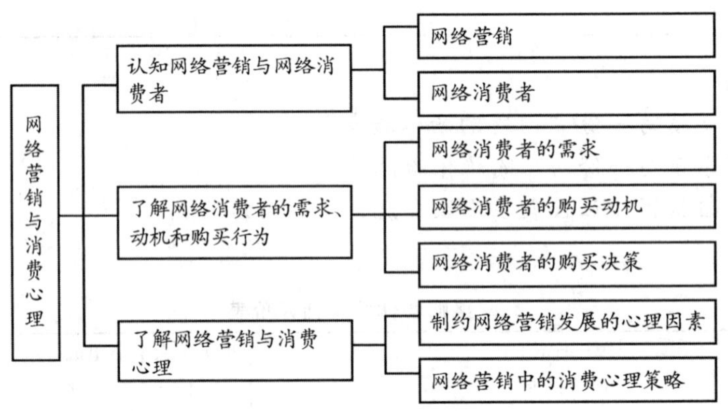


## 本项目综合实训

### 网店营销调查

**背景与情境：**

你学习了网络营销与消费心理内容以后，已经知道了网络营销与网络消费者，网络消费者的需求、动机和购买行为，网络营销与消费心理。现在你对网店营销很感兴趣，还很想深入实际了解一下地方土特产网店营销的情况。

**实训目标：**

（1）思政目标：通过网店营销调研，了解网店营销现状，培养同学们客观公正地参与网店营销调研的态度，提升同学们互相配合的团队合作精神、信息收集和信息处理的能力。

（2）能力目标：会运用网络营销与网络消费者，网络消费者的需求、动机和购买行为，网络营销与消费心理等专业知识，对网店营销调查中的问题进行分析的能力。

（3）知识目标：通过网络营销调研，深化对网络营销与网络消费者，网络消费者的需求、动机和购买行为，网络营销与消费心理等陈述性知识的理解。

**实训步骤：**

（1）每4人一组，其中1人为组长，1人负责记录，由组长组织讨论小组成员的分工，共同讨论调研思路，按分工各负其责，随时沟通，积极配合，共同完成本实训任务。

（2）每组在本地市场上选择一家经营地方产品的网店，仔细了解产品品种、数量、销售规模、营销情况，网络营销消费心理策略，对经营地方产品的网店营销的意见与建议。

（3）实际调查前要从网上、图书馆搜集有关调研方法的资料以及网络营销的资料。

**实训成果及要求：**

（1）每组要认真填写每一个经营地方产品的网店的调查表（填查表样式自定），调查表要能把该网店经营产品品种、数量、销售规模、营销情况、网络营销消费心理策略、对经营地方产品的网店营销的意见与建议展示清楚。

（2）每组撰写一份调查报告（调查报告体例自定）。调查报告要详细说明调查时间、调查地点、调查目的、调查对象、调查方法、调查内容、调查结论、对经营地方产品的网店营销的意见与建议等内容。报告不少于1500字。

**实训时间：**

调查活动和报告撰写利用课余时间，班级展示2课时。实训时间的安排，在学生学习本项目内容开始时，即可给学生布置本实训任务，利用课余时间去进行调查，并积极填写调查表，调查完成后学生撰写调查报告，老师利用业余时间指导学生修改报告。在学生学习完本项目内容后，用2课时让各小组展示交流本组调研成果，其他组同学可点评，最后由老师点评并按评价标准要求评定各小组成绩，各小组依据每位同学在本次调查中的贡献度大小评定本组个人成绩。经过展示交流后，依据老师和学生的点评意见，各组再次修改完善实训报告，并把修改后的报告在班级微信平台展示交流。

**实训评价：**

**表10-6　网店营销调查实训评价表**

| 项目 | 评价标准 | 分值 | 小组个人自评（30%） | 小组成员互评（30%） | 教师评价（40%） | 小计 |
|---|---|---|---|---|---|---|
| 思政教育 | 能客观公正地了解网店营销的情况和网店营销的心理策略，在调研活动中能真诚待人，互相合作，客观真实地整理调研数据，高质量完成调价实训任务。 | 10 | | | | |
| | 调查过程中表现出细致、严谨的工作作风，能主动提出关于完善网店营销调查的相关问题 | 10 | | | | |
| | 在网店营销调查中具有保护商业秘密的意识 | 10 | | | | |
| 能力提升 | 能将所学的网络营销与网络消费者，网络消费者的需求、动机和购买行为，网络营销与消费心理等专业知识运用到实训调查中，学以致用 | 10 | | | | |
| | 结合实际会运用网络营销与网络消费者，网络消费者的需求、动机和购买行为，网络营销与消费心理等专业知识对调查内容进行汇总、分析的能力 | 10 | | | | |

续表

| 项目 | 评价标准 | 分值 | 小组个人自评（30%） | 小组成员互评（30%） | 教师评价（40%） | 小计 |
|---|---|---|---|---|---|---|
| 知识应用 | 在小组讨论中能准确运用网络营销与网络消费者，网络消费者的需求、动机和购买行为，网络营销与消费心理等相关知识进行陈述 | 10 | | | | |
| | 在班级交流中能运用网络营销与网络消费者，网络消费者的需求、动机和购买行为，网络营销与消费心理知识陈述本组观点 | 10 | | | | |
| 项目成果展示 | 能够独立完成调查任务，在调查中能主动提出问题、解决问题 | 10 | | | | |
| | “网店营销调查表”和网店营销调查报告思路清晰，撰写规范，观点正确 | 10 | | | | |
| | 网店营销调查实训成果汇报形式新颖，语言流畅，语速恰当，有感染力 | 10 | | | | |
| 合计 | — | 100 | | | | |

# 参考文献


[1] 毛帅．消费者心理学 [M]．2版．北京：清华大学出版社，2020.

[2] 崔平．消费心理学 [M]．2版．北京：高等教育出版社，2021.

[3] 李昊轩．销售心理学 [M]．天津：天津科学技术出版社，2019.

[4] 迈克尔·所罗门．杨晓燕，等译．消费者行为学 [M]．12版．北京：中国人民大学出版社，2018.

[5] 周欣悦．消费者行为学 [M]．北京：机械工业出版社，2019.

[6] 戴维 L. 马瑟斯博．消费者行为学 [M]．13版．北京：机械工业出版社，2018.

[7] 刘万兆等．消费者行为学 [M]．北京：中国经济出版社，2018.

[8] 王春利．消费心理学 [M]．7版．北京：首都经济贸易大学出版社，2019.

[9] 何圣君．营销心理学 金牌营销一定要懂得的心理学秘密 [M]．北京：人民邮电出版社，2018.

[10] 杨清华．消费心理学 [M]．北京：中国人民大学出版社，2019.

[11] 荣晓华．消费心理学 [M]．6版．大连：东北财经大学出版社，2019.

[12] 臧良运．消费心理学 [M]．北京：北京大学出版社，2021.

[13] 曾天地．消费心理学 [M]．北京：中国人民大学出版社，2021.

[14] 王宗湖等．消费心理学——理论、案例与实践 [M]．北京：人民邮电出版社，2021.

[15] 肖涧松等．消费心理学 [M]．4版．北京：电子工业出版社，2021.

[16] 鸿雁．销售心理学 [M]．吉林：吉林文史出版社，2018.

[17] 田义江．消费心理学 [M]．2版．北京：科学出版社，2021.

[18] 白玉苓．消费心理学 [M]．2版．北京：人民邮电出版社，2018.

[19] 高博．消费心理学理论与实务 [M]．北京：电子工业出版社，2019.

[20] 朱惠文．现代消费心理学 [M]．杭州：浙江大学出版社，2020.

[21] 李丁．消费心理学 [M]．北京：中国人民大学出版社，2020.

[22] 李海凤等．营销心理学 [M]．北京：中国人民大学出版社，2018.

[23] 葛雷．营销心理学基础 [M]．3版．北京：科学出版社，2020.

[24] 宋汉卿. 顾客心理学［M］. 北京：中国商业出版社，2020.
[25] 张涛. 顾客行为心理学［M］. 成都：成都地图出版社，2019.
[26] 李飞. 顾客心理学［M］. 北京：现代出版社，2018.
[27] 曾庆灿. 销售心理学［M］. 北京：团结出版社，2019.